KB123266

사무쩌무 사무,

프리랜서의 절세와 세무신고

일러두기

1   홈택스를 통한 종합소득세 신고 내용은 국세청에서 발간한 홈택스 신고자료로 구성했다.
2   홈택스를 통한 종합소득세 신고 내용은 매년 개편될 수 있어, 해당 제목 하단에 최신 홈택스 신고 설명 블로그로 연결되는 QR 코드를 추가하였다.
3   책에 수록된 신고 화면의 이미지 출처는 국세청 홈페이지와 국세청에서 발간한 홈택스 신고 자료이다.
4   책 내용 중 일부는 저자의 기존 발행 도서를 참조했다.

사쩌사 ㅁㅁㅁ,

프리랜서의 절세와 세무신고

종합소득세
신고·납부
바이블

장보원·조인정
지음

동아시아

삼쩜삼, TV에서 혹은 카톡에서 한번은 봤을 단어인 삼쩜삼은 프리랜서freelancer, 우리말로는 인적용역 사업자가 용역비를 받을 때 떼어 가는 세금을 말한다.

그러나 삼쩜삼은 근로소득세와 같이 정산된 세금이 아니라, 인적용역 사업자로부터 3.3%만큼 떼어 세무서에 선납해 놓은 사업소득세다. 이런 제도를 두는 이유는 인적용역 사업자의 수입금액을 국가가 미리 파악하기 위함이다.

근로자처럼 회사에서 세금을 연말정산 해주지 않으므로 인적용역 사업자는 1역년(1월 1일부터 12월 31일까지) 단위로 자신이 얻은 용역수입에 대한 사업소득세를 다음 해 5월 31일(성실신고확인대상 사업자는 6월 30일)까지 세무서에 신고·납부(환급)해야 한다. 이때 이미 원천징수된 삼쩜삼은 사업소득세에서 차감되므로 만약 납부하여야 할 사업소득세보다 삼쩜삼이 크면 환급이 발생하기도 한다.

인적용역 사업을 개시한 첫해는 거의 대부분 단순경비율 적용 대상자이므로 삼쩜삼 세금의 환급이 발생한다. 그러나 수입금액이 3,600만 원을 넘은 다음 해부터는 기준경비율 적용 대상자로 전환되어 같은 수입을 얻게 돼도 세금은 전년도에 비해 10배 가까이 폭증한다. 이때 사업소득세를 절세하려면 경비율로 소득금액을 계산하는 것이 아닌, 장부방식으로 소득금액을 계산하는 것이 매우 유리하다.

그러나 인적용역 사업자가 세무사에게 장부 작성 대리를 맡기는 경우는 흔치 않다. 수입금액이 억대가 넘는 경우에는 세무사를 쓰지만 그 이하인 경우에는 정기적으로 지급해야 하는 세무대리 비용이 부담된다. 그러다 보니 장부 작성에 준비가 덜 되어 절세할 수 있는 세금을 절세하지 못하니 사업소득세를 과다납부(?)하는 악순환이 발생한다.

스스로 장부 작성을 할 줄 알거나 또는 종합소득세 신고 시에만 세무사를 찾아서 장부 작성을 간단하게 대리할 수 있는 방법을 안다면 절세도 하고 세무대리 수수료도 줄일 수 있다.그래서 편찬한 책이 바로 『삼쩜삼, 프리랜서의 절세와 세무신고』이다. 이 책의 목적은 인적용역 사업자의 절세와 세무대리 비용의 절감에 있다. 그리고 부수적으로 삼쩜삼 인적용역 사업자가 법인 전환 등 다양한 방식으로 사업을 구상할 수 있도록 도움을 주고자 했다.

또한 홈택스 등을 통한 직접 신고 내용은 홈택스 등 개편에 따라 부분 변경될 수 있기 때문에 저자의 블로그 QR 코드를 제목 하단에 삽입했다. 인적용역 사업자에게 경제적으로 득이 될 수 있는 세무 정보를 제공하고자 하는 저자들의 충심을 헤아려 필독해 주시기를 바란다.

2024년 3월 세무사 장보원 · 조인정

CONTENTS

PART 1　　　　　　　　　　　　　　　　　　삼쩜삼, 세금의 기초

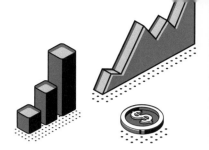

PART 2   삼쩜삼, 세금신고 하기

PART 3   삼쩜삼, 다른 유형으로 변화하기

PART 4   삼쩜삼, 유튜버 등과의 비교

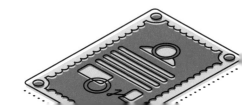

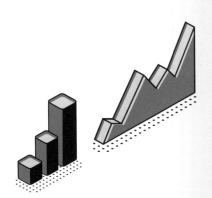

삼쩜삼 용어 정리

가산세 납세의무는 세금신고·납부 의무와 각종의 협력의무로 구분할 수 있는데 납세의무 불성실 이행 시 본세 외에 추가되는 세금이다.

가지급금 회사의 자금을 임직원, 주로 대주주나 대표이사가 별도의 사용처를 밝히지 않고 회사로부터 빌려 간 돈을 말한다. 회사 입장에서는 단기대여금의 일종이다.

간편장부 간편장부대상자에 해당하면 복식장부 대신 간편장부에 의해 신고할 수 있는데 간편장부란 사업장별로 사업과 관련된 거래를 일자별로 기록하여 이를 수입과 지출항목별로 집계한 서면이다. 누구라도 그 구조만 알면 쉽게 서면 작성이 가능하다.

감가상각비 시간의 경과에 따라 감소하는 고정자산의 가치를 인위적으로 회계상 비용에 반영하는 것으로, 세법은 업종별 자산의 감가상각 연도를 각각 규정하고 있다. 업종과 관계없이 보유하는 차량운반구, 공기구, 비품은 5년, 건축물 등은 구조에 따라 40년 등의 기간에 감가상각을 허용하고 있다.

감면 조세특례제한법 등 세제혜택을 규정한 법률에 따라 세액을 비율(100%, 50% 등)로 감액해 주는 제도를 말한다.

결손금 경제학적 용어로는 적자라고 불리는 것으로 세금에서는 사업상 필요경비가 수입금액보다 많은 결과를 의미한다. 결손금 발생 시 당해 소득세가 산출되지 아니하며 결손금은 다음 연도로 이월되어 15년간 발생하는 소득금액(결손금과 반대개념)에서 차감한다.

경정청구 법정신고기한 내에 세금을 신고·납부하였으나 세법에 따라 내야 할 세금보다 많이 낸 경우 이를 돌려받기 위해 관할세무서장에게 정당세액을 결정·경정해 줄 것을 청구하는 행위를 말한다.

고정자산 회사의 자산 중 부동산, 기계, 시설장치, 영업권, 특허권과 같이 장기적으로 이용할 목적으로 보유하는 자산을 말한다.

공제 사전적 의미로는 빼거나 던다는 의미로 세금에서는 산출세액에서 공제하는 세액공제제도, 소득금액에서 공제하는 소득공제제도가 있다.

과세사업자 면세사업자를 제외한 모든 사업자는 부가가치세 과세사업자가 된다. 일반적으로 모든 재화 또는 용역이 부가가치세 과세대상이기 때문이다.

귀속 세금에서의 귀속이란 과세소득이 특정 납세의무자에게 결부된 것을 말하기도 하고, 특정 소득이 발생한 기간을 의미하기도 한다. 예를 들어 '2023년 귀속 연도에 발생한 임대소득이 홍길동에게 최종 귀속되었다'에서 전자는 기간 귀속이며 후자는 납세의무자의 판단이 된다.

근로소득세 종합소득세 계산 시 근로소득에 대한 소득세를 말한다.

기장 사전적으로는 장부에 적는다는 의미로 자산, 부채, 자본의 증감이나 수익, 비용을 밝히는 회계처리 행위를 말한다. 회계적으로 단식부기(수입과 지출 기록)와 복식부기(자산·부채·자본·수익·비용 병행 기록)로 나뉘며, 세금에서는 단식부기로 정리된 장부를 간편장부, 복식부기로 정리된 장부를 복식장부라고 한다.

기준경비율 개인사업자는 각 사업장별로 추계에 의한 신고(경비율 방식)와 세무장부에 의한 신고(실제 경비 방식)를 선택하여 신고할 수 있다. 추계에 의해 신고할 경우 수입금액(매출)에 일정 경비율을 곱한 금액을 사업경비로 의제하는데 수입금액이 일정 규모 이상인 사업자에게는 기준경비율이라는 낮은 경비율을 적용한다.

노무비 제조 활동과 관련되어 있는 인건비를 말한다. 제조노무비라고도 한다.

단순경비율 개인사업자는 각 사업장별로 추계에 의한 신고(경비율 방식)와 세무장부에 의한 신고(실제 경비 방식)를 선택하여 신고할 수 있다. 추계에 의해 신고할 경우 수입금액(매출)에 일정 경비율을 곱한 금액을 사업경비로 의제하는데 수입금액이 일정 규모 미만인 사업자에게는 단순경비율이라는 높은 경비율을 적용한다.

대손충당금 기말까지 미회수된 매

출채권 중 회수가 불가능할 것으로 예상되는 금액을 비용으로 처리하기 위한 회계계정을 말한다.

면세사업자　부가가치세에 국한하여 부가가치세 신고 및 납부의무가 없는 사업자를 말한다. 면세대상으로 열거된 재화 또는 용역을 공급하는 사업자이다.

무형자산　고정자산 중 무형고정자산을 의미하는바 영업권, 특허권 등을 들 수 있다.

변제　채무의 내용대로 이행하여 채권을 소멸시키는 행위를 말한다.

복리후생비　회사 임직원의 복리 증진과 원활한 노사관계를 위해 지출하는 비용을 말한다. 따라서 임직원이 없는 1인 사업장은 복리후생비가 발생할 여지가 없다.

복식부기(복식장부)　복식부기의무자가 장부에 의해 신고하려면 복식장부를 만들어 신고하여야 한다. 복식장부란 사업상 거래를 자산·부채·자본(재무상태표 기재사항)과 수익·비용(손익계산서 기재사항)으로 분류해 기록하는 것으로 그 결과가 재무제표이고 손익 현황은 손익계산서, 재무 현황은 재무상태표로 나타난다.

부가가치세　사업자가 재화(상품)를 거래하거나 용역(서비스)을 제공하는 과정에서 얻어지는 부가가치에 대하여 과세하는 세금으로, 사업자가 납부하는 부가가치세는 매출세액(=매출액의 10%)에서 매입세액(=매입액의 10%)을 차감하여 계산한다.

부채　일반적으로는 채무와 같은 의미이나 회계적으로는 미래에 다른 실체에게 자산이나 용역을 제공해야 하는 의무를 말한다.

불입　사전적 의미로 돈을 내는 것을 의미하며 세법에서도 같은 의미로 사용된다.

사업소득세　종합소득세 계산 시 사업소득에 대한 소득세를 말한다.

사업자등록　사업장별로 사업개시일부터 20일 이내에(사업개시 전 등록가능) 사업장 관할세무서에 사업을 개시한(할) 것을 등록하는 절차를 말한다.

성실신고확인제도　해당 과세기간의 수입금액이 일정 규모 이상인 개인사업자가 종합소득세를 신고·납부할 때 세무장부를 확인한 세무사에게 그 사업자의 성실신고 여부에 대한 확인 책임을 지우는 제도이다.

세무사　공공성을 지닌 세무전문가로서 납세자의 권익을 보호하고 납세의무를 성실하게 이행하게 하는 데에 이바지하는 것을 사명으로 하는 전문자격사를 말한다.

손금불산입 사업소득금액을 계산할 때 세무상 경비가 아닌 항목을 말하기도 하고, 회계상 경비처리 한 항목에 대해 세무상 경비에서 부인하는 세무조정 행위를 말하기도 한다.

손익계산서 일정기간 동안 기업의 수익과 비용을 기록하여 경영 성과를 나타내기 위한 재무제표이다.

연말정산 근로소득, 연금소득, 특정 사업소득에 대하여 원천징수의무자(회사)가 근로자 등의 세액을 대신 정산신고 해주는 제도로, 최종 결정세액과 이미 원천징수 한 세액을 비교하여 그 차액을 근로자 등으로부터 추가로 징수·납부하거나 환급한다.

영세율 부가가치세 매출세액은 공급가액에 10%를 곱해 산출하는 것이 원칙이지만, 수출 등 일정한 거래에 있어서는 공급가액에 0%를 곱해 '0'원으로 산출하는 제도를 말한다. 이로써 영세율 사업자의 부가가치세 납부(환급)세액 계산 시 매출세액은 '0'이고 매입세액만 있어 최종 환급받게 된다.

외부조정대상자 외부조정은 소득세 또는 법인세 신고 시 세무조정을 반드시 세무사 등에게 의뢰하여 신고하는 제도를 말한다. 이를 위반할 경우 무신고로 본다. 외부조정대상자(개인)는 해당 과세기간의 수입금액이 복식부기의무자 판단 기준의 2배 이상인 개인사업자와 복식부기의무자 중 조세특례제한법에 따라 세액공제, 세액감면을 받는 사업자 등을 말한다.

원천징수 소득을 지급하는 사업자가 소득을 지급받는 자로부터 해당 소득에 대한 세금 일부를 공제(차감)해 사업장 관할세무서에 매월(또는 반기) 단위로 신고·납부하는 제도이다. 그리고 사업자는 이렇게 원천징수 한 내역을 소득자와 금액을 특정하여 이듬해 지급명세서라는 양식으로 국세청에 제출한다.

유형자산 고정자산 중 유형고정자산을 의미하는바 부동산, 기계, 시설장치 등을 들 수 있다.

인건비 손익계산서상 판매비와 관리비 중 급여, 임금, 상여, 수당, 퇴직금, 복리후생비 항목과 제조원가명세서 중 노무비, 복리후생비 항목의 합계액을 말한다.

자기조정대상자 외부조정대상자에 해당하지 않는 개인사업자를 말한다. 그러나 복식부기의무자에 해당하는 사업자가 자기조정대상자라고 하더라도 세무사 등에게 외부조정을 의뢰하지 않는 경우 납세자 스스로 재무제표와 세무조정계산서를 작성하여야 하는데 사실상 불가능하여 복식부기의무자는 대부분 세무사 등에게 세무조정을 의뢰한다.

재무상태표 일정 시점 현재 기업의 재무상태, 즉 기업의 자산, 부채, 자본의 상태를 보여주는 재무제표이다. 자산은 부채와 자본의 합으로 이뤄진다.

재무제표   기업의 자산, 부채, 자본의 현황과 수익, 비용을 보여주는 회계보고서를 의미하며 특정 시점의 자산, 부채, 자본을 보여주는 재무상태표와 특정 기간의 수익과 비용을 보여주는 손익계산서가 대표적이다.

적자   통상적으로 지출이 수입보다 많은 상태를 의미한다.

절세   세법이 예정한 세금 절감 행위로 합법적이고 합리적인 세금 결정 행위이다.

제세공과금   세금과 공과금을 의미하는 것으로 국가 또는 지방자치단체 등에 의해 강제적으로 부과·징수되는 특징이 있다.

종합소득세   이자소득·배당소득·사업소득·근로소득·연금소득·기타소득을 합친 소득에 부과하는 소득세를 말한다.

중간예납   사업자에 한하여 과세기간(1년 기준) 중간에 중간예납기간을 두어 세액의 일부를 납부하게 하는 제도이다.

지방소득세   국가가 소득세를 과세하는 것과 병행하여 지방자치단체는 소득세의 10% 상당액을 지방소득세로 과세한다.

차량 리스비   리스란 어떤 물건을 사용료를 주고 타인에게 빌리는 것으로 시설대여회사(리스회사로 면세사업자)로 등록한 회사로부터 빌리는 것을 리스라고 하고, 그 외 회사(과세사업자)로부터 빌리는 것은 렌트라고 한다. 차량리스비는 차량을 리스회사로부터 빌려 쓰는 비용이고, 차량 렌트비는 그 외 회사로부터 차량을 빌려 쓰는 비용이다.

채권자   채무자에게 급부를 청구할 수 있는 권리를 가진 사람을 말한다.

채무자   다른 사람(채권자)에게 빚을 진 사람을 말한다.

추계   사전적 의미로는 일부를 가지고 전체를 미루어 계산한다는 의미로 세금에서는 세무장부가 없는 사업자의 소득금액을 계산할 때 수입금액(매출액)에 단순경비율 또는 기준경비율 같은 비율을 곱한 금액을 사업경비로 의제한다.

탈루   사전적 의미로는 밖으로 빼내새게 한다는 의미로 탈세에 기초하여 정부에 납부할 세금을 빼돌린 행위를 말한다.

탈세   세법을 위반하여 세금을 면탈하려는 행위로 불법적이고 비합리적인 세금 결정 행위이다.

환급 사전적 의미로는 도로 돌려준다는 의미로 세금에서는 세법보다 많이 낸 세금이 있는 경우 그 차액을 돌려준다는 의미이다.

흑자 통상적으로 수입이 지출보다 많은 상태를 의미한다.

삼쩜삼,
세금의
기초

PART 1

1

삼쩜삼이 뭐야?
나한테 유리한 거야?

삼쩜삼이 뭐야?

- 삼쩜삼, TV에서 혹은 카톡에서 한번은 봤을 단어인 삼쩜삼은 프리랜서freelancer, 우리말로는 인적용역 사업자가 용역비를 받을 때 떼어가는 세금을 말한다. 예를 들면 프리랜서를 선언한 아나운서가 방송국에 용역을 제공하고 용역비 500만 원을 받는다면 3.3%인 165,000원(=500만 원×3.3%)을 떼고 4,835,000원을 입금받는 구조이다.

(잠깐) **프리랜서, 인적용역 사업자의 개념**

'인적용역 사업자'란 회사에 근로자로 고용되지 않은 상태로 일하는 용역자를 말한다. 용역의 범위에는 특별한 제한이 없어 작가, 미술가, 음악가, 무용수, 감독, 직업 운동선수, 번역가, 배우, 성우, 프로그래머, 아나운서, 편집자와 같이 특정 분야에서 전문성을 인정받고 있는 사람으로서 시작해서 지금은 매우 광범위하게 근로자가 아닌 상태로 일하는 대부분의 경우를 포괄하고 있는데 사업장이 없고 동종 근로자용역자를 고용하지 않는 경우에 한한다.

삼쩜삼, 프리랜서의 절세와 세무신고

- 만일 회사에 취직해서 직원으로서 월급을 받게 되면 근로자는 세금과 관련해서 크게 신경 쓸 일이 없다. 왜냐하면 회사에서 월급 줄 때 근로소득세와 4대 보험료 근로자 부담분을 회사가 정산해서 떼고 주기 때문이다.

잠깐 세금공제와 원천징수

'떼다'는 표현은 전체에서 한 부분을 덜어낸다는 의미인데 세법에서는 '세금을 공제한다'는 의미로 쓰이고 세금을 공제한다는 말을 '원천징수 한다'라고 표현한다. 즉 '세금을 떼다=세금을 공제하다=원천징수 하다'는 같은 의미이다.

- 그런데 회사와 근로계약을 맺은 것이 아니라, 용역계약을 맺은 경우에는 용역비의 크기와 관계없이 회사는 인적용역 사업자에게 용역비의 3.3%를 원천징수 하고 나머지 96.7%를 지급한다. 즉 삼쩜삼은 근로소득세와 같이 정산된 세금이 아니라, 인적용역 사업자로부터 3.3%만큼 떼어 세무서에 선납해 놓은 사업소득세를 말한다. 이런 제도를 두는 이유는 인적용역 사업자의 수입금액을 국가가 미리 파악하기 위함이다.

- 근로자처럼 회사에서 연말정산 해주지 않으므로 인적용역 사업자는 1역년(1월 1일부터 12월 31일까지) 단위로 자신이 얻은 용역수입에 대한 사업소득세를 다음 해 5월 31일(성실신고확인대상 사업자는 6월 30일)까지 세무서에 신고·납부(환급)해야 하고, 이미 원천징수 된 삼쩜삼은 사업소득세에서 차감된다. 만약 납부하여야 할 사업소득

세보다 삼쩜삼이 크면 환급이 발생하기도 한다.

- 이쯤에서 몇 가지 생각이 펼쳐질 수 있는데 근로자가 되는 경우와 인적용역 사업자가 되는 경우를 어떻게 구분하고 어떤 것이 유리한지? 근로자가 연말정산 할 때 세금을 환급받는 경우가 있는 것처럼 인적용역 사업자도 삼쩜삼을 환급받을 수 있는지? 인적용역 사업자가 사업소득세 신고를 직접 해야 한다는데 어떻게 하는 것인지? 등등이 궁금하다.

- 삼쩜삼 이야기의 도입 부분이니 이 주제에서는 근로자가 되는 경우와 인적용역 사업자가 되는 경우 중 어떤 것이 유리한지에 대해 얘기하고 나머지 주제는 이어서 다루도록 한다.

삼쩜삼, 나한테 유리한 거야?

- 회사가 사람을 쓸 때 어떤 방식으로 계약하느냐에 따라 세금 관계 등이 전혀 달라진다. 크게 구분하여 근로계약 할 것인지, 용역계약 할 것인지로 구분되고 근로계약은 다시 상용직 계약과 일용직 계약으로 구분되며, 용역계약은 계속·반복적 소득인지와 일시·우발적 소득인지로 구분된다.

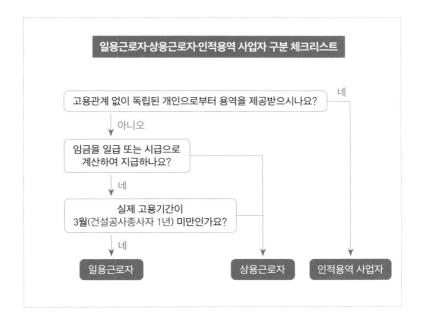

일용근로자·상용근로자·인적용역 사업자 구분 체크리스트

고용관계 없이 독립된 개인으로부터 용역을 제공받으시나요? ── 네

↓ 아니오

임금을 일급 또는 시급으로 계산하여 지급하나요?

↓ 네

실제 고용기간이 3월(건설공사종사자 1년) 미만인가요?

↓ 네

일용근로자   상용근로자   인적용역 사업자

- 먼저 상용직 근로계약의 경우 회사가 소속 근로자의 세금과 4대 보험료를 모두 정산해 주어야 하기에 근로자 입장에서 상당히 편리한 계약일 수 있다. 게다가 급여는 특별한 사정이 없는 한 깎을 수 없는 것이고 일정 근로기간을 유지한 경우 퇴직금도 당연히 받을 수 있기에 근로자 입장에서 상당히 유리한 계약이기도 하다.

- 그러나 근로계약은 근로자 입장에서 파격적인 보상이 제한되어 있고, 2개 이상의 회사에 다니는 등 겸업이 사실상 불가하다.

- 반면 용역계약의 경우에는 회사에서 용역비의 3.3%를 공제하고 지

급하는 것 외에 용역비와 관련한 모든 세금 문제는 인적용역 사업자가 스스로 해결하는 것이 원칙이므로 회사 입장에서 상당히 편리한 계약일 수 있다. 게다가 용역비는 역량에 따른 차등지급 등 변동을 줄 수 있고 상당 기간 용역을 수행했더라도 퇴직금을 줄 이유가 원칙적으로 없다.

- 다만 용역계약은 인적용역 사업자 입장에서 파격적인 보상이 있기도 하고, 2이상의 회사와 용역계약을 맺어 다양한 루트로 수입을 얻을 수도 있다.

- 한편 일용직 근로계약의 경우 회사는 소속 일용근로자에게 일당 기준의 근로소득세를 정산지급 하고 이것으로 모든 세금 문제는 종결된다. 이와 비슷하게 일시·우발적 소득인 용역이라면 기타소득으로 보아 원천징수 하고 소득금액이 소액이면 선택적으로 세금 문제를 종결시킬 수도 있다.

(잠깐) **소득별 세무신고 방법**

- 상용직 근로계약 :
  회사에서 근로소득세 정산으로 사실상 납세의무 종결
- 계속·반복적 소득인 용역계약 :
  회사에서 삼쩜삼 원천징수 후 용역자가 직접 세무신고
- 일용직 근로계약 :
  회사에서 일당 기준 근로소득세 정산으로 납세의무 종결
- 일시·우발적 소득인 용역계약 :
  회사에서 원천징수 후 용역자가 직접 (선택적) 세무신고

2

삼쩜삼, 소득세만 내면 되는 거야?
세금은 환급받을 수 있는 거야?

보통은 사업소득세만

- 회사 소속의 직원일 때는 내가 내는 세금이 무엇인지 알 필요가 크게 없었지만, 삼쩜삼이 되고부터는 인적용역 사업자가 직접 세무신고를 해야 하니 어떤 세금을 내야 하는지 살펴볼 필요가 있다.

- 우리나라 세금의 종류는 국세가 16개, 지방세가 11개로 매우 복잡하지만 삼쩜삼으로서 얻게 된 용역수입에 관한 세금은 통상적으로 사업소득세와 사업소득세의 10% 상당의 지방소득세 외에는 없다.

- 삼쩜삼이란 말도 사업소득세 원천징수세율 3%와 지방소득세 특별징수세율 0.3%를 합쳐저 3.3%라는 표현을 줄여 쓰는 것인데, 이는 정산된 세금이 아니라 용역수입을 파악하기 위한 예납적 세금이다. 따라서 인적용역 사업자는 1역년 단위로 국세인 사업소득세와 지방세인 지방소득세를 정산신고·납부(환급)하면서 선납한 삼쩜삼을 기납부세액으로 차감한다.

- 국세에서 말하는 소득세는 종합소득세, 양도소득세, 퇴직소득세를 지칭하는데 이 중 종합소득세는 이자소득·배당소득·사업소득·근로소득·연금소득·기타소득을 합친 소득에 대한 소득세를 말한다. 그런데 단일 소득의 경우 이자소득세, 사업소득세, 근로소득세 등으로 부르기도 한다.

- 인적용역 사업자는 형식적으로 종합소득세를 신고하는 것이지만 신고서에는 삼쩜삼 관련 사업소득세를 계산하여 신고·납부(환급)하는 것으로 이해하면 되고 지방소득세는 사업소득세 결정세액의 10% 상당액으로 신고·납부(환급)하는 것으로 이해하면 된다.

삼쩜삼 환급은 보조금?

- 한편 삼쩜삼 세금을 환급해 준다는 TV광고, SNS광고가 넘쳐난다. 왜 세금을 환급해 줄까? 국가에서 지원해 주는 보조금 같은 걸까?

- 환급이란 도로 돌려준다는 의미이다. 즉 가져간 것이 당초 받을 것보다 많으니 그 차액을 도로 돌려준다는 의미이다. 따라서 보조금처럼 지원해 준다는 의미가 아니다. 근로자였을 때 연말정산 환급의 예로 설명하자면 매월 급여 수령 시 근로소득세로 원천징수 한 세액의 합계가 연말정산으로 내야 할 총 근로소득세보다 많으면 환급되고, 적으면 추가납부 하는 것과 같은 것이다.

- 삼쩜삼 세금의 환급 이유는 용역비의 크기에 관계없이 무조건

3.3%로 원천징수 되어 세무서에 선납되어 있는 세금이 있기 때문이다. 예를 들어 1년간 3,000만원의 용역비를 얻은 인적용역 사업자의 경우 이미 세무서에 90만원(3%), 구청에 9만원(0.3%)의 세금이 선납되어 있다. 그런데 인적용역 사업자가 1년간 얻은 3,000만원의 용역수입의 사업소득세를 정산해 보니 50만원이 나오고, 지방소득세가 5만원이 나오면, 선납해 둔 세금이 더 많아 사업소득세 40만원(=90만원-50만원), 지방소득세 4만원(=9만원-5만원)이 환급되는 이치다.

- 이 정도까지 이해가 되면 삼쩜삼 사업소득세 정산을 어떻게 해야 세금이 환급되는가 라는 데까지 생각이 미치게 된다. 나의 신고유형이 어떻게 결정되고 사업소득세의 정산 방식이 신고유형에 따라 여러 가지로 나눠진다는 것을 이해한다면 절세를 위해 미리 준비할 수 있다.

환급대행업자에게 의뢰?

- 다만 여기서 꼭 짚고 가야 할 것은 삼쩜삼 세금을 환급해 준다는 TV광고, SNS광고에 의해 해당 업자에게 모든 개인정보까지 주면서 세금 환급 신청을 의뢰해서 살펴보는 것이 유리하냐는 것이다.

- 해당 업자들은 인적용역 사업자의 다양한 세금계산을 지도해 주는 등 실제적인 세무대리를 수행하는 것이 아니라, 세금 환급대상인 단

순경비율대상자가 무신고 했는지 홈택스로 확인하여 단순경비율을 적용하여 결정된 세액이 삼쩜삼보다 적은 경우 당연 환급이 발생하는 것을 확인해 주고 수수료를 받는 것뿐이다.

- 이처럼 단순경비율 대상인 인적용역 사업자가 당연 환급대상임에도 불구하고 신고를 하지 않아 국세청 환급금 찾기에서 누락된 경우가 문제 된바, 2023년 국세청은 적극 행정을 펼쳐 지난 연도의 미환급세액까지 확정하여 환급해 주고 있다.

- 만약 매년 삼쩜삼 환급 여부를 확인하고 직접 신고만 한다면 환급신청은 국세청 홈택스, 손택스, 반송용 우편신고, ARS 등으로 할 수 있는 단순 업무이다. 만약 더 할 수 있는 것이 있다면 종합소득공제 검토 정도가 있을 수 있는데 이 책에서 다루는 정도만 이해하고 가까운 세무서에서 민원신청하면 추가환급도 문제없다.

3

삼쩜삼, 세금신고 내가 직접 해야 하는 거야?
어떻게 하는 거야?

삼쩜삼 세금신고 직접 해야 하는 거야?

- 인적용역 사업자가 용역수입에 대해 연중에 세무서 등에 선납한 세금이 삼쩜삼이고, 종합소득세 신고 시 1년간의 용역수입에 대해 정산할 사업소득세 부담세액을 확정하면 삼쩜삼에 비추어 추가납부가 발생할지, 세금 환급이 발생할지 정해진다.

환급되는 경우	추가납부의 경우
• 사업소득세 부담세액(A): 100 • 삼쩜삼 원천징수세액(B): 200	• 사업소득세 부담세액(A) : 200 • 삼쩜삼 원천징수세액(B) : 100
• 환급세액 (C=A-B): △100	• 납부세액 (C=A-B): 100

- 삼쩜삼이 부담세액보다 많으면 세금 환급, 적으면 추가납부이다. 이러한 사업소득세 부담세액은 누가 정해 주는 것일까? 원칙적으로는 인적용역 사업자가 직접 부담세액을 계산하여 신고하여야 한다. 그러나 단순경비율대상자에 해당하면 세무서와 구청에서 단순경비율

이라는 요율로 자동 계산하여 사업소득세 부담세액을 확정하고 이를 우편이나 SNS 등으로 인적용역 사업자에게 안내해 준다. 대부분 환급대상자에 해당하니 반드시 확인할 필요가 있다. 아래 신고유형 중 F유형(납부)과 G유형(환급)에 해당한다.

유형	신고안내 구분	실제 경비 적용	경비율 적용
S유형	성실신고확인대상자	복식부기의무자	기준경비율 적용 가능
A유형	외부조정대상자		
B유형	자기조정대상자		
C유형	복식부기의무자		
D유형	기준경비율대상자	간편장부대상자	기준경비율 적용 가능
E유형	단순경비율 (복수소득 포함)	간편장부대상자	단순경비율 적용 가능
F유형	단순경비율 (단일소득 납부)		
G유형	단순경비율 (단일소득 환급)		

단순경비율 적용 시	기준경비율 적용 시
• 대부분 환급대상 • 손택스, ARS, 우편 등으로 환급 신청 가능	• 대부분 납부대상 • 경비율 방식이 아닌 실제경비 방식 검토

- 그런데 안내가 비교적 상세하고 유리함에도 세무서로부터 오는 문서를 싫어하는 많은 납세자들이 이를 살펴보지 않고 지나쳐 신고하지 않는 경우가 많다. 그래서 삼쩜삼 세금 환급이라는 TV광고,

SNS광고까지 등장하여 '받을 건 받아야지'라고 한 것은 아닐까 싶다.

- 2022년 10월 기준으로 미수령 환급금이 4,000억 원이나 된다고 하는데 국세환급금을 찾아가지 않고 5년(무신고 시 7년)이 지나면 이는 국고로 귀속되니 유의하여야 한다. 다행스러운 것은 2023년부터 유료의 환급대행업자가 아닌 무료의 국세청이 '삼쩜삼 환급세금 찾아주기'를 시작했다는 것이다.

삼쩜삼 세금신고 어떻게 하는 거야? 특히 기준경비율대상자

- 그러나 갑작스럽게 추가 세금납부가 발생하는 경우가 있는데 단순경비율대상자가 기준경비율대상자로 전환되었을 경우이다. 단순경비율대상자일 때는 세금 환급이 발생하다가 기준경비율대상자로 전환되면 기준경비율이라는 요율로 자동 계산해 보면 대부분 추가 납부세액이 발생한다. 이때 어떻게 해야 절세할 수 있을지 대책을 세워야 한다.

- 인적용역 사업자는 여느 개인사업자와 마찬가지로 자신의 수입금액(매출) 규모에 따라 각 사업장별로 추계에 의한 신고(경비율 방식)와 세무장부에 의한 신고(실제경비 방식) 중 선택하여 사업소득 부담세액을 확정하고 종합소득세를 신고할 수 있다.

- 추계에 의한 신고는 단순경비율 또는 기준경비율을 의미하는 것이

고, 세무장부에 의한 신고는 개인사업의 규모에 따라 간편장부 또는 복식장부로 신고하는 것을 의미한다.

(잠깐) **삼쩜삼 신고유형**

- 단순추계신고 :
  안내문에 대부분 세금 환급내역이 기재되고 이를 신고하면 환급
- 기준추계신고 :
  기준 추계 시 대부분 추가납부세액이 발생하고 이를 신고·납부
- 간편장부신고 :
  안내문과 무관하게 간편장부를 작성하여 신고·납부(환급)
- 복식장부신고 :
  안내문과 무관하게 복식장부를 작성하여 신고·납부(환급)

- 복식장부란 사업상 거래를 자산·부채·자본(재무상태표 기재사항)과 수익·비용(손익계산서 기재사항)으로 분류해 기록하는 것인데 그 결과가 재무제표이고 손익 현황은 손익계산서, 재무 현황은 재무상태표로 나타난다. 이러한 복식장부를 만들려면 고도의 회계 지식이 필요하므로, 대부분 세무사에게 의뢰한다. 대신 간편장부대상자가 복식장부로 세무신고 하면 산출세액의 20%를 세액공제 해준다.

- 반면 간편장부란 사업장별로 사업과 관련된 거래를 일자별로 기록하여 이를 수입과 지출 항목별로 집계한 서면으로 누구라도 그 구조만 알면 쉽게 서면 작성이 가능하다.

간편장부 신고 시	복식장부 신고 시
• 납세자 스스로 작성 가능 • 세무신고 수수료 절감 가능	• 세무사에게 의뢰해야 가능 • 산출세액 20 % 세액공제 (100만 원 한도)

- 기준경비율대상자라서 국세청 안내문에 따른 세금 환급은 없고, 추가납부 할 세금이 고지되었다면 자신이 복식부기의무자인지, 아니면 간편장부대상자인지 판단해서 복식부기의무자라면 세무사에게 신고 의뢰를 검토하고 간편장부대상자라면 간편장부에 의한 세무신고 방법을 익히면 된다. 세무서 또는 구청에 가서 신고 도움을 구하는 경우 추계(경비율) 방식 외에는 검토해 줄 수가 없다.

- 결론적으로 기준경비율대상자로 전환된 경우에 대부분의 경우 세무장부에 의한 신고가 추계에 의한 신고보다 훨씬 유리하다. 납세자 스스로 기준경비율로 자동 계산한 사업소득금액이 유리한지, 실제 사업상 경비를 반영한 사업소득금액이 유리한지 검토하려면 자신이 실제 쓴 사업상 경비와 자신이 적용받는 기준경비율이 몇 %인지 파악하면 된다.

보험모집인 등은 연말정산

- 한편 인적용역 사업자에는 보험모집인, 방문판매원, 음료계약배달 판매원과 같이 특정 회사에 소속되어 있으면서 개인사업의 형태로 판매 실적에 따라 보상받는 직업도 포함된다. 보험모집인 등도 인

적용역 사업자이니 원칙적으로는 1역년의 용역수입에 대한 사업소득세 신고·납부(환급)를 다음해 5월 31일(성실신고확인대상 사업자는 6월 30일)까지 이행하고, 이미 원천징수 된 삼쩜삼은 납부할 사업소득세에서 차감하면 된다.

- 그러나 간편장부대상자인 보험모집인 등은 예외로 한다. 보험모집수당 등을 지급하는 회사가 다음 해 2월분 사업소득 지급 시 '연말정산 사업소득률(=1-단순경비율)'을 적용해 보험모집인 등의 사업소득금액을 확정하고 연말정산을 해주는 것으로 납세의무가 종결된다.

- 따라서 보험모집수당 등 외에 다른 소득이 없는 경우에는 보험모집인 등이 별도로 종합소득세를 자진신고할 필요가 없다. 하지만 복식부기의무자(직전연도 수입금액 7,500만 원 이상)인 보험모집인 등과 연말정산을 한 자라도 다른 소득이 있는 경우에는 종합소득세를 자진신고·납부해야 한다.

4

**보험모집인(=보험설계사)의
특별한 세무신고, 연말정산**

연말정산 대상소득

- 연말정산이란 근로소득, 연금소득, 특정 사업소득에 대하여 원천징수의무자가 연말정산을 통해 연간 세액과 이미 원천징수 한 세액을 비교하여 그 차액을 추가로 징수·납부하거나 환급해 주는 제도를 말한다.

- 예를 들어 회사에서는 근로자의 근로소득세를 정산하기 위해 연말정산을 해야 하고, 국민연금공단은 연금소득자의 연금소득세를 정산하기 위해 연말정산 하며, 보험회사(보험모집수당을 지급하는 자)는 보험모집인(보험설계사)의 사업소득세를 정산하기 위해 연말정산 해야 한다.

- 즉 인적용역 사업자 중 보험모집인은 직접 사업소득세를 신고·납부(환급)하는 것이 아니라 보험회사가 연말정산으로 세액을 정산해 준다. 물론 모든 보험모집인이 연말정산을 할 수 있는 것은 아니다.

연말정산 대상 보험모집인은 직전연도 수입금액이 7,500만 원을 넘지 않는 간편장부대상자인 보험모집인이다.

- 당해 수입금액과는 무관하기 때문에 예를 들어서 2022년 수입금액이 7,000만 원인 보험모집인(인적용역 사업자는 간편장부대상자 기준이 7,500만 원임)이 2023년 수입금액이 1억 원인 경우에도 1억 원의 수입에 대해서 2024년 2월분 사업소득을 지급하는 보험회사가 연말정산을 해주는 것이다.

- 따라서 연말정산 대상 보험모집인에게 보험모집수당 외 다른 소득이 없다면 연말정산으로 종합소득세 납세의무가 종결된다. 그러나 다른 소득이 있다면 이를 합산하여 사업소득세를 확정신고·납부(환급)하여야 한다.

- 한편 연말정산 대상 사업소득자는 간편장부대상자인 보험모집인 외에도 방문판매원 및 음료배달원이 있다. 그 외 다른 인적용역 사업자는 연말정산이라는 제도를 적용받지 못한다.

연말정산 시기와 연말정산 방법

- 사업소득에 대한 연말정산은 용역비 지급일이 속하는 다음 연도 2월분의 사업소득을 지급할 때 실시하고, 중도해지 한 경우 해당 인적용역 사업자와의 거래계약을 해지하는 달의 사업소득을 지급할

때 다음과 같이 연말정산을 해야 한다.

- 사업소득금액 = 수입금액 × 소득률▲
- 종합소득 과세표준 = 사업소득금액 - 종합소득공제
- 종합소득 산출세액 = 종합소득 과세표준 × 종합소득세율
- 연말정산 시 결정세액 = 종합소득 산출세액 - 세액공제
- 연말정산 결정세액 > 해당 과세기간의 원천징수세액(3.3%)인 경우

  : 추가 원천징수
- 연말정산 결정세액 < 해당 과세기간의 원천징수세액(3.3%)인 경우

  : 세액 환급

▲ 보험모집인의 경우 소득률(=1-단순경비율)은 4,000만 원까지는
22.4%, 4,000만원 초과분은 31.4%를 적용한다.

보험모집인의 연말정산 효과

- 연말정산 대상 사업소득만 있는 사업자는 연말정산으로 신고납부 의무가 종결되기 때문에 추가로 종합소득세 확정신고를 하지 않아도 된다. 그런데 추계방식으로 연말정산 한 소득금액보다 실제 사업 관련 경비가 많아 실제 사업소득금액을 낮출 수 있다면 연말정산 한 경우라 하더라도 장부기장을 통해 종합소득세 확정신고를 하여 절세할 수도 있다.

- 한편 보험모집수당이 2 이상의 회사로부터 발생한 경우에는 주된 수입금액이 발생한 회사에 다른 회사에서 발생한 수입액의 사업소득 원천징수 영수증을 제출하여 주된 회사에서 총수입금액으로 연말정산 할 수도 있다.

- 그러나 만약 2 이상의 회사에서 발생한 보험모집수당을 합산하여 연말정산을 하지 않았거나, 보험모집수당 외에 다른 소득이 있다면 다음 연도 5월 말(성실신고확인대상자는 6월 말)까지 종합소득세 확정신고·납부(환급)를 하여야 한다.

5

삼쩜삼, 처음인데 나는 무조건 세금 환급받는 거야?

추계신고제도

- 사업자가 사업소득세를 신고·납부하기 위해서는 원칙적으로 세무장부를 만들어야 한다. 그러나 상당수의 개인사업자가 세무장부를 만들지 않고 추계推計로 신고한다. 추계란 국세청에서 업종별 경비율을 정해주고 장부를 하지 않는 경우에도 수입금액에서 일정 경비를 공제하는 제도를 말한다.

- 즉 사업자가 실제경비가 없거나 밝힐 수 없는 경우 추계방식을 이용하여 추계경비를 인정받는 것이 유리할 수도 있기 때문에 추계신고라는 방식이 사용되는 것이다. 프리랜서의 경우 통상 단순경비율대상자일 때는 추계신고가 유리하고 기준경비율대상자일 때에는 장부신고가 유리하다.

- 이를 국세청도 알고 있으므로 사업자의 수입금액(매출액 개념) 규모에 따라 추계경비로 인정하는 비율을 단순경비율과 기준경비율로

차등 적용하게 하여 세무장부에 의한 신고를 유도한다. 즉 단순경비율은 장부에 의한 평균경비보다 높게 책정해 주지만, 기준경비율은 매우 낮게 책정해서 장부신고를 유도하는 것이다.

단순경비율 적용 대상자의 판정

- 신규사업자 또는 직전연도 수입금액이 다음 표에 미달하는 사업자가 당해연도 수입금액이 간편장부대상자(인적용역 사업자의 경우 연간 7,500만 원)에 해당하는 개인사업자라면 단순경비율 적용 대상자가 된다. 즉 신규사업자라도 당해연도 수입금액이 간편장부대상자 수입금액을 초과하면 단순경비율 적용 대상자가 아니고 기준경비율 대상자가 된다.

업종	수입금액
• 농업·임업 및 어업, 광업, 도매 및 소매업(상품중개업을 제외한다), 부동산매매업, 그 밖에 아래 열거되지 아니한 사업	6,000만 원
• 제조업, 숙박 및 음식점업, 전기·가스·증기 및 공기조절 공급업, 수도·하수·폐기물처리·원료재생업, 건설업(비주거용 건물 건설업은 제외), 부동산 개발 및 공급업(주거용 건물 개발 및 공급업에 한정), 운수업 및 창고업, 정보통신업, 금융 및 보험업, 상품중개업	3,600만 원
• 부동산임대업, 부동산업(부동산매매업은 제외), 전문·과학 및 기술 서비스업, 사업시설관리·사업지원 및 임대서비스업, 교육서비스업, 보건업 및 사회복지서비스업, 예술·스포츠 및 여가 관련 서비스업, 협회 및 단체, 수리 및 기타 개인서비스업, 가구 내 고용활동	2,400만 원 (인적용역은 3,600만 원)

- 인적용역 사업자는 수리 및 개인서비스업에 해당하는바, 신규사업

자로서 당해연도 수입금액이 7,500만 원 미만인 경우와 계속사업자로서 직전연도 수입금액이 3,600만 원 미만이면서 당해연도 수입금액이 7,500만 원 미만이면 단순경비율대상자가 된다.

- 단순경비율에 의한 소득금액 계산은 사업자의 수입금액과 업종별 단순경비율을 이용해 다음과 같이 계산한다.

추계사업소득금액 = 수입금액-(수입금액×단순경비율)

- 삼쩜삼을 처음 시작한 사람들은 대부분 단순경비율대상자이고 단순경비율이 수입금액의 60% 내외가 많아 단순경비율에 따른 세금을 계산해 보면 삼쩜삼보다 적어 세금 환급대상이 된다. 환급대상자는 국세청이 안내하는 '모두채움 서비스'를 통해 매년 5월 신고 시 전화 등으로 신고하면 되는데 이마저 하지 않는 경우도 있다.

국세청, 인적용역 소득자 환급금 1.5조 원 찾아줬다!

- 이에 국세청은 적극 행정의 일환으로 인적용역 소득자에게 소득세 환급금 찾아주기를 실시한 결과 최근 2년 동안 1.5조 원을 지급하였다.

- 2023년 5월 종합소득세 확정신고 시 인적용역 소득자 400만 명에게 2022년 귀속 환급금 8,230억 원을 신고 안내한 결과, 311만 명에게

8,029억 원을 지급하였으며, 8월에는 과거 환급금을 찾아가지 않은 178만 명에게 2018년부터 2022년 귀속까지 환급금 2,220억 원을 찾아가도록 안내하여 2023년 12월까지 38만 명의 납세자가 혜택을 받았다.

안내기간	합계	22.5월 (정기분)	22.9월 (기한 후)	23.5월 (정기분)	23.8월 (기한 후)
인원 (만 명)	629	236	44	311	38
환급액 (억원)	15,157	6,118	537	8,029	473

- 2023년에 모두채움 서비스를 확대하고 환급금 조회·신청 화면을 편리하게 개선한 결과 인적용역 소득자 환급액이 전년 대비 2,000억 원 증가한 것이다.

- 무신고자의 경우 정기 신고기한이 지난 후 7년 이내에 기한 후 신고할 수 있으며, 현재도 신고가 계속 접수되고 있어 환급세액은 더욱 늘어날 전망이다.

- 환급신고대상자는 '모두채움 서비스'를 통해 매년 5월 신고 시에는 ARS 전화(☎ 1544-9944) 한 통으로 간편하게 신고하고 환급받을 수 있으며, 기한 후 신고 시에도 홈택스·손택스에서 5년간 연도별 수입금액과 환급예상세액을 일괄 조회한 후 환급받을 계좌번호만 입력하면 간단히 신고를 마칠 수 있다.

6

2023년 귀속분부터는
삼쩜삼 환급대상자가 더 늘어났다!

인적용역 사업자의 단순경비율 적용 방법

• 단순경비율 적용 대상 인적용역 사업자는 왜 세금 환급이 될까? 일
단 환급은 삼쩜삼이라는 선납세금이 사업소득세 부담세액보다 많을
때 발생하는 것이고, 단순경비율대상자는 기준경비율대상자보다 월
등하게 사업소득세 부담세액이 작아 대부분 환급이 발생하는 구조
이다.

• 인적용역 사업자 중 신규사업자로서 당해연도 수입금액이
7,500만 원 미만인 경우와 계속사업자로서 직전연도 수입금액이
3,600만 원 미만(2022년 귀속분까지는 2,400만 원)이면서 당해연도 수입
금액이 7,500만 원 미만이면 단순경비율대상자가 된다.

• 예를 들어 서적방문판매원인 계속사업자로서 직전연도(2021년) 수
입금액이 2,000만 원이고 이번 연도 (2022년) 수입금액은 3,000만 원
이라고 가정해 보자. 이 경우 이번 연도 수입금액 3,000만 원에 대

한 사업소득세를 신고할 때 단순경비율 적용 대상이 된다. 그리고 삼쩜삼으로 이미 선납한 세금은 국세 90만 원(3%), 지방소득세 9만 원(0.3%)이 된다.

• 2023년 4월에 발표한 2022년 귀속 기준경비율과 단순경비율 책자(국세청 발간)에 수록된 인적용역 사업자 중 서적방문판매원인 경우 수입금액 4,000만 원까지의 단순경비율은 75%에 해당한다. 따라서 단순경비율에 의한 사업소득금액은 750만 원이 된다.

$$7,500,000원 = 30,000,000원 - (30,000,000 \times 75\%)$$

• 사업소득금액 7,500,000원에 종합소득공제 중 소득자 본인 기본공제 150만 원만 적용해도 과세표준은 6,000,000원이고 적용 세율은 6%라서 부담세액은 36만 원이 나온다. 기본적인 세액공제인 표준세액공제 7만 원을 적용하면 부담세액은 29만 원이 나오고 선납세금인 삼쩜삼(= 사업소득세 90만 원 + 지방소득세 9만 원)보다 낮아 사업소득세 환급세액으로 61만 원, 지방소득세 환급세액으로 6만 1,000원이 나오는 것이다.

(잠깐) **기본공제와 표준세액공제**

앞으로 사례에서 사업소득세 부담세액을 결정하기 위해서 ①사업소득금액을 계산하고 ②과세표준을 산출하기 위해 소득자 본인의 기본공제 150만 원을 적용하고 ③사업소득세 산출세액에서 표준세액공제 7만 원을 공제하는 것으로 한다. 이런 계산은 각종 공제·감면을 적용하지 않은 최소 공제 기준이기 때문이다.

2023년 귀속분부터 인적용역 사업자의 단순경비율 적용 대상 확대

- 한편 2023년 귀속분부터는 수리 및 기타 개인서비스업에 포함된 인적용역 사업자의 경우에는 단순경비율 적용 대상 수입금액 기준이 기존의 직전연도 2,400만 원에서 3,600만 원으로 상향 조정되었기 때문에 단순경비율 적용 대상 인적용역 사업자가 확대되었다.

- 앞선 사례에서 2022년 당해 수입금액 3,000만원인 서적방문판매원은 개정 전에는 2023년 신고유형이 기준경비율대상자로 전환될 것이나, 이번 단순경비율 적용 대상 확대 개정에 따라 2023년 신고유형도 간편장부대상자 수입금액(연간 7,500만 원) 미만이면 단순경비율 적용 대상자가 되어 대부분 세금 환급대상이 될 것으로 예상된다.

기본적인 사업소득세 부담세액 계산 구조

- 이하 계속 이어질 삼쩜삼과 사업소득세 부담세액의 비교를 위해서 기본적인 사업소득세 부담세액 계산 방식을 설명하면 다음과 같다. 먼저 사업소득금액은 사업자의 수입금액(매출액) 규모에 따라 사업장별로 장부에 의한 방법과 추계에 의한 방법을 검토한다.

- 단순경비율이나 기준경비율과 같이 추계推計에 의한 방법은 누가 계

산을 하든 사업소득금액이 같다. 왜냐하면 국세청이 고시한 업종별 경비율을 적용하여 산출하기 때문이다.

- 그러나 복식장부, 간편장부와 같이 장부에 의할 경우에는 사업자가 사업 관련 경비를 얼마나 잘 관리했느냐에 따라 사업소득금액이 차이 날 수 있다. 그래서 사업상 경비와 관련한 증빙을 홈택스에 전자 형태로 보관하는 것이 좋다. ('36 사업자등록을 한 프리랜서는 홈택스를 활용하자!' 참조)

- 이런 과정을 통해 사업소득금액이 산출되면 종합소득공제를 차감해 과세표준을 확정하고, 종합소득 과세표준이 산출되면 6~45%의 8단계 종합소득세율을 곱해 산출세액을 계산한다. 산출세액에서 각종 세액공제와 세액감면을 차감한 뒤, 삼쩜삼 원천징수세액을 기납부세액으로 차감하면 최종 부담세액이 확정된다.

종합소득세		금액	비고
	수입금액	30,000,000원	
(-)	단순경비	22,500,000원	단순경비율 75%
(=)	소득금액	7,500,000원	
(-)	종합소득공제	1,500,000원	본인 기본공제
(=)	과세표준	6,000,000원	
(×)	세율	6%	

종합소득세		금액	비고
(=)	산출세액	360,000 원	
(-)	세액감면	–	
(-)	세액공제	70,000 원	표준세액공제
(+)	가산세		
(=)	총부담세액	290,000 원	
(-)	기납부세액	900,000 원	3 % 원천징수
(=)	환급세액	△ 610,000 원	지방소득세 61,000 원도 환급

7

삼쩜삼, 모두채움 서비스와 스마트폰으로 소득세 신고하기

본 QR 코드를 조회하시면 최신 업데이트된
홈택스 신고 설명 블로그로 진입합니다.

모두채움 서비스란

• 모두채움 서비스란 국세청에서 납부(환급)세액을 미리 계산해 제공한 신고 안내문이다. 모두 채움 서비스 대상은 단순경비율이 적용되는 소규모 사업자와 사업소득이 아닌 근로·연금·기타소득이 발생한 납세자인데 모두채움 안내문을 받은 납세자는 신고 안내문에 기재된 1544-9944로 전화해서 신고를 마치거나 핸드폰으로 신고할 수 있다.

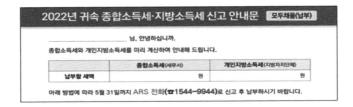

• 모두채움 안내문을 받았더라도 소득공제 항목 등 수정 사항이 있는 경우에는 홈택스나 손택스에서 수정할 수 있는데 이번 장에서는 단순경비율로 사업소득을 신고하는 모두채움 신고대상자가 스마트폰

을 이용하여 전자신고 하는 방법에 대해서 알아보자. 다만 손택스, 홈택스를 통한 직접 신고 내용은 홈택스 등 개편에 따라 부분 변경될 수 있기 때문에 저자의 블로그 QR 코드를 제목 하단에 삽입하여 부분 변경을 실시간 반영할 예정이다.

손택스 설치

- 스마트폰의 앱스토어 또는 구글 플레이스토어에서 국세청 모바일을 검색하고 설치한다.

손택스 로그인

- 설치한 국세청 모바일 통합 앱(이하 '손택스')에 접속하여 메뉴화면 상단에 **로그인** 버튼을 누른다. 로그인 방식은 공동인증서·간편인증서·금융인증서 인증, 아이디/패스워드, 지문 인증의 방식 등이 있다. 회원가입이 되어 있지 않은 경우에는 회원가입 후 로그인하면 된다.

- 종합소득세 간편신고를 위해 신고·납부를 누른다. 다음 화면에서 **종합소득세** 를 누른 후에 모두채움 신고/단순경비율 신고(정기신고)를 선택한다.

기초정보 입력

- 주민등록번호 항목에 **조회** 버튼을 클릭하면 납세자 기본정보가 조회된다. 연락처에 주소지 전화, 사업장 전화, 휴대전화 중 하나를 입력하며, 납세자 정보에서 수정 사항이 있으면 수정 입력한다.

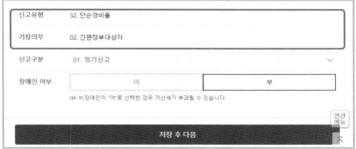

- 신고유형은 단순경비율이고 기장의무는 신고 안내문에 안내된 내
  용에 따라 간편장부대상자로 나타난다.

신고안내자료 요약 : 신고(납부)할 세액 -681,420원	^

종합소득금액	5,005,671 원	소득공제	1,500,000 원
	세부내역보기		세부내역보기
과세표준	3,505,671 원	산출세액	210,340 원
세액감면	0 원	세액공제	90,000 원
			세부내역보기
	세부내역보기		
결정세액	120,340 원		

소득공제 세부내역

인적공제 : 1,500,000 원

구분	공제금액
1. 본인	1,500,000 원
2. 배우자	0 원
3. 부양가족 (0명)	0 원
4. 70세 이상 경로우대 (0명)	0 원
5. 장애인 (0명)	0 원
6. 부녀자	0 원
7. 한부모가족	0 원

일반 소득공제 : 0 원	∨
근로소득자 소득공제 : 0 원	∨

세액감면·공제 세부내역

일반 세액공제 : 90,000 원

구분	공제금액
1. 자녀세액 공제	0 원
2. 연금계좌 공제	0 원
3. 기부금 공제	0 원
4. 정치자금기부금 공제	0 원
5. 표준세액공제	70,000 원
6. 기타	20,000 원

근로소득자 세액공제 : 0 원	∨
세액감면 : 0 원	∨

- 화면을 아래로 내리면 신고안내자료 요약 내용이 보여진다. 종합소득금액, 소득공제, 세액감면, 세액공제의 세부내역보기 버튼을 누르면 해당 금액에 대한 상세 정보를 볼 수 있는 팝업창이 뜨고, 해당 팝업창에서 세부내역을 확인할 수 있다.

신고안내자료에 따라 신고하기

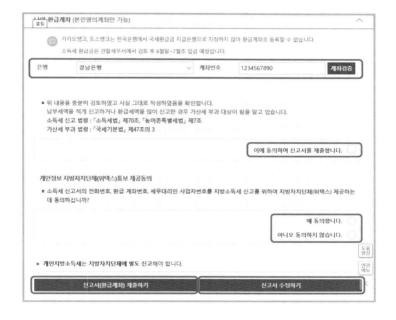

- 납부하거나 환급할 세액을 확인하고, 신고안내자료 요약 내용대로 신고하고자 하는 경우 이에 동의하며 신고서를 제출합니다 에 체크하고, 지방소득세 신고를 위한 개인정보 동의 여부를 체크한 후 신고서 (환급계좌) 제출하기 버튼을 누른다. 환급세액이 발생한 경우 환급세액

을 지급받을 계좌의 금융기관 및 계좌번호를 입력한다.

- 대부분의 경우 위와 같이 국세청 안내에 따라 단순한 과정을 통해 손택스를 통해 신고하고 납부 또는 환급이 가능하다.

신고안내자료를 수정하여 신고하기

- 그러나 안내에 따른 신고 사항을 수정하고자 하는 경우에는 아래 순서에 따라 수정하여 신고하고 납부 또는 환급 신청하여야 한다. 먼저 **신고서 수정하기** 버튼을 클릭한다.

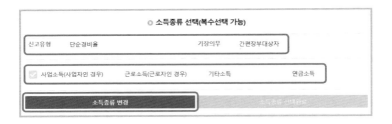

- 신고 안내문에 기재된 사항으로 '신고유형'은 '단순경비율', '기장의무'는 '간편장부대상자'가 보여진다. **소득종류 변경** 을 누르면 신고하고자 하는 소득종류 재선택도 가능하다.

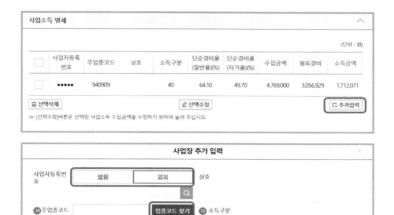

- 소득종류 선택이 완료되면 사업소득금액 명세에 사업장 정보 및 수입금액 등이 자동으로 입력되어 보여진다. 추가로 입력할 사업소득이 있는 경우 추가입력 버튼을 누른다.

사업소득 추가 입력 시

- 사업자등록번호가 있는 경우 사업자등록번호 있음 으로 선택하고 사업자등록번호를 입력 후 조회 를 누른다. 대부분의 인적용역 사업자는 사업자등록번호가 없으므로 없음 을 선택한다.

- 주업종코드는 업종코드를 모르는 경우 **업종코드 찾기** 버튼을 눌러 해당 업종을 선택 입력하고, 사업자등록이 없는 인적용역 사업자는 사업자등록 없이 입력 가능한 업종을 조회하여 입력한다. 입력이 완료되면 **등록하기** 버튼을 클릭한다.

사업소득 선택 수정하기 (업종별 총수입금액 및 소득금액 재계산)

- 사업소득 명세 목록에서 해당 사업장을 선택하고 **선택 수정** 버튼을 누르면 업종별 총수입금액 및 소득금액을 계산하여 입력 또는 수정 할 수도 있다.

- 사업소득 명세 목록에 사업장을 추가한 경우 추가한 사업장을 체크하고 **선택 수정** 버튼을 누르면 업종별 총수입금액 및 소득금액 계산 화면이 나타난다.

- **입력** 버튼을 눌러 총수입금액란에 총수입금액을 입력하면 필요경비와 소득금액이 자동 계산되어 나타난다.

- **등록** 버튼을 클릭하면 계산된 세액이 총수입금액 및 소득금액 명세에 등록된다.

사업소득금액 확정하고 신고하기

- 사업소득 명세가 확정되면 **입력완료** 버튼을 클릭한다. 한편 사업장소득명세 목록에서 수정하거나 삭제할 사업장이 있는 경우, **사업장정보** 화면 으로 다시 돌아와서 해당 사업장을 체크하고 **선택 수정 또는 삭제** 버튼을 클릭하여 수정 또는 삭제하면 된다.

- 아래로 내리면 사업장 소득명세 목록에서 총수입금액을 기준으로 단순경비율에 의한 필요경비가 자동으로 계산된 종합소득금액 합계액을 확인할 수 있다.

업종별 총수입금액 및 소득금액 계산

업종별로 수입금액을 세분화하고, 단순경비율에 의하여 소득금액을 계산하는 단계입니다.

사업자등록번호 : ●●●●●
주업종코드 : 940909

[입력] 또는 [추가입력] 버튼을 눌러 업종별 총수입금액 및 소득금액을 입력하시기 바랍니다.

(단위 : 원)

선택	업종코드	업태	종목	수입금액	필요경비	소득금액
☐	940909	협회 및 단체, 수리 및 기타 개인서비스업	기타자영업	10,000,000	6,410,000	3,590,000

🗑 선택 삭제   ☑ 선택 수정   ➕ 추가입력

수입금액 합계   10,000,000 원   필요경비 합계   6,410,000 원

소득금액 합계   3,590,000 원

닫기   입력완료

종합소득세액의 계산

⑬ 종합소득금액　　　1,712,071 원　⑭ 소득공제　　　1,500,000 원
　　　⑭ 사업소득 명세와 근로소득.연금소　　　⑭ (15) ~ (29) 합계 - (30)
　　　득.기타소득 명세의 소득금액 합
　　　계

소득공제 중 인적공제 입력 변경

인적공제 명세

관계명	주민(외국인)등록번호	성명
소득자 본인	•••••	••
형제자매	••••	•••

✎ 수정

인적공제 금액

?

⑮ 본인　　　1,500,000 원　⑯ 배우자　　　0 원
⑰ 부양가족(1 명)　　　1,500,000 원　⑱ 70세 이상인 자(0 명)　　　0 원
⑲ 장애인(0 명)　　　0 원　⑳ 부녀자　　　0 원
㉑ 한부모가족　　　0 원　인적공제 계　　　3,000,000 원
　　　⑭ (15) ~ (21)

- 아래로 내리면 모두채움 신고 안내문에 기재된 종합소득공제 내역
  이 자동 입력되어 보여진다. 인적공제 명세 목록에서 새로 인적공제
  내용을 추가하거나 수정할 경우 수정 버튼을 누른다. 종합소득공제
  는 삼쩜삼, 절세를 위한 소득공제 및 세액공제 을 읽고 해당 사항 있는 경
  우 추가 입력하면 절세가 가능하다.

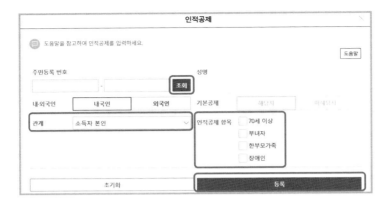

- 인적공제를 추가하고자 하는 부양가족이 있는 경우 인적공제 입력란에 주민등록번호를 입력하고 **조회** 버튼을 누른다. 관계 및 인적공제 항목을 선택하고 내용 확인 후 **등록** 버튼을 누른다.

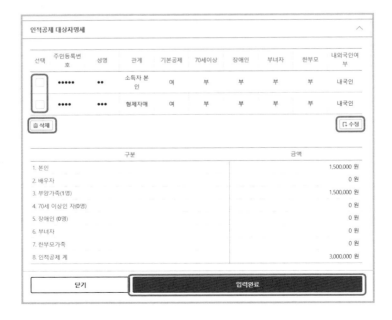

삼쩜삼, 프리랜서의 절세와 세무신고

- 인적공제대상자 명세 목록에 추가되고, 추가된 명세를 선택 후 **삭제/수정** 버튼을 누르면 삭제 또는 수정이 가능하다. 인적공제 항목에 대한 수정을 완료한 후 **입력완료** 버튼을 누른다.

소득공제 중 기타공제 입력 변경

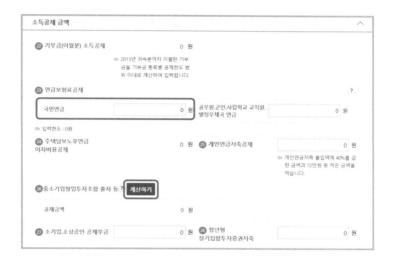

- 입력한 인적공제의 합계금액을 확인 후 아래로 내리면 모두채움 신고서에 기재된 소득공제 항목이 입력되어 보여진다. 국민연금보험료 및 공무원연금보험료 등 공적연금보험료의 연간 납입액을 확인하고 수정이 필요한 경우 직접 금액을 수정 입력한다. 중소기업창업투자조합출자 등의 공제 항목은 **계산하기** 버튼을 활용하여 공제금액을 수정 입력하고, 이 외 공제 항목은 공제금액을 직접 계산하여 수정 입력한다.

- 한편 모두채움 서비스에 입력이 안 된 경우에는 사실상 추가공제 될 기타공제는 없다고 보아도 무방하다.

재계산된 소득공제 확인 및 과세표준과 세액의 계산

- 화면을 위로 올리면, 종합소득세액의 계산 내역에 소득공제 합계액이 자동으로 보여진다. 다시 화면을 아래로 내리면 과세표준과 산출세액이 자동 계산되어 보여진다.

• 결정세액을 계산하기 위한 세액공제는 모두채움 신고에서 안내된 공제내역이 입력되어 보여진다. 입력 내용을 확인하고 추가 입력하거나 수정할 사항이 있는 경우 직접 수정 입력한다. 인적공제에서 직계비속을 공제대상으로 입력한 경우 위와 같이 자녀세액공제 항목에 공제 내용이 자동으로 계산되어 보여진다.

• 연금계좌 납입금액이 있는 경우 계산하기 버튼을 누른 후 해당 항목

에 금액을 입력하여 **계산** 버튼을 누르면 세액공제액이 자동으로 계산되며, **적용** 버튼을 누른다. 한편 모두채움 서비스에 입력이 안 된 경우에는 사실상 추가공제 될 연금계좌 세액공제는 없다고 보아도 무방하다.

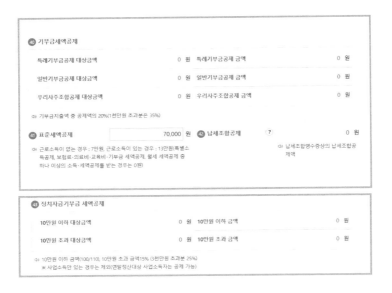

- 화면을 아래로 이동하여 수정할 항목이 있는 경우 해당 내용을 입력하면 된다. 한편 기부금세액공제는 모바일 신고 시 입력이나 수정이 불가하므로 기부금 내역을 수정하거나 추가하여야 하는 경우 홈택스(pc)에서 신고해야 한다.

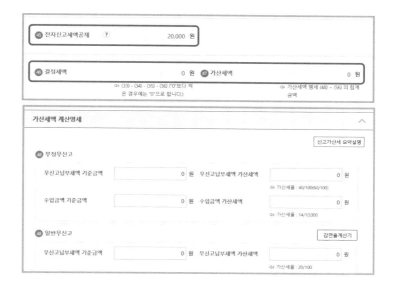

- 표준세액공제 및 전자신고 세액공제가 입력되어 있으며 화면 아래에 자동으로 계산된 결정세액이 보여진다. 가산세액 계산명세를 누르면 가산세 작성화면이 나타나며, 해당되는 내용이 있는 경우 입력하면 된다. 한편 단순경비율대상자에게 적용될 가산세는 없다고 보아도 무방하다.

- 화면을 아래로 내리면 총결정세액, 기납부세액이 자동 입력되어 있다. 삼쩜삼 원천징수세액이 누락되거나 금액 수정이 필요한 경우 **입력하기** 버튼을 누른다.

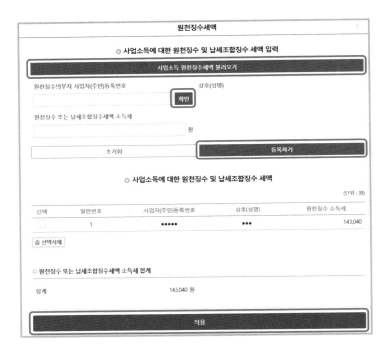

- 상단의 **사업소득 원천징수세액 불러오기** 버튼을 누른 후 불러올 지급명세서 내역을 선택한다. **적용하기** 버튼을 누르고 원천징수세액을 확인 후 **적용** 을 누른다. 동일한 지급처에서 제출한 사업소득 원천징수 내역 및 사업소득 연말정산 내역이 있는 경우 중복 선택하지 않도록 유의해야 한다.

삼쩜삼, 프리랜서의 절세와 세무신고

- 원천징수의무자가 지급명세서를 기한 후 제출을 했을 경우 지급명세서가 홈택스나 손택스에서 조회가 되지 않으므로 수기로 입력해야 한다. 이 경우 원천징수의무자의 사업자등록번호를 입력하고 확인 을 누른 후 원천징수세액을 입력한다.

납부할 세액 또는 환급받을 세액 확인 후 환급계좌 신청하기

- 환급받을 세액이 있는 경우 나의 환급계좌에 본인명의 계좌의 은행 및 계좌번호를 입력 후 계좌검증 을 눌러 계좌번호 오류 등을 확인해

야 한다. 수정 사항이 없으면 이에 동의한다. 에 체크하고, 화면 아래에 제출화면 이동 버튼을 누른다. 오류검사 결과, 신고 내용에 오류가 없는 경우 신고서 제출을 위한 화면이 나타난다.

신고 내용 확인하고 신고하기

삼쩜삼, 프리랜서의 절세와 세무신고

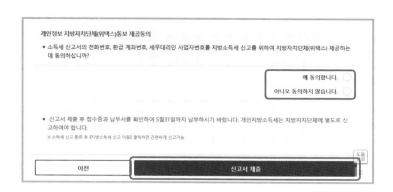

- 세액계산 상세내역을 클릭하여 앞서 작성한 신고서 세부내역을 확
  인할 수 있으며, 이상이 없으면 개인정보 제공동의 여부를 선택한 후
  화면 하단의 신고서 제출 버튼을 누른다. 종합소득세 신고와 별도로
  지방소득세를 신고하여야 하며, 개인정보 제공 에 동의하면 보다 편
  리하게 신고할 수 있다.

신고 접수증 확인

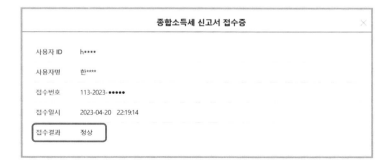

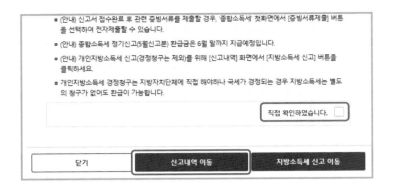

- 종합소득세 신고서 접수증이 화면에 보이면, 접수 결과 상태가 정상으로 나타난다. 납부세액이 있는 경우 신고·납부기한까지 인터넷뱅킹의 국세자진납부 코너 등을 통하여 납부하거나, 홈택스 전자납부를 이용하면 편리하게 납부할 수 있다.

- 직접 납부할 경우에는 종합소득세 확정신고 안내문 에 동봉된 납부서를 작성하여 금융기관을 방문하여 납부하면 된다.

- 하단에 상세내역 을 확인하고 직접 확인하였습니다 를 체크한 후에, 신고내역 으로 이동하면 작성한 신고서, 납부서, 제출된 신고 서류 등을 확인할 수 있다.

- 지방소득세 신고 이동 을 누르면 스마트위택스(모바일)로 이동하여 개인지방소득세를 원클릭으로 간편하게 신고할 수 있다. 개인지방소득세는 지방자치단체에 별도로 신고하여야 하며, 위택스, 스마트위

택스(모바일)에서 원클릭으로 간편하게 신고할 수 있다.

- 신고서가 제출된 후에는 언제든지 이미 제출한 신고서 접수증 및 신고내역을 조회할 수 있으며, 신고기한까지는 신고서를 몇 번이고 다시 작성하여 제출할 수 있다. 이 경우에는 최종 제출된 것만 유효하다.

8

인적용역 사업자의 경비율 적용 방법과 구조 (2022년 기준)

- 인적용역 사업자가 단순경비율대상자냐 기준경비율대상자냐의 구분도 중요하지만 단순경비율에 의한 사업소득금액을 확정하는 방식과 다양한 인적용역 사업자 중 어떤 유형에 속해 어떤 경비율을 적용받느냐도 매우 중요하다.

인적용역 사업자의 단순경비율 적용 방법

- 먼저 인적용역 제공사업자(94****)의 단순경비율(기본율·초과율) 적용은 수입금액 4,000만 원까지는 기본율을 적용하고 4,000만 원을 초과하는 금액에 대하여는 초과율을 적용한다.

(잠깐) **인적용역 사업자의 단순경비율 적용례**

단순경비율 적용 대상자로서 연간 수입금액이 4,500만 원인 서적방문판매원(940908)의 경우 {4,000만 원 – (4,000만 원×75.0%)} + {500만 원 – (500만 원×65.0%)} = 11,750,000원이 단순경비율로 계산한 사업소득금액이 된다.

- 당해연도 수입금액이 4,000만 원을 넘지 아니하면 기본율로 규정된 단순경비율을 적용하여 단순경비를 산출하면 되지만 수입금액이 4,000만원을 초과하게 되면 그 초과분에 대해서는 기본율보다 낮게 규정된 초과율을 적용하여 단순경비를 확정하고 수입금액에서 단순경비의 합계액(기본율 계산금액 + 초과율 계산금액)을 차감하면 사업소득금액이 된다.

인적용역 유형별 경비율의 차등

- 또한 인적용역의 분류별로 단순경비율과 기준경비율의 차등이 상당하다. 국세청은 독립된 자격으로 용역을 제공하고 대가를 받는 인적용역 제공사업자(「부가가치세법」 제26조 제1항 제15호 및 같은 법 시행령 제42조(인적용역의 범위)에 따른 용역을 공급하는 사업자)의 업종분류를 인적용역(→94)으로 분류하였다.

- 인적용역(94) 사업자의 2022년 귀속 단순경비율과 기준경비율은 다음과 같다. 한편 매년 4월경 직전연도의 단순경비율과 기준경비율이 고시된다.

코드 번호	세분류	세세분류	단순경비율		기준 경비율
			기본율	초과율	
940100	저술가	작가	58.7	42.2	14.0
	• 학술 · 문예에 관한 번역수입금액포함				
940200	화가 및 관련 예술가	화가 및 관련 예술가	69.5	57.3	16.0
	• 회화, 서예가, 조각가, 만화가, 삽화가, 도예가				
940301	음악가 및 연예인	작곡가	49.7	29.6	11.6
	• 작곡가, 편곡가, 작사가 • 각색영화편집				
940302	음악가 및 연예인	배우, 탤런트 등	29.0	10.4	10.4
	• 배우, 탤런트, 성우, MC, 코메디언, 개그맨, 만담가				
940303	음악가 및 연예인	모델	45.9	24.3	10.2
	• 탤런트, 배우 등의 광고모델수입 포함				
940304	음악가 및 연예인	가수	22.3	6.9	6.9
	• 가수				
940305	음악가 및 연예인	성악가 등	53.1	34.3	17.6
	• 성악가, 국악인, 무용가, 고전음악연주가, 악사, 영화감독, 연출가				
940306	기타자영업	1인미디어콘텐츠창작자	64.1	49.7	15.1
	• 인적 또는 물적시설없이 인터넷기반으로 다양한 주제의 영상 콘텐츠 등을 창작하고 이를 영상 플랫폼에 업로드하여 시청자에게 유통함으로써 수익이 발생하는 산업활동을 말한다. • 인적용역자의 콘텐츠 창작 등에 따른 수입 포함 • 예시 : 유튜버, BJ, 크리에이터 등 *인적 또는 물적시설을 갖춘 미디어콘텐츠창작업은 921505 적용				
940500	연예보조서비스	연예보조서비스	70.9	59.3	20.3
	• 연예보조출연자(엑스트라), 조명, 촬영, 장치, 녹음, 분장 등 기타				
940600	기타자영업	자문,감독,지도료, 고문료,교정료	58.4	41.8	12.0
	• 자격있는 자가 개업하지 않고 일시적으로 받는 자문 · 감독 · 지도료 등 이와 유사한 수입 • 교정, 고증, 필경, 타자 또는 음반취입의 대가로 받는 금품				

코드 번호	세분류	세세분류	단순경비율		기준 경비율
			기본율	초과율	
940901	기타자영업	바둑기사	66.0	52.4	13.4
	• 바둑기사				
940902	기타자영업	꽃꽂이교사	81.8	74.5	19.9
	• 꽃꽂이, 무용, 음악, 사교댄스 및 요리교사				
940903	기타자영업	학원강사,강사, 과외교습자,재단사	61.7	46.4	16.6
	• 학원강사				
940904	기타자영업	직업운동가	54.5	36.3	18.5
	• 운동지도가, 기사, 역사(심판포함), 경륜, 경정선수, 기수, 경기기록계원, 감독 등 포함				
940905	기타자영업	유흥접객원 및 댄서	61.7	46.4	17.3
	• 손님과 함께 술을 마시거나 노래 또는 춤으로 손님의 유흥을 돋우는 접객원 (「식품위생법시행령」 제22조)				
940906	기타자영업	보험설계사	77.6	68.6	25.0
	• 보험가입자의 모집 또는 집금 등의 활동을 하고 실적에 따라 보험회사, 은행으 로부터 모집, 집금수당 등을 받는 업				
940907	기타자영업	음료품배달원	80.0	72.0	28.7
	• 판매실적에 따라 수수료를 받는 요구르트 등의 배달원 • 우유배달판매, 요구르트배달판매 *음료품 소매판매원(→522099)				
940908	기타자영업	서적방문판매원, 학습지방문 판매원, 화장품방문판매원, 정 수기방문판매원, 자동차방문 판매원, 일반(기타)방문판매원	75.0	65.0	22.0

	• 서적 방문판매원
	• 학습지 방문판매원
	  • 학습지(눈높이, 재능, 구몬, 웅진씽크빅, 윤선생 등) 배부 및 진도관리 등을
	    하고 그 실적에 따라 대가를 받는 사람
	• 화장품 방문판매원 • 정수기 방문판매원 • 자동차 방문판매원
	• 일반(기타)방문판매원
	  • 다단계 판매방식에 의할 경우에는 940910 적용
	• 제외 : 중고자동차판매원(940929)				

<table>
<tr><th rowspan="2">코드
번호</th><th rowspan="2">세분류</th><th rowspan="2">세세분류</th><th colspan="2">단순경비율</th><th rowspan="2">기준
경비율</th></tr>
<tr><th>기본율</th><th>초과율</th></tr>
<tr><td rowspan="2">940909</td><td>기타자영업</td><td>기타자영업</td><td>64.1</td><td>49.7</td><td>17.0</td></tr>
<tr><td colspan="5">• 컴퓨터 프로그래머(소프트웨어프리랜서 제외(→940926)), 조율사, 전기·가스 검침원 등 달리 분류되지 않은 기타 자영업으로서 독립된 자격으로, 고정보수를 받지 아니하고 그 실적에 따라 수수료를 지급받는 경우 포함
• 어로장
• 제외 : 1인미디어콘텐츠 창작자(940306), 소프트웨어프리랜서(940926), 관광통역안내사(940927), 어린이통학버스기사(940928)</td></tr>
<tr><td rowspan="2">940910</td><td>기타자영업</td><td>다단계판매원의후원수당</td><td>67.8</td><td>54.9</td><td>17.0</td></tr>
<tr><td colspan="5">• 「방문판매 등에 관한 법률」에 따른 다단계 판매원의 후원수당
*다단계판매원의 소매수입(→525200)</td></tr>
<tr><td rowspan="2">940911</td><td>기타자영업</td><td>기타모집수당,채권회수수당</td><td>67.3</td><td>54.2</td><td>23.5</td></tr>
<tr><td colspan="5">• 기타 모집수당
• 증권매입의 권유, 저축의 권장 또는 집금, 신용카드회원모집 등의 활동을 하고 실적에 따라 증권회사 또는 금융회사로부터 모집, 권장, 집금수당 등을 받는 업과 기타 이와 유사한 성질의 대가를 받는 용역 제공업(증권투자 상담사 포함)
• 부동산 분양대행업자와 고용관계 없이 분양알선을 해주거나 신문구독 등의 모집알선을 하고 그 실적에 따라 일정 대가를 받는 자영업자 포함
*부동산 분양대행업자는 부동산중개업(702001)적용
• 채권회수수당
• 채권회수용역을 수행하고 실적에 따라 수당 등을 받는 업</td></tr>
<tr><td rowspan="2">940912</td><td>기타자영업</td><td>개인간병인</td><td>80.2</td><td>72.3</td><td>22.0</td></tr>
<tr><td colspan="5">• 병원, 요양소, 산업체 및 기타 관련기관에서 거동이 불편한 환자를 돌보는 일을 수행하고 대가를 받는 업
• 방문간호서비스, 파출간병인서비스</td></tr>
<tr><td rowspan="2">940913</td><td>기타자영업</td><td>대리운전기사</td><td>73.7</td><td>63.2</td><td>28.1</td></tr>
<tr><td colspan="5">• 대리운전용역을 직접 제공하고 실적에 따라 대가를 받는 업</td></tr>
<tr><td rowspan="2">940914</td><td>기타자영업</td><td>골프장캐디</td><td>67.3</td><td>54.2</td><td>15.6</td></tr>
<tr><td colspan="5">• 골프장에서 경기자를 따라다니며 보조용역을 수행하고 대가를 받는 업</td></tr>
<tr><td rowspan="2">940915</td><td>기타자영업</td><td>목욕관리사</td><td>76.0</td><td>66.4</td><td>23.9</td></tr>
<tr><td colspan="5">• 손님의 목욕을 도와주고 대가를 받는 업</td></tr>
<tr><td rowspan="2">940916</td><td>기타자영업</td><td>행사도우미</td><td>68.1</td><td>55.3</td><td>14.5</td></tr>
<tr><td colspan="5">• 사업체 등에서 자사 상품 및 시설의 장점, 기능 등을 홍보하고 그 대가를 받는 업</td></tr>
</table>

코드 번호	세분류	세세분류	단순경비율		기준 경비율
			기본율	초과율	
940917	기타자영업	심부름용역원	71.5	60.1	21.2
	• 개인 및 사업체의 각종 정보 등을 제공하고 심부름업체 등으로 부터 그 대가를 받는 업·말벗서비스, 심부름센터				
940918	기타자영업	퀵서비스배달원	79.4	71.2	27.4
	• 배달대행업체나 배달중개프로그램 등을 통하여 배달의뢰가 들어오면 오토바 이 등을 이용하여 직접 음식물이나 물품 등을 지정된 곳에 신속히 배달해주고 그 대가를 받는 업 • 예시 : 퀵서비스·배달대행업체배달원 • 제외 : 각종 짐 운반원(→940919), 음료품배달원(→940907)				
940919	기타자영업	기타물품운반원	68.5	55.9	15.0
	• 의류(직물) 운반원, 이삿짐 운반원, 짐 운반원 등 각종 물건을 운반해 주고 그 대가를 받는 업 • 제외 : 퀵서비스·배달대행업체배달원(→940918), 음료품배달원(→940907)				
940920	기타자영업	학습지 방문강사	75.0	65.0	22.0
	• 학습지(국어, 영어 등) 회원의 가정을 방문하여 학습내용을 지도하고 대가를 받는 업				
940921	기타자영업	교육교구 방문강사	75.0	65.0	22.0
	• 유아 및 아동의 사고력과 창의력 발달을 위해 학습지가 아닌 교재 및 교구를 활용하여 지도하고 대가를 받는 업				
940922	기타자영업	대여제품 방문점검원	75.0	65.0	22.0
	• 가정 및 사무실 등을 방문하여 대여제품의 유지·관리를 위한 정기적인 점검활 동을 하고 대가를 받는 업				
940923	기타자영업	대출모집인	67.3	54.2	27.5
	• 금융회사나 대출모집법인으로부터 업무를 위탁받아 대출신청에 관한 상담업 무를 수행하거나 대출 수요자를 발굴하여 대출신청자를 모집하고 대가를 받 는 업				
940924	기타자영업	신용카드 회원 모집인	70.0	58.0	28.4
	• 신용카드 회사로부터 업무를 위탁받아 신용카드 발급계약의 체결을 중개하고 대가를 받는 업				
940925	기타자영업	방과후강사	68.9	56.5	16.5
	• 학교교육계획에 따라 일정기간 동안 정규수업 이외의 방과후학교프로그램 (단, 돌봄과정 제외)을 운영하고 대가를 받는 업 (단, 「교육공무원법」에 따른 교 원과 「사립학교교직 원연금법」의 적용을 받는 사람은 제외)				

코드 번호	세분류	세세분류	단순경비율		기준 경비율
			기본율	초과율	
940926	기타자영업	소프트웨어프리랜서	64.1	49.7	17.0
	<div>• 「소프트웨어 진흥법」 제2조제10호에 따른 소프트웨어기술자*로서, 소프트웨어의 개발, 제작, 생산, 유통, 운영 및 유지, 관리 등과 그 밖에 소프트웨어와 관련된 서비스를 제공하는 소프트웨어 사업에서 용역을 공급하는 자 　*「국가기술자격법」에 따라 정보기술 분야의 국가기술자격을 취득한 사람 또는 소프트웨어 분야에서 「소프트웨어 진흥법 시행령」 제2조에서 정하는 학력이나 경력을 가진 사람 • 예시 : 소프트웨어프리랜서, 소프트웨어기술자</div>				
940927	기타자영업	관광통역안내사	64.1	49.7	17.0
	<div>• 관광통역안내사 자격을 취득하고 외국인 관광객을 대상으로 국내 관광 안내를 하고 대가를 받는 업 (사전에 예약된 손님을 공항으로 마중나가고 여행경비 산출, 일정표 작성, 명승지나 고적지 안내, 환전, 호텔과 택시의 이용 등 입국에서 출국에 이르기까지 관광 여행자들의 관광 일정에 모든 편의와 도움을 제공하는 일을 포함한다)</div>				
940928	기타자영업	어린이통학버스기사	64.1	49.7	17.0
	<div>• 유치원, 어린이집, 학원, 체육시설 등 어린이교육시설에서 13세 미만인 어린이의 통학 등에 이용 되는 어린이통학버스(「도로교통법」 제2조제23호 및 제52조에 해당하는 것)를 운전하고 대가를 받는 업 • 제외 : 어린이통학버스기사가 인적 또는 물적시설(본인 또는 공동소유 차량)을 갖춘 경우(→602110)</div>				
940929	기타자영업	중고자동차판매원	75.0	65.0	22.0
	<div>• 중고차의 매입 또는 판매를 알선하고 대가를 받는 자(중고차의 주행거리, 시장상황, 상태 등을 종합적으로 파악하여, 적정 판매가격을 결정하여 중고차의 매입 또는 판매를 알선한다) • 예시 : 중고차매입딜러, 중고차판매딜러</div>				

• 앞선 사례에서 단순경비율 적용 대상자로서 연간 수입금액이 4,500만 원인 서적방문판매원(940908)의 경우 단순경비율에 의한 사업소득금액이 11,750,000원으로 산출되고, 사업소득세 부담세액은 기본공제와 표준세액공제만 적용해도 545,000원으로 결정되어 삼쩜삼 1,485,000원(= 사업소득세 1,350,000원 + 지방소득세 135,000원)에

못 미치므로 사업소득세 805,000원과 지방소득세 80,500원이 환급된다.

종합소득세		금액	비고
	수입금액	45,000,000원	
(−)	단순경비	33,250,000원	단순경비율 75%, 65%
(=)	소득금액	11,750,000원	
(−)	종합소득공제	1,500,000원	인적공제(본인)
(=)	과세표준	10,250,000원	
(×)	세율	6%	1,500만 원 까지 6%
(=)	산출세액	615,000원	
(−)	세액감면	−	
(−)	세액공제	70,000원	표준세액공제
(+)	가산세		
(=)	총부담세액	545,000원	
(−)	기납부세액	1,350,000원	3% 원천징수
(=)	환급세액	△ 805,000원	지방소득세 80,500원 환급

- 한편 인적용역 사업자는 해당 업종코드에 따라 경비율의 차이가 상당히 발생한다. 이때 회사가 인적용역 사업자의 업종코드를 잘못 판단하여 원천징수 내역을 신고하는 경우가 종종 있다. 이 경우 인적용

역 사업자가 종합소득세를 신고할 때 자신의 업종으로 조정하여 신고하여도 무방하다.

종목	업종코드	적용범위
작가	940100	학술·문예에 관한 번역수입금액 포함
화가 및 관련 예술가	940200	회화, 서예가, 조각가, 만화가, 삽화가, 도예가
작곡가	940301	작곡가, 작사가, 편곡가, 각색영화편집
배우, 탤런트 등	940302	배우, 탤런트, 성우, MC, 코미디언, 개그맨, 만담가
모델	940303	탤런트, 배우 등의 광고모델수입 포함
가수	940304	가수
성악가 등	940305	성악가, 국악인, 무용가, 고전음악연주가, 악사, 영화감독, 연출가
1인미디어 콘텐츠창작자	940306	유튜버, BJ, 크리에이터 등
연예보조	940500	연예보조출연자, 조명, 촬영, 장치, 녹음, 분장 등
자문 · 고문	940600	자문, 감독, 지도료, 교정, 고증, 필경, 타자 등
바둑기사	940901	바둑기사
꽃꽂이교사	940902	꽃꽂이, 무용, 음악, 사교댄스 및 요리교사
학원강사	940903	학원강사, 강사, 과외교습자, 재단사
직업운동가	940904	운동지도가, 역사(심판포함),경륜·경정선수, 기수, 경기기록원, 감독 등 포함
봉사료수취자	940905	유흥접객원, 댄서
보험설계사	940906	보험가입자의 모집 등 활동
음료배달	940907	우유배달판매, 요구르트배달판매
방문판매원	940908	서적외판원, 학습지·화장품·정수기·자동차 등 방문판매

삼쩜삼, 프리랜서의 절세와 세무신고

종목	업종코드	적용범위
기타자영업	940909	조율사,전기·가스검침원 등 달리 분류되지 않는 업종
다단계판매	940910	다단계 판매원의 후원수당
기타 모집수당	940911	증권매입권유, 저축권장, 분양알선, 모집알선, 채권회수수당
간병인	940912	개인간병, 방문간호, 파출간병인서비스 등
대리운전	940913	대리운전용역을 직접 제공
캐디	940914	골프장 경기자의 보조용역수행
목욕관리사	940915	목욕관리사
행사도우미	940916	상품 및 시설의 장점, 기능 등 홍보
심부름용역	940917	심부름센터, 말벗서비스
퀵서비스	940918	퀵서비스배달원, 배달대행업체배달원
물품운반	940919	의류(직물)운반, 이삿짐운반, 짐운반원
학습지 방문강사	940920	학습지 회원의 가정을 방문하여 학습내용 지도
교육교구 방문강사	940921	유아/아동에게 학습지가 아닌교재/교구를 활용 지도
대여제품 방문점검원	940922	가정/사무실 등 방문하여 대여제품의 정기 점검 활동
대출모집인	940923	대출관련 업무수행(금융회사, 대출모집법인)
신용카드 회원모집인	940924	신용카드발급 관련 업무수행
방과후강사	940925	학교 정기수업 외 방과후 학교 프로그램 종사
소프트웨어 프리랜서	940926	소프트웨어개발, 제작, 생산,유통, 운영 및 유지 · 관리
관광통역 안내사	940927	외국인 관광객을 대상으로 국내관광 안내
어린이 통학버스기사	940928	어린이(13세미만) 통학버스를 운전
중고자동차 판매원	940929	중고자동차의 매입과 알선 및 판매

관리번호	-	(2023 년 귀속) 종합소득세 · 농어촌특별세 과세표준확정신고 및 납부계산서 (단순경비율사업·근로·연금·기타소득자용)	거주구분	거주자1 /비거주자2
			내·외국인	내국인1 /외국인9
			거주국	거주국코드

❶ 기본사항

① 성　명 강 하 늘	② 주민등록번호 820103-2******
③ 주　소　경북 포항시 북구 중앙로 **	④ 전자우편주소
⑤ 주소지 전화번호	⑥ 사업장 전화번호	⑦ 휴대전화번호

⑧ 신고유형	☒추계 - 단순율 ㊵비사업자	⑨ 기장의무	☑간편장부대상자 ③비사업자	⑩ 신고구분	⑩ 정기신고, ⑳ 수정신고, ㊵기한후신고

❷ 환급금 계좌신고 ｜ ⑪ 금융기관/체신관서명 ｜ ⑫ 계좌번호　123-456789-**

❸ 종합소득세액의 계산

구　　분	금　액
⑬ 종합소득금액: ❺ 사업소득명세(㉕)와 ❼ 근로소득·연금소득·기타소득명세(㉞)의 소득금액 합계를 적습니다.	11,750,000
⑭ 소득공제: ⑮~㉙합계-㉚	5,600,000

소득공제명세

관계코드	성 명	내외국인코드	주 민 등 록 번 호	구 분		인원	금 액
0	강하늘	1	820103-2******	기본공제	⑮ 본　　　인	1	1,500,000
3	고하나	1	810305-1******		⑯ 배　우　자	1	1,500,000
4	고두리	1	070901-4******		⑰ 부 양 가 족	1	1,500,000
				추가공제	⑱ 경 로 우 대 자		
					⑲ 장　애　인		
					⑳ 부　녀　자	1	500,000
					㉑ 한 부 모 가 족		
㉒ 기부금(이월분) 소득공제: 4쪽의 작성방법을 참고하여 기부금 지출액 중 공제액을 적습니다.							
㉓ 연금보험료공제	국민연금						600,000
	공무원·군인·사립학교 교직원·별정우체국 연금						
㉔ 주택담보노후연금 이자비용공제							
㉕ 개인연금저축공제: 개인연금저축 납입액에 40%를 곱한 금액과 72만원 중 적은 금액을 적습니다.							
㉖ 중소기업창업투자조합 출자 등							
㉗ 소기업·소상공인 공제부금							
㉘ 청년형 장기집합투자증권저축							
㉙ 근로소득자 소득공제: 근로소득이 있는 경우에만 3쪽의 ❽ 근로소득자 소득공제명세 합계금액(㉞)을 적습니다.							
㉚ 소득공제 종합한도 초과액: 종합한도 적용 소득공제 - 2,500만원							
㉛ 과세표준: ⑬ - ⑭ ("0"보다 적은 경우에는 "0"으로 합니다)							6,150,000
㉜ 세율: 5쪽의 작성방법을 참고하여 세율을 적습니다.							6%
㉝ 산출세액: ㉛×㉜ - 누진공제액(5쪽 작성방법 참고)							389,000
㉞ 중소기업에 대한 특별세액감면 금액을 적습니다.							
㉟ 근로소득자 세액감면: 근로소득이 있는 경우에만 3쪽의 ❾ 근로소득자 세액감면 합계금액(㊿)을 적습니다.							
㊱ 세액공제명세(㊲~㊺)의 합계금액을 적습니다.							220,000

세액공제명세

㊲ 전자계산서 발급전송세액공제:5쪽의 작성방법을 참고하여 공제할 세액을 적습니다.				
㊳ 자녀 세액 공제	7세 이상의 기본공제 대상자(입양자, 위탁아동 포함) ※ 2명 이하: 1명당 15만원, 자녀 2명 초과: 30만원+2명 초과 1명당 30만원	명		150,000
	출산·입양 세액공제: 첫째 30만원, 둘째 50만원, 셋째 이상 70만원	명		
㊴ 연금계좌세액공제: 5쪽의 작성방법을 참고하여 적습니다.	공제 대상 금액	과학기술인공제		
		퇴직연금		
		연금저축		
		개인종합자산관리계좌 만기 시 연금계좌납입액		
㊵ 기부금세액공제: 기부금지출액 중 공제액을 20%(1천만원 초과분은 35%) ※ 사업소득만 있는 경우는 제외(연말정산대상 사업소득자는 공제 가능)	특례기부금공제 대상금액			
	일반기부금공제 대상금액			
	우리사주조합기부금공제 대상금액			
㊶ 표준세액공제 - 근로소득이 없는 경우 : 7만원 - 근로소득이 있는 경우 : 13만원(특별소득공제, 보험료·의료비·교육비·기부금 세액공제, 월세 세액공제 중 하나 이상의 소득·세액공제를 받는 경우는 0원)				70,000
㊷ 납세조합공제: 납세조합영수증상의 납세조합공제액을 적습니다.				
㊸ 정치자금기부금 세액공제	10만원 이하	100/110		
	10만원 초과	15%(3천만원 초과분 25%)		
㊹ 근로소득 세액공제: 근로소득이 있는 경우에만 3쪽의 ❿ 근로소득자 세액공제명세 합계금액(⑱)을 적습니다.				
㊺ 전자신고세액공제				
㊻ 결정세액: ㉝ - ㉞ - ㉟ - ㊱ ("0"보다 적은 경우에는 "0"으로 합니다)				149,000

210mm×297mm[백상지80g/㎡ 또는 중질지80g/㎡]

구	금

⑪ 가산세액: 가산세액명세(⑱~㊲)의 합계금액을 적습니다

<table>
<tr><td colspan="4" align="center">구　　　분</td><td>계산기준</td><td>기준금액</td><td>가산세율</td><td>가산세액</td></tr>
<tr><td rowspan="8">가산
세액
계산
명세</td><td rowspan="4">⑱ 무 신 고</td><td rowspan="2">부 정 무 신 고</td><td>무 신 고 납 부 세 액</td><td></td><td>40/100(60/100)</td><td></td></tr>
<tr><td>수 입 금 액</td><td></td><td>14/10,000</td><td></td></tr>
<tr><td rowspan="2">일 반 무 신 고</td><td>무 신 고 납 부 세 액</td><td></td><td>20/100</td><td></td></tr>
<tr><td>수 입 금 액</td><td></td><td>7/10,000</td><td></td></tr>
<tr><td rowspan="4">⑲ 과 소 신 고</td><td rowspan="2">부 정 과 소 신 고</td><td>과소신고납부세액</td><td></td><td>40/100(60/100)</td><td></td></tr>
<tr><td>수 입 금 액</td><td></td><td>14/10,000</td><td></td></tr>
<tr><td rowspan="2">일 반 과 소 신 고</td><td>과소신고납부세액</td><td></td><td>10/100</td><td></td></tr>
<tr><td></td><td></td><td></td><td></td></tr>
</table>

	⑳ 납 부 지 연		미 납 일 수	(　)	22/100,000	
			미 납 부 (환 급) 세 액			

<table>
<tr><td rowspan="6">가산
세액
계산
명세</td><td rowspan="5">㉑ 보 고
불 성 실</td><td rowspan="2">지급명세서</td><td>미제출(불명)</td><td>지 급 (불 명) 금 액</td><td></td><td>1/100</td><td></td></tr>
<tr><td>지 연 제 출</td><td>지 연 제 출 금 액</td><td></td><td>0.5/100</td><td></td></tr>
<tr><td rowspan="2">간 이 지 급
명 세 서</td><td>미제출(불명)</td><td>지 급 (불 명) 금 액</td><td></td><td>0.25/100</td><td></td></tr>
<tr><td>지 연 제 출</td><td>지 연 제 출 금 액</td><td></td><td>0.125/100</td><td></td></tr>
<tr><td rowspan="2">일용근로소득
지급명세서</td><td>미제출(불명)</td><td>지 급 금 액</td><td></td><td>0.25/100</td><td></td></tr>
<tr><td>지 연 제 출</td><td>지 연 제 출 금 액</td><td></td><td>0.125/100</td><td></td></tr>
</table>

	㉒ 공동사업장 등 록 불 성 실	미등록·허위등록	총 수 입 금 액		0.5/100	
		손익분배비율 허위신 고	총 수 입 금 액		0.1/100	
	㉓ 무 　 기 　 장		산 출 세 액		20/100	
	㉔ 신용카드 거 부	거 래 거 부 · 불 성 실 금 액			5/100	
		거 래 거 부 · 불 성 실 건 수			5,000원	
	㉕ 현금영수증 미발급 등	미 　 가 　 맹 　 수 입 금 액			1/100	
		발 급 거 부 · 불 성 실 금 액			5/100	
		발 급 거 부 · 불 성 실 건 수			5,000원	
		미 　 발 　 급 　 금 　 액			20/100 (10/100)	
	㉖ 주택임대 사업자미등록	미 등 록 기 간 　 수 입 금 액			2/1,000	

㉗ 총결정세액: ㊻+㊼		149,000
㉘ 기납부 세 액	중간예납세액	1,350,000
	원천징수 및 납세조합징수 세액의 합계: ❻ 원천(납세조합)징수세액의 원천징수 또는 납세조합징수 세액 ⑯ 합계와 ❼ 근로소득·연금소득·기타소득명세의 소득세 원천징수 세액 ⑮ 합계를 적습니다.	
㉙ 납부할 세액 또는 환급받을 세액: ㉗-㉘		-1,201,000

❶ 농어촌특별세의 계산

㉚ 과세표준: ⑯ 주택자금차입금 이자세액공제 금액을 적습니다.	
㉛ 세율	20%
㉜ 산출세액: ㉚×㉛	
㉝ 가산세액	
㉞ 합계: ㉜+㉝	
㉟ 기납부세액: 원천징수된 ⑯ 농어촌특별세 합계를 적습니다.	
㊱ 납부(환급)할 세액: ㉞ - ㉟	

❺ 사업소득명세

<table>
<tr><td rowspan="2">⑰
일련
번호</td><td colspan="2">사업장</td><td rowspan="2">⑩소득
구분코드
(5쪽 작성
방법 참고)</td><td rowspan="2">⑪
업종
코드</td><td rowspan="2">⑫
총수입
금액</td><td colspan="2">⑬단순
경비율(%)</td><td rowspan="2">⑭
필요경비
(= ⑫×⑬)</td><td rowspan="2">⑮
소득
금액
(=⑫-⑭)</td><td colspan="2">❻원천(납세조합)징수세액</td></tr>
<tr><td>⑱상호
(성명)</td><td>⑲사업자등록번호
(주민등록번호)</td><td>일반율</td><td>자가율</td><td>⑯원천징수
또는
납세조합
징수세액</td><td>⑰원천징수의무자
또는 납세조합
사업자등록번호</td></tr>
<tr><td>1</td><td>대한서적</td><td>***-**-*****</td><td>40</td><td>940908</td><td>45,000,000</td><td>75%</td><td></td><td>33,250,000</td><td>11,750,000</td><td>1,350,000</td><td></td></tr>
<tr><td></td><td></td><td></td><td></td><td></td><td></td><td></td><td></td><td></td><td></td><td></td><td></td></tr>
<tr><td></td><td></td><td></td><td></td><td></td><td></td><td></td><td></td><td></td><td></td><td></td><td></td></tr>
<tr><td></td><td></td><td></td><td></td><td></td><td></td><td></td><td></td><td></td><td></td><td></td><td></td></tr>
<tr><td></td><td></td><td></td><td></td><td></td><td></td><td></td><td></td><td></td><td></td><td></td><td></td></tr>
</table>

210mm×297mm[백상지80g/㎡ 또는 중질지80g/㎡]

❼ 근로소득·연금소득·기타소득명세

⑱ 소득 구분코드 (5쪽 작성 방법 참고)	⑲ 일련 번호	소득의 지급자 (부여자의 국내사업장)		⑫ 총수입금액 (총급여액· 총연금액)	⑬ 필요경비 (근로소득공제· 연금소득공제)	⑭ 소득금액 (⑫ - ⑬)	원천징수세액	
		⑳ 상호 (성명)	㉑사업자등록번호 (주민등록번호)				㉟ 소득세	㊱ 농어촌 특별세

❽ 근로소득자 소득공제명세

특별소득 공제	㊲ 보험료 공제(건강보험료 및 고용보험료)	
	㊳ 주택자금 공제	
그밖의 소득공제	㊴ 주택마련저축소득공제	
	㊵ 우리사주조합 출연금	
	㊶ 장기집합투자증권저축	
	㊷ 신용카드등 사용액	
	㊸ 고용유지 중소기업 근로자	
㊹ 합 계: ㊲+㊳+㊴+㊵+㊶+㊷+㊸		

❾ 근로소득자 세액감면

㊺ 「소득세법」 상 세액감면(제59조의5)	
㊻ 「조세특례제한법」 상 세액감면(제18조 외)	
㊼ 「조세특례제한법」 상 세액감면(제30조)	
㊽ 조세조약(원어민교사 등)	
㊾ 합 계: ㊺+㊻+㊼+㊽	

❿ 근로소득자 세액공제명세

⑩ 근로소득세액공제			
특별 세액 공제	⑩ 보험료	보장성	공제대상금액
			세액공제액
		장애인전용보장성	공제대상금액
			세액공제액
	⑩ 의료비		공제대상금액
			세액공제액
	⑩ 교육비		공제대상금액
			세액공제액
⑭ 주택자금차입금 이자세액공제			
⑯ 외국납부세액공제			
⑯ 월세액 세액공제			공제대상금액
			세액공제액
⑰ 합 계: ⑩~⑯ 세액공제액 합계			

　　신고인은 「소득세법」 제70조 및 「국세기본법」 제45조의3에 따라 위의 내용을 신고하며, **위 내용을 충분히 검토 하였고 신고인이 알고 있는 사실 그대로를 정확하게 적었음을 확인합니다.** 위 내용 중 과세표준 또는 납부세액을 신고하여야 할 금액보다 적게 신고하거나 환급세액을 신고하여야 할 금액보다 많이 신고한 경우에는 「국세기본법」 제47조의3에 따른 가산세 부과 등의 대상이 됨을 알고 있습니다.

2024 년 5 월 31 일

신고인 강하늘 (서명 또는 인)

세무대리인은 조세전문자격자로서 위 신고서를 성실하고 공정하게 작성하였음을 확인합니다.

세무대리인

(서명 또는 인)

세무서장   귀하

첨부서류	1. 장애인증명서 1부(해당자에 한정하며, 종전에 제출한 경우에는 제외합니다) 2. 기부금명세서(별지 제45호서식) 및 기부금납입영수증 각 1부(기부금공제가 있는 경우에 한정합니다) 3. 가족관계등록부 1부(주민등록표등본에 의하여 공제대상 배우자, 부양가족의 가족관계가 확인되지 않는 경우에만 제출하며, 종전에 제출한 후 변동이 없는 경우에는 제출하지 않습니다) ※ 이 신고서는 5월 31일까지 세무서로 우송 야 합니다.

210mm×297mm[백상지80g/㎡ 또는 중질지80g/㎡]

9

삼쩜삼, 작년에는 환급이고
올해는 추가납부인데 어떻게 하지?

기준경비율대상자와 기준경비율의 구조

- 단순경비율대상자에서 기준경비율대상자로 전환되면 복식장부 또는 간편장부를 작성하지 않은 경우에는 기준경비율이라는 방법으로 종합소득세를 (추계)신고할 수 있다.

- 그러나 기준경비율은 단순경비율과는 달리 수입금액의 10~30% 이내이다. 이처럼 기준경비율이 매우 낮기 때문에 기준경비율과 더불어 실제 지출한 고정자산의 임차료와 재화의 매입비용(외주비, 운송업의 운반비 포함), 인건비를 추가로 경비처리 할 수 있다.

- 다만 인적용역 사업자는 용역을 제공하고 사업장이 없으며 원칙적으로 직원을 고용하지 않는 것을 조건으로 한다. 따라서 고정자산의 임차료, 재화의 매입비용, 인건비가 거의 없어 기준경비율에 의한 소득금액이 너무 크게 산출된다.

코드 번호	세분류	세세분류	단순경비율		기준 경비율
			기본율	초과율	
940918	기타자영업	퀵서비스배달원	79.4	71.2	27.4
	• 배달대행업체나 배달중개프로그램 등을 통하여 배달의뢰가 들어오면 오토바이 등을 이용하여 직접 음식물이나 물품 등을 지정된 곳에 신속히 배달해주고 그 대가를 받는 업 • 예시 : 퀵서비스·배달대행업체배달원 • 제외 : 각종 짐 운반원(→940919), 음료품배달원(→940907)				

- 예를 들어 퀵서비스를 신규로 시작한 경우 당해 얻은 수입금액이 5,000만 원이라면 단순경비율대상자이므로 사업소득금액 11,120,000원{= 4,000만 원 - (4,000만 원×79.4%)} + {1,000만 원 - (1,000만 원×71.2%)}에 기본공제와 표준세액공제만 적용한 부담세액이 507,200원이 나오므로 삼쩜삼 1,650,000원(= 사업소득세 1,500,000원 + 지방소득세 150,000원)에 미달하여 사업소득세 992,800원, 지방소득세 99,280원의 세금 환급이 발생한다.

- 그러나 다음 연도에는 직전연도 수입금액 3,600만 원 초과자로서 기준경비율대상자로 전환되면 기준경비율에 따른 사업소득금액은 36,300,000원(= 5,000만원 - 5,000만원×27.4%)이고, 기본공제와 표준세액공제만 적용한 부담세액이 4,682,000원이 나오므로 삼쩜삼 1,650,000원(= 사업소득세 1,500,000원 + 지방소득세 150,000원)을 초과하여 사업소득세 3,182,000원, 지방소득세 318,200원의 추가납부가 발생한다.

- 이 추가납부세액에는 직전연도 수입금액이 4,800만 원 이상인 사업자가 추계신고를 할 경우 산출세액의 20%의 무기장가산세가 포함된 것으로 위 사례에서의 무기장가산세는 국세 792,000원(= 3,960,000원 × 20%)과 지방세 79,200원이다.

종합소득세		단순경비율	기준경비율
	수입금액	50,000,000원	50,000,000원
(-)	추계경비	38,800,000원	13,700,000원
(=)	소득금액	11,120,000원	36,300,000원
(-)	종합소득공제	1,500,000원	1,500,000원
(=)	과세표준	9,620,000원	34,800,000원
(×)	세율	6%	15% (누진공제 1,260,000원)
(=)	산출세액	577,200원	3,960,000원
(-)	세액감면	-	-
(-)	세액공제	70,000원	70,000원
(+)	가산세		792,000원
(=)	총부담세액	507,200원	4,682,000원
(-)	기납부세액	1,500,000원	1,500,000원
(=)	납부(환급)세액	△ 992,800원	3,182,000원

단순경비율대상자인 경우 (퀵서비스)	기준경비율대상자인 경우 (퀵서비스)
• 수입금액 5,000만 원 • 삼쩜삼 1,650,000원	• 수입금액 5,000만 원 • 삼쩜삼 1,650,000원
• 국세 환급세액 △ 992,800 원 • 지방세 환급세액 △ 99,280 원	• 국세 납부세액 3,182,000원 (가산세 포함) • 지방세 납부세액 318,200원 (가산세 포함)
	• 국세 가산세 792,000 원 • 지방세 가산세 79,200 원

- 위 사례와 같이 인적용역 사업자는 직전연도 수입금액이 3,600만 원 이상(2023년 귀속분부터)이면 기준경비율대상자로 전환되고 전환된 해에 예상치 못한 추가납부세액(전년도 대비 9배 이상의 증세)이 발생하여 절세를 고려한다.

기준경비율대상자의 대응 방식

- 이 경우 인적용역 사업자는 대략 세 가지 방식으로 세금에 대해 대응한다.

선택	기준경비율 전환 후 추가 세금이 나왔을 때 대응 방식
1번	기준경비율로 계산한 국세와 지방소득세를 신고·납부하는 방식
2번	가공의 사업상 경비를 계산하여 간편장부 또는 복식장부로 신고하는 방식
3번	실제의 사업상 경비를 계산하여 간편장부 또는 복식장부로 신고하는 방식

- 첫째, 기준경비율로 계산한 국세와 지방세를 추가납부 하는 것이다. 사실 많은 인적용역 사업자가 이렇게 대응한다. 그러나 이 방식이 잘못되었다는 것은 아니지만 적어도 기준경비율로 내가 적용받은 사업상 경비가 얼마인가는 따져보아야 한다. 수입금액이 5,000만 원인 기준경비율대상자인 퀵서비스 사업자가 적용받은 사업소득 필요경비는 수입금액의 27.4%(=기준경비율)인 13,700,000원이다. 기준경비율에 의한 추계신고 방식은 경비율도 낮고, 심지어 무기장가산세의 부담까지 더해진다.

- 그런데 만약 사업자가 사업상 경비로 13,700,000원 이상 실제 지출했다면 간편장부 또는 복식장부로 신고하는 방식이 훨씬 유리하다.

- 실제경비가 13,700,000원일 때 간편장부로 신고하면 무기장가산세 국세분 792,000원 + 지방세분 79,200원을 부담하지 않으며, 복식장부로 신고하면 기장세액공제(= 산출세액의 20%, 100만 원 한도)를 적용받아 국세분 792,000원 + 지방세분 79,200원의 세액공제까지 가능하다. 장부신고로 인해 최대 국세 1,584,000원 + 지방세 158,400원이 절세된다.

- 실제 계산해 보면 사업상 실제경비가 기준경비로 인정받은 금액보다 적어도 간편장부 또는 복식장부로 신고하는 것이 유리하다. 만약 복식장부에 따른 세무신고 수수료가 기장세액공제 미만이라면 무조건 복식장부로 신고하는 것이 가장 유리하다.

기준경비율 신고 시	복식장부 신고 시
• 수입금액 5,000만 원 • 삼쩜삼 1,650,000 원 • 기준경비 13,700,000 원 (27.4 %)	• 수입금액 5,000만 원 • 삼쩜삼 1,650,000 원 • 실제경비 13,700,000 원 가정
• 국세 납부세액 3,182,000 원 (가산세 포함) • 지방세 납부세액 318,200 원 (가산세 포함)	• 국세 납부세액 1,598,000 원 • 지방세 납부세액 159,800 원
• 국세 가산세 792,000 원 • 지방세 가산세 79,200 원	• 해당 사항 없음 • 해당 사항 없음
	• 국세 절세액 : 1,584,000 원 • 지방세 절세액 : 158,400 원

추계신고 완료 후 장부에 의한 신고로 변경?

• 그런데 간혹 기준경비율로 신고해서 상당한 세금을 추가납부 했다고 하면서 신고기한 후에 간편장부 또는 복식장부로 수정신고 또는 경정청구 해줄 것을 요청하는 사업자가 있다.

• 그러나 매우 안타깝게도 '소득세법 집행기준 80-143-10'은 추계신고자에 대해 다음과 같이 취급하도록 규정하고 있다.

 • 추계에 의하여 종합소득과세표준 확정신고 한 납세자가 경정청구 하거나 신고 내용에 오류나 탈루가 있는 등의 결정·경정 사유가 있는 경우 납세자가 비치·기장한 장부 및 기타 증빙서류에 근거하여 실지조사 경정할 수 있는 것이나, 납세자의 요구에 의하여 실지조사 경정하는 것은 아

니다.

- 당초 법정신고기한 내에 추계로 종합소득세과세표준 확정신고서를 제출하고, 이후에 장부·기장에 의한 방법으로 신고 내용을 변경하여 신고서를 제출하는 것은 수정신고 및 경정청구 대상에 해당하지 않는다.

- 즉 당초 추계신고 한 경우에는 실제경비 방식으로 세무조사를 하는 것은 가능하지만 납세자가 수정신고, 경정청구를 할 수가 없다. 이미 납세자가 추계신고 했다면 세무대리인이 장부를 만들어서 도와줄 방법을 함께 잃어버린 것이다. 세무조사 해달라고 주장할 수 있을 뿐이다.

- 한편 가공의 사업상 경비를 계산하여 간편장부 또는 복식장부로 신고하는 방식과 실제의 사업상 경비를 계산하여 간편장부 또는 복식장부로 신고하는 방식에 대해서는 이어서 설명하기로 한다.

10

삼쩜삼, 장부신고 하면 절세한다는데
간편장부와 복식장부가 뭐야?

간편장부대상자의 세무신고

- 소규모 사업자의 소득세 부담을 덜어주기 위해 추계신고 시 단순경
  비율이라는 파격적인 추계경비를 인정해 주는데, 단순경비율대상
  자의 범위가 너무 좁다 보니 결국 기준경비율대상자로 전환되어 갑
  작스러운 소득세 부담에 직면한다.

코드번호	세분류	세세분류	단순경비율		기준경비율
			기본율	초과율	
	기타자영업	기타자영업	64.1	49.7	17.0
940909	・컴퓨터 프로그래머(소프트웨어프리랜서 제외(→940926)), 조율사, 전기·가스 검침원 등 달리 분류되지 않은 기타 자영업으로서 독립된 자격으로, 고정보수를 받지 아니하고 그 실적에 따라 수수료를 지급받는 경우 포함 ・어로장 ・제외 : 1인미디어콘텐츠 창작자(940306), 소프트웨어프리랜서(940926), 관광통역안내사(940927), 어린이통학버스기사(940928)					

- 분류되지 않은 기타 자영업으로서 독립된 자격으로, 고정보수를 받지 아니하고 그 실적에 따라 수수료를 지급받는 경우에 단순경비율은 수입금액 4,000만 원까지는 64.1%, 4,000만 원 초과분은 49.7%이지만, 직전연도 수입금액이 3,600만 원을 초과하는 경우 기준경비율 대상자로 바뀌어 17%밖에 추계경비가 인정되지 않는다.

- 연도별 수입금액이 4,000만 원이라고 가정할 때 단순경비율대상자일 때와 기준경비율대상자일 때의 소득금액 차이가 2.3배가 난다. 수입이 달라진 것이 없는데 소득금액은 231%나 많이 산출되는 구조이다.

구분	2022년	2023년	비고
수입금액	40,000,000원	40,000,000원	
경비율	64.10%	17%	
추계경비	25,640,000원	6,800,000원	
소득금액	14,360,000원	33,200,000원	231%

- 그러나 이때 주목할 것은 기준경비율로 계산한 추계경비가 고작 6,800,000원이라는 것으로 실제 세무상 경비가 이 금액 이상이라면 장부로 신고하여 절세가 가능하다. 다만 장부 작성은 일반인들에게는 매우 힘든 일이다. 그래서 만든 제도가 '간편장부'이다.

• 간편장부란 사업장별로 사업과 관련된 거래를 일자별로 기록하여 이를 수입과 지출 항목별로 집계한 서면으로 누구라도 그 구조만 알면 쉽게 서면 작성이 가능하다. 일자별 기록에 있어 국세청은 훈령으로 다음과 같은 서식을 제시하고 있다.

간 편 장 부

① 일자	② 계정 과목	③ 거래 내용	④ 거래처	⑤수입 (매출)		⑥비용 (원가관련 매입포함)		⑦사업용 유형자산 및 무형자산 증감(매매)		⑧ 비고
				금액	부가세	금액	부가세	금액	부가세	
10-31	매출액	용역비	OO회사	10,000	0					
11-2	접대비	경조사	AA회사			5,000	0			

구분		계정과목
수입금액		매출액, 기타수입금액
비용	매출원가 및 제조비용	상품매입, 재료비매입, 제조노무비, 제조경비
	일반 관리비 등	급여, 제세공과금, 임차료, 지급이자, 접대비, 기부금, 감가상각비, 차량유지비, 지급수수료, 소모품비, 복리후생비, 운반비, 광고선전비, 여비교통비, 기타비용
사업용 유형자산 및 무형자산		사업용 유형자산 및 무형자산 매입, 사업용 유형자산 및 무형자산 매도

- 그러나 대부분의 거래가 전자화된 시대에 위와 같은 가계부 작성과 같은 간편장부 작성은 사실상 불필요하다. 사업 관련 경비를 신용카드와 현금영수증으로 증빙하려면 홈택스에 로그인하여 사업용 카드를 등록하면 되고, 현금영수증 발급을 요청하면 될 일이다. 그러한 사업 경비가 홈택스에서 일자별로 출력되기 때문이다. ('36 사업자등록을 한 프리랜서는 홈택스를 활용하자!' 챕터 참조)

- 한편 인적용역 사업자의 삼쩜삼 수입금액은 사업소득 원천징수 영수증을 홈택스에서 출력하면 신고 일자별로 집계되어 나오니 가계부 작성과 같은 간편장부 작성을 안 해도 된다.

귀속 연도	년	[ ]거주자의 사업소득 원천징수영수증 [ ]거주자의 사업소득 지급명세서 ([ ]소득자 보관용 [ ]발행자 보관용)		내·외국인	내국인1 외국인9
				거주 지국	거주지국 코 드

징 수 의무자	①사업자등록번호			②법인명 또는 상호			③성명	
	④주민(법인)등록번호			⑤소재지 또는 주소				

소득자	⑥상 호					⑦사업자등록번호	
	⑧사 업 장 소 재 지						
	⑨성 명					⑩주민등록번호	
	⑪주 소						

⑫업종구분		※ 작성방법 참조					

⑬지 급			⑭소득귀속		⑮지 급 총 액	⑯세율	원 천 징 수 세 액		
연	월	일	연	월			⑰소 득 세	⑱지방소득세	⑲계

- 다만, 간편장부로 사업소득세를 신고하려면 수입과 지출 항목별로 집계한 서면은 작성 제출하여야 한다.

- 먼저 (첨부하는) 총수입금액 및 필요경비명세서를 작성하고 총수입 금액과 필요경비의 합계가 집계된 간편장부소득금액계산서를 작성 하면 된다. 이렇게 산출된 사업소득금액을 기준으로 사업소득세를 신고·납부(환급)하면 된다.

간편장부대상자와 복식장부대상자의 구분

- 한편 간편장부대상자도 소규모 사업자의 소득세 부담을 덜어주기 위한 제도이므로 해당 연도 신규사업자와 직전연도 수입금액이 다 음에 미달하는 개인사업자(전문직 제외)로 한다.

업종	수입금액
• 농업·임업 및 어업, 광업, 도매 및 소매업(상품중개업을 제외한다), 부동산매매업, 그 밖에 아래 열거되지 아니한 사업	3억 원
• 제조업, 숙박 및 음식점업, 전기·가스·증기 및 공기조절 공급업, 수도·하수·폐기물처리·원료재생업, 건설업(비주거용 건물 건설업은 제외), 부동산 개발 및 공급업(주거용 건물 개발 및 공급업에 한정), 운수업 및 창고업, 정보통신업, 금융 및 보험업, 상품중개업	1.5억 원
• 부동산임대업, 부동산업(부동산매매업은 제외), 전문·과학 및 기술서비스업, 사업시설관리·사업지원 및 임대서비스업, 교육서비스업, 보건업 및 사회복지서비스업, 예술·스포츠 및 여가 관련 서비스업, 협회 및 단체, 수리 및 기타 개인서비스업, 가구 내 고용활동	7,500만 원

• 예를 들어 직전연도 수입금액이 연 7,500만 원을 상회하는 인적용역 사업자(수리 및 기타 개인서비스업)는 복식부기의무자가 된다.

• 복식장부란 사업상 거래를 자산·부채·자본(재무상태표 기재사항)과 수익·비용(손익계산서 기재사항)으로 분류해 기록하는 것인데 그 결과가 재무제표이고 손익 현황은 손익계산서, 재무현황은 재무상태표로 나타난다. 이러한 복식장부를 만들려면 고도의 회계 지식이 필요하므로, 대부분 세무사에게 의뢰한다. 대신 간편장부대상자가 복식장부로 신고하면 20%의 세액공제를 해준다.

간편장부 신고 시	복식장부 신고 시
• 납세자 스스로 작성 가능 • 세무신고 수수료 절감 가능	• 세무사에게 의뢰해야 가능 • 산출세액의 20% 세액공제 (100만 원 한도)

(앞쪽)

간편장부소득금액계산서 (2023 년도 귀속)

①주소지	서울시 마포구 OO길 OO아파트 101동 101호			②전화번호	
③성 명	홍길동			④생년월일 1911.11.12	

사업장	⑤ 소 재 지	서울시 OO구 OO길 OO 아파트 101동 101호			
	⑥ 업 종	서비스/인적용역			
	⑦ 주 업 종 코 드	940909			
	⑧ 사업자등록번호	000-00-00000			
	⑨ 과 세 기 간	2023.01.01.부터	. . .부터	. . .부터	. . .부터
		2023.12.31.까지	. . .까지	. . .까지	. . .까지
	⑩ 소 득 종 류	(30, <u>40</u>)	(30, 40)	(30, 40)	(30, 40)

총수입금액	⑪장부상 수입금액	40,000,000			
	⑫수입금액에서 제외할 금액				
	⑬수입금액에 가산할 금액				
	⑭세무조정 후 수 입 금 액 (⑪-⑫+⑬)	40,000,000			
필요경비	⑮장부상 필요경비 (부표 ㊶의 금액)	25,000,000			
	⑯필요경비에서 제외할 금액				
	⑰필요경비에 가산할 금액				
	⑱세무조정 후 필요경비 (⑮-⑯+⑰)	25,000,000			
⑲차가감 소득금액(⑭-⑱)		15,000,000			
⑳기부금 한도초과액					
㉑기부금이월액 중 필요경비 산입액					
㉒ 해 당 연 도 소 득 금 액 (⑲+⑳-㉑)		15,000,000			

「소득세법」 제70조제4항제3호 단서 및 같은 법 시행령 제132조에 따라 간편장부소득금액계산서를 제출합니다.

2024년 5월 31일

제 출 인

홍길동 (서명 또는 인)

세무대리인

(서명 또는 인)

마 포 세 무 서 장 귀하

첨부서류	총수입금액 및 필요경비명세서(별지 제82호서식 부표) 1부	수수료 없 음

210mm×297mm[백상지 80g/㎡ 또는 중질지 80g/㎡]

(앞쪽)

총수입금액 및 필요경비명세서 (2023 년도 귀속)

①주소지 서울시 마포구 OO길 OO아파트 101동 101호		②전화번호			
③성 명 홍길동		④생년월일			

	⑤ 소 재 지	서울시 마포구 OO길 OO 아파트 101동 101호			
사업장	⑥ 업 종	기타 개인서비스, 기타자영업			
	⑦ 주 업 종 코 드	940909			
	⑧ 사업자등록번호	000-00-00000			
	⑨ 과 세 기 간	2023.01.01.부터 2023.12.31.까지	. .부터 . .까지	. .부터 . .까지	. .부터 . .까지
	⑩ 소 득 종 류	(30, **40**)	(30, 40)	(30, 40)	(30, 40)
장부상 수입금액	⑪ 매 출 액	40,000,000			
	⑫ 기 타				
	⑬ 수입금액 합계(⑪+⑫)	40,000,000			
필 요 경 비	매출 원가	⑭ 기 초 재 고 액				
		⑮ 당기 상품매입액 또는 제조비용(㉔)				
		⑯ 기 말 재 고 액				
		⑰ 매출원가(⑭+⑮-⑯)				
	제 조 비 용	재 료 비	⑱ 기초 재고액				
			⑲ 당기 매입액				
			⑳ 기말 재고액				
			㉑ 당기 재료비 (⑱+⑲-⑳)				
		㉒ 노 무 비				
		㉓ 경 비				
		㉔ 당기제조비용(㉑+㉒+㉓)				
	일 반 관 리 비 등	㉕ 급 료				
		㉖ 제 세 공 과 금				
		㉗ 임 차 료				
		㉘ 지 급 이 자				
		㉙ 접 대 비	12,000,000			
		㉚ 기 부 금				
		㉛ 감 가 상 각 비	4,000,000			
		㉜ 차 량 유 지 비	3,000,000			
		㉝ 지 급 수 수 료				
		㉞ 소 모 품 비				
		㉟ 복 리 후 생 비				
		㊱ 운 반 비				
		㊲ 광 고 선 전 비				
		㊳ 여 비 교 통 비				
		㊴ 기 타	6,000,000			
		㊵ 일반관리비등계 (㉕~㊴의 합계)	25,000,000			
	㊶ 필요경비 합계 (⑰+㊵)		25,000,000			

210mm×297mm[백상지 80g/㎡ 또는 중질지 80g/㎡]

11

장부를 해도 세금이 나왔는데
환급받을 길은 없는 거야?

실제경비 방식의 세무신고

* 단순경비율대상자로서 삼쩜삼을 환급받다가 기준경비율대상자로 전환되고 추가납부가 발생하면 실제의 사업상 경비를 입증하여 절세하는 것이 가장 바람직하다.

* 퀵서비스를 신규로 시작한 경우 당해 얻은 수입금액 5,000만 원이라면 단순경비율대상자이므로 사업소득금액 11,120,000원 {= 4,000만 원 - (4,000만 원×79.4%)} + {1,000만 원 - (1,000만 원×71.2%)}에 기본공제와 표준세액공제만 적용해도 부담세액이 50만 원가량 나와서 삼쩜삼 1,650,000원(= 사업소득세 1,500,000원 + 지방소득세 150,000원) 중 사업소득세로 992,800원, 지방소득세로 99,280원의 세금 환급이 발생한다.

* 하지만 기준경비율대상자가 된 경우로서 사업소득금액을 기준경비율로 계산하면 사업소득세 3,182,000원과 지방소득세 318,200원

의 추가납부가 발생한다. 그러나, 추계경비와 동일한 실제경비를 가지고 기장을 하는 경우 사업소득세 1,598,000원과 지방소득세 159,800원의 추가납부가 발생한다.

종합소득세		단순경비율	기준경비율
	수입금액	50,000,000원	50,000,000원
(-)	추계경비	38,800,000원	13,700,000원
(=)	소득금액	11,120,000원	36,300,000원
(-)	종합소득공제	1,500,000원	1,500,000원
(=)	과세표준	9,620,000원	34,800,000원
(×)	세율	6%	15% (누진공제 1,260,000원)
(=)	산출세액	577,200원	3,960,000원
(-)	세액감면	-	-
(-)	세액공제	70,000원	70,000원
(+)	가산세		792,000원
(=)	총부담세액	507,200원	4,682,000원
(-)	기납부세액	1,500,000원	1,500,000원
(=)	납부(환급)세액	△ 992,800원	3,182,000원

• 그러나 사업상 경비가 13,700,000원만 입증되면 간편장부대상자(직

전연도 수입금액 7,500만 원 미만)가 복식장부에 의해 신고하여 기장세액공제(산출세액의 20%)가 적용되고, 무기장가산세(산출세액의 20%)도 배제되어 산출세액의 40%가량의 절세 효과가 발생한다.

종합소득세		기준경비율 신고	복식장부 신고
	수입금액	50,000,000원	50,000,000원
(-)	필요경비 (27.4%)	13,700,000원	13,700,000원
(=)	소득금액	36,300,000원	36,300,000원
(-)	종합소득공제	1,500,000원	1,500,000원
(=)	과세표준	34,800,000원	34,800,000원
(×)	세율	15% (누진공제 1,260,000원)	15% (누진공제 1,260,000원)
(=)	산출세액	3,960,000원	3,960,000원
(-)	세액감면	-	-
(-)	세액공제	70,000원	70,000원 + 792,000원
(+)	가산세	792,000원	-
(=)	총부담세액	4,682,000원	3,098,000원
(-)	기납부세액	1,500,000원	1,500,000원
(=) 납부(환급)세액		3,182,000원	1,598,000원

과세표준	세율	누진공제
1,400만 원 이하	6%	-
5,000만 원 이하	15%	1,260,000원
8,800만 원 이하	24%	5,760,000원
1.5억 원 이하	35%	15,440,000원
3억 원 이하	38%	19,940,000원
5억 원 이하	40%	25,940,000
10억 원 이하	42%	35,940,000
10억 원 초과	45%	65,940,000

가공경비 방식의 세무신고

- 그러나 어떤 분들은 장부를 해도 세금이 나왔으니 환급받을 길을 모색해 보기도 한다. 이런 일이 가능하다면 그것은 가공의 사업상 경비를 계산하여 간편장부 또는 복식장부로 신고하면 가능하다.

종합소득세		실제 장부 신고 예시	가공 장부 신고 예시
	수입금액	50,000,000원	50,000,000원
(-)	필요경비	13,700,000원	36,500,000원
(=)	소득금액	36,300,000원	13,500,000원

종합소득세		실제 장부 신고 예시	가공 장부 신고 예시
(-)	종합소득공제	1,500,000원	1,500,000원
(=)	과세표준	34,800,000원	12,000,000원
(×)	세율	15% (누진공제 1,260,000원)	6%
(=)	산출세액	3,960,000원	720,000원
(-)	세액감면	-	-
(-)	세액공제	70,000원 + 792,000원	70,000원 + 144,000원
(+)	가산세	-	-
(=)	총부담세액	3,098,000원	506,000원
(-)	기납부세액	1,500,000원	1,500,000원
(=)	납부(환급)세액	1,598,000원	△994,000원

- 어차피 가짜이고 거짓이니 내키는 숫자만큼 필요경비로 넣어서 장부를 그리면 된다. 위 예를 보면 입증되지 않은 필요경비 36,500,000원을 넣고 공제·감면까지 고려해 보니 단순경비율로 계산했을 때와 비교해 환급 세금이 약 2,000원 더 나온다.

- 하지만 이런 행위는 조세범처벌법에서 규정하는 가짜장부 작성, 탈세 등에 해당하는 행위이다. 세금을 내는 일이 무엇이라고 죄까지 지어야 하는지 모르겠지만 인간의 생각은 너무나 다양하다.

- 2017년경 보험모집인 세무대리와 관련해 세무업계에서는 매우 유명한 탈세 사건이 발각되었다. 사건 당사자는 보험모집인 사무실 등으로 신고 안내문을 보내면서 사업상 경비와 무관하게 자신이 알아서 삼쩜삼을 환급해 준다고 광고해서 무려 9,000여 명에 달하는 의뢰인의 삼쩜삼을 환급해 주었다. 너무나 많은 신고 건 수에 비해 그 세무사의 신고 매출이 적은 것을 의심한 과세당국이 세무사사무소 매출조사를 하다가 가공경비를 넣어서 인적용역 사업자의 사업소득금액을 부당과소신고 한 뒤 삼쩜삼을 환급받은 사실을 적출하고 신고를 맡긴 의뢰인들에게 부당환급세액을 추징했다.

- 이 사건에서 개인적으로 놀란 것은 두 가지인데, 법률 규정을 이용하여 절세하는 것이 아닌, 거짓 장부를 만들어서 세무신고를 대행하는 문란한 세무사의 행태와 그런 세무사를 믿고 아무런 사업상 경비를 입증하지도 않고 삼쩜삼을 환급받는 일이 당연하다고 생각한 의뢰인들의 사고방식이었다.

- 공인된 자격을 지닌 세무사에게 의뢰했으니 미납세액만 추징해야 한다는 그들의 주장도 있었지만 받아들여질 리는 없었고, 거짓을 동반한 부당과소신고 시 본세의 40%에 해당하는 신고불성실가산세와 미납이자 성격의 납부불성실가산세 연 10.95% (현재는 8.03%로 인하)까지 더해져 미납세액(=신고한 세액과 신고할 세액의 차이)에 최대

100%에 달하는 가산세 부담까지 세금 폭탄을 맞은 것은 의뢰인들이었다.

- 이 일을 벌인 주모자는 벌금과 집행유예, 사회봉사명령을 받았다고 하는데 이미 세무사 업계에서는 퇴출되었으나, 그에게 손해배상을 청구한 의뢰인이 있었는지는 모르겠다.

- 기준경비율대상자가 되면 장부를 해도 세금이 나오는 것은 어찌 보면 당연하다. 왜냐하면 삼쩜삼이라는 선납세금은 수입금액이 많은 인적용역 사업자일수록 매우 작은 비율의 세금이기 때문이다.

- 만약 환급받을 길을 모색한다면 가공의 경비로 작성된 범죄의 장부에 기댈 것이 아니라, 사업상 경비가 될 수 있는 항목을 잘 이해하고 사업상 경비를 잘 챙기며, 종합소득공제가 될 수 있는 항목, 세액공제 및 감면에 해당할 수 있는 각종의 절세 항목들을 챙기는 것만이 옳은 방식이다. 그것이 바로 실제의 사업상 경비를 계산하여 간편장부 또는 복식장부로 신고하는 방식으로서 납세자가 지속적으로 관심을 두어야 할 부분이다.

12

종합소득세 신고 안내문을
받기 전에 해야 할 일

- 인적용역 사업자는 직전연도 수입금액에 따라 추계방식과 장부방식의 유불리가 달라진다. 단순경비율대상자일 때는 추계방식이 절세가 되고, 기준경비율대상자가 될 때는 장부방식이 절세가 된다.

- 추계방식은 수입금액에 따라 비율로 정한 추계경비가 바로 산정되는 것이지만, 장부방식으로 하려면 실제 사업상 경비를 사업 기간 중에 챙겨야 한다. 즉 종합소득세 신고 안내문을 받기 전에 사업상 경비를 관리하고 있어야 한다.

홈택스 이용하기

- 인적용역 사업자가 장부를 만들기 위해서 필요한 수입과 경비의 세무자료는 홈택스를 통해 축적할 수 있다. 이렇게 축적된 세무자료를 세무사에게 알려주면 세무사는 언제든지 복식장부를 만들어 사업소득금액을 계산할 수 있다.

- 그런데 여기서 중요한 것은 인적용역 사업자는 사업자등록이 없는 경우가 대부분인데 이 경우에는 홈택스에 사업용 카드 등록과 현금영수증 조회가 안 된다는 것이다. 이렇게 되면 홈택스 대신 신용카드사로부터 1년 치 사용 내역을 엑셀로 받거나 현금영수증 사본을 보관하는 등 번거로움이 따르게 되는데, 이는 세무사가 인적용역 사업자의 장부기장을 기피하는 이유가 되기도 한다.

- 그러나 인적용역 사업자가 세무서에 개인사업자로 등록한 경우(서비스/인적용역/부가가치세 면세사업자)에는 홈택스를 자유롭게 활용할 수 있다. 아이디와 비밀번호로 접속하거나 개인 공인인증서로 홈택스에 로그인하고 제일 먼저 할 일은 사업상 사용할 신용카드를 사업용 신용카드로 등록하고(전자세금계산서·현금영수증·신용카드 메뉴 이용) 사업용으로 사용할 계좌를 신고하는 것이다.

- 이후 사업용 경비지출은 등록된 신용카드를 사용하고 현금지출이 발생하면 사업자등록번호로 지출증빙용 현금영수증을 발급받도록 한다.

- 혹시 전자세금계산서 또는 전자계산서를 발급받아야 할 경우라면 사업자등록번호로 전자적 형태로 교부받으면 전자세금계산서·현금영수증·신용카드 메뉴에서 전자(세금)계산서로 확인이 가능하다. 이렇게 되면 대부분의 사업상 경비가 홈택스에서 조회되고 관리된다.

- 수임을 맡은 세무사가 홈택스에서 삼쩜삼 매출을 확인하고 사업상 경비도 확인할 수 있으니 장부기장이 손쉽게 해결된다. 본인 스스로 간편장부를 작성할 때에도 매우 효과적으로 사업상 경비를 관리할 수 있으니 개인사업자등록을 할지 고민해야 할 필요가 있다.

인건비 신고하기

- 한편 고소득의 인적용역 사업자의 경우에는 운전사 혹은 비서 같은 근로자 또는 용역자를 사용하는 경우도 있다.

- 급여 또는 용역비는 상당한 금액이 경비처리 될 수 있는 항목인데 급여 또는 용역비 지급 시 원천징수 해야 세무서에서 확인할 수 있다. 이런 수준까지 고민하게 될 때는 세무사에게 세무신고를 의뢰하면 된다.

- 다만, 주의할 것이 있는데 인적용역 사업자는 부가가치세법상 면세대상 사업자를 의미하고 면세대상이 되기 위해서는 인적설비와 물적설비가 없는 경우에 한한다. 그런데 급여 또는 계속·반복적 용역을 쓰는 경우 인적설비가 있는 것으로 보아 부가가치세 과세사업자가 될 수도 있다.

- 부가가치세란 본인 수입금액의 10%를 부가가치세 매출세액으로 내는 것이니, 면세사업자가 과세사업자가 되면 최대 수입금액의

10%가 세금으로 나가는 셈이 된다. 인건비 처리로 절세하려다가 부가가치세를 추징당할 수도 있다는 의미이다. 이 부분에 관해서는 추후 주제를 달리하여 논의하고자 한다.

각종 공제와 감면 활용하기

- 종합소득세 신고 안내문을 받기 전에 해야 할 일은 장부를 만들기 위한 기초 작업만은 아니다. 절세의 또 다른 포인트는 소득공제와 세액공제 자료의 생성이다.

- 국민연금 등 공적연금을 납입하지 않는 인적용역 사업자가 꽤 되지만 연금보험료 납입금액은 종합소득금액에서 공제해 준다. 노란우산공제에 가입하면 소득금액별로 200만 원에서 500만 원까지 소득금액에서 공제해 준다. 투자위험을 감내한다면 투자조합출자공제도 생각해 볼 수 있는데 출자액의 10%에서 50%까지 소득금액에서 공제해 준다.

- 자녀를 낳게 되면 부양가족공제라는 인적 소득공제가 늘어나게 되기도 하지만, 출산공제와 자녀공제라는 세액공제를 받을 수 있다. 연금저축이나 퇴직연금과 같은 사적연금에 가입하면 불입액 연 900만 원까지 최소 12% 상당액을 세액공제 받을 수 있다.

- 또한 정치자금을 기부한 경우 10만 원까지 전액 세액공제 되고 그 초

108　　　　　　　　　　　　삼쩜삼, 프리랜서의 절세와 세무신고

과분은 소득금액의 일정 범위 내에서 경비처리가 가능하다. 고향사랑기부금을 기부한 경우에도 10만 원까지 전액 세액공제 되고 그 초과분 역시 소득금액의 일정 범위 내에서 경비처리 가능하다.

13

장부에 의한 신고 시 프리랜서의 경비처리 항목

- 인적용역 사업자가 간편장부를 만들고자 할 때 사업상 경비가 무엇이고 어디까지 인정받는 걸까? 일단 사업상 경비로 인정되는 것에는 특별한 제한이 없다. 업무와 관련된 지출이면 세무상 경비로 인정되는 것을 원칙으로 한다.

- 경비 항목은 앞서 간편장부의 계정과목에서 제시한 상품매입, 제품제조원가 외 급여, 제세공과금, 임차료, 지급이자, 접대비, 기부금, 감가상각비, 차량유지비, 지급수수료, 소모품비, 복리후생비, 운반비, 광고선전비, 여비교통비, 기타비용 등으로 구분할 수 있다.

구분		계정과목
수입금액		매출액, 기타수입금액
비용	매출원가 및 제조비용	상품매입, 재료비매입, 제조노무비, 제조경비
	일반 관리비 등	급여, 제세공과금, 임차료, 지급이자, 접대비, 기부금, 감가상각비, 차량유지비, 지급수수료, 소모품비, 복리후생비, 운반비, 광고선전비, 여비교통비, 기타비용

구분	계정과목
사업용 유형자산 및 무형자산	사업용 유형자산 및 무형자산 매입, 사업용 유형자산 및 무형자산 매도

- 각각의 경비 항목을 인적용역 사업자 중심으로 살펴보면 먼저 상품 매입과 제품제조원가는 인적용역 사업자의 사업과 무관하다.

- 급여와 같은 인건비가 가장 큰 지출이 될 수 있지만 대부분의 인적용역 사업자에게는 해당 사항이 없다. 다만, 해당되는 경우에도 인건비 등을 경비처리 할 때 새롭게 나타나는 세무상 문제점에 대해서 반드시 사전검토 하여야 하므로 이는 주제를 달리하여 논의하고자 한다.

- 제세공과금은 통상 경비가 되는 것이지만 자산 취득과 관련된 세금은 경비처리 되지 않고 벌금, 과태료, 가산세와 같은 의무불이행에 따른 제재금도 경비처리가 안 된다. 또한 삼쩜삼으로 인해 납부하는 소득세도 경비처리 되지 않는다.

- 임차료는 한도 제한 없이 경비처리 할 수 있는데 인적용역 사업자는 물적설비, 즉 사업장이 없는 것을 전제로 하기 때문에 가사와 혼용된 임차료의 경비처리는 다소 곤란하다.

- 지급이자의 경비처리는 대출금 상당의 사업용 자산을 보유할 때에 한하여 경비처리 된다. 예를 들어 1,000만원을 대출받아 1,000만원

의 업무용 차량을 구입한 경우에는 그 대출금에 대한 이자는 전액 경비처리 된다. 그러나, 1,000만 원을 대출받아 500만 원의 업무용 차량을 구입했다면 대출금 이자의 절반만 경비처리 된다.

- 접대비(=기업업무추진비)는 사업자가 사업을 위해 지출한 비용 가운데 상대방이 사업관계자들이고, 지출 목적이 접대 행위(무상)를 통해 사업관계자들과의 친목을 두텁게 해 거래 관계의 원활한 진행을 도모하기 위한 비용인데, 중소기업자는 연간 3,600만 원, 비중소기업자는 연간 1,200만 원까지 경비 한도가 있다.

- 한편 최근 기획재정부 유권해석(사전-2020-법규소득-0419, 2023.01.10.)에서는 일반적으로 물적시설이 없는 인적용역 사업자는 소득세법 제35조에 규정된 접대비 기본한도금액 산정 시 중소기업에 해당되지 않는 것으로 보고 있다.

- 기부금은 사업자의 사업과 관련 없는 지출액이지만 공익 목적의 기부를 장려하기 위해 법정 한도 내에서 경비로 인정되는 항목이다. 공적 기부를 많이 하거나 종교인인 인적용역 사업자가 경비처리 할 수 있는 항목이기도 하다.

- 차량유지비는 승용차이냐 승용차가 아니냐에 따라 경비 한도의 취급이 달라진다. 승용차가 아닌 화물차나 승합차의 경우에는 업무 관련성이 있으면 한도 없이 경비처리 된다. 그러나 업무용 승용 차량

관련 비용은 업무사용 비율에 따라 경비 여부가 달라지고, 업무용 승용 차량의 감가상각비, 리스비, 렌탈 비용은 연간 800만 원이라는 경비 한도가 있다.

(잠깐) **감가상각비**

'감가상각비'란 시간의 경과에 따라 감소하는 고정자산의 가치를 인위적으로 회계상 비용에 반영하는 것으로, 세법은 업종별 자산의 감가상각 연도를 각각 규정하고 있다. 업종과 관계없이 보유하는 차량운반구, 공기구, 비품은 5년, 건축물 등은 구조에 따라 40년 등의 기간에 감가상각을 허용하고 있다. 예를 들어, 음식점(업종별 감가상각 기간 8년)을 운영하는 사업자가 주방용 저장고를 800만 원에 구매했으면 1년에 100만 원씩(정액법 가정) 8년간 감가상각비를 세무상 경비로 인정받을 수 있다. 또 차량을 3,000만 원에 구매했으면 1년에 600만 원씩(정액법 가정) 5년간 감가상각비를 세무상 경비로 인정받을 수 있다.

- 지급수수료는 거래상대방으로부터 받은 용역(예를 들어 세무신고대행)에 대한 대가 지급 시 사용하는 계정과목으로 경비 한도가 없고 소모품비(거래상대방으로부터 재화를 공급받은 경우), 운반비, 광고선전비, 여비교통비, 기타비용도 경비 한도가 없다.

- 그러나 복리후생비는 임직원의 복리 증진과 원활한 노사관계를 위해 지출하는 비용이므로 1인 사업자인 경우에는 직원이 없기 때문에 복리후생비라는 계정과목을 쓰면 안 된다.

14

승용차는 리스가 좋을까?
사는 게 좋을까?

차량 관련 경비

- 인적용역 사업자가 경비처리 하기 좋은 항목 중 하나가 차량 관련 경비이다. 2015년 이전에는 업무용 승용차 관련 비용에 대해 특별히 세무상 경비의 제한을 두지 않았다.

- 그런데 고소득 자영업자 또는 대기업의 사주社主 등이 스포츠카 등 사실상 업무에 사용하지 않는 차량을 회사 명의로 매입하고 감가상각을 통해 해당 차량을 회사 경비로 처리하고 고액의 보험료 등 차량 유지비용을 회사 경비로 처리하는 잘못된 관행이 생기다 보니 2015년 말 세법 개정을 통해 업무용 승용차 관련 비용의 손금불산입 규정을 마련하게 되었다.

- 이후로 회사의 승용차 관련 비용을 세무상 경비로 처리하려면 사업자가 실제로 해당 차량을 업무에 사용했다는 사실을 차량운행기록부를 통해 입증해야 하고, 업무사용분에 한해 세무상 경비를 인정받

는 규제가 작용하게 되어 이제는 승용차는 리스가 좋을까? 현금 구입이 좋을까? 아니면 렌탈이 좋을까? 라는 질문이 큰 의미가 없어졌다.

- 즉 경비 규제가 없던 과거에는 고비용일수록 절세 효과가 있어서 좋은 차량을 타고 다니면서 세금도 낮추라는 식의 상담도 없지 않았지만, 지금은 한도 규제가 심해서 차량의 구매 방식이 크게 중요하지 않다.

- 그러나 어떤 차량이 경비 규제대상이 되고, 규제대상 경비는 어떻게 처리하는지 정리하고 가는 것은 필요하다.

규제대상 차량과 비용

- 사업자가 사용하는 모든 차량이 규제대상은 아니다. 승용차에 한해 규제하는 것이기 때문에 경차, 승합차, 화물차와 같이 개별소비세가 과세되지 않고 부가가치세 매입세액공제도 받을 수 있는 차량은 업무용 승용차 관련 비용의 규제대상에서 제외된다. 이러한 차량은 이후 제시하는 임직원 전용 차량보험의 가입, 운행기록부 작성, 감가상각비 제한 등 규제가 없다.

- 그러나 만일 승용차를 사용하는 경우 사업자 자신의 소유 차량이면 차량의 감가상각비, 유류비, 보험료, 수리비, 자동차세, 통행료 등 승용차를 취득·유지함에 따라 발생하는 비용을 세무상 한도로 규제하

고 승용차를 운용리스하거나 렌트하는 경우에는 리스료나 렌탈료를 세무상 한도로 규제한다.

임직원 전용 차량보험의 가입

- 또한 세무상 한도 내에서라도 업무용 승용차 관련 비용을 경비처리하려면 먼저 임직원 전용 차량보험에 가입해야 한다. 법인사업자는 반드시 임직원 전용 자동차보험에 가입해야 하고 복식부기의무자인 개인사업자는 업무용 승용차가 2대 이상인 경우 1대를 제외한 나머지 차량에 대해 업무전용 자동차보험에 가입해야만 나머지 차량의 경비도 세무상 한도 내에서 경비로 인정받을 수 있다.

- 만일 복식부기의무자인 개인사업자가 타인이 운행해도 보험이 가능한 자동차보험(누구나보험)에 가입하면 1대까지는 차량 관련 경비처리가 가능하지만, 그 외 차량은 2024년과 2025년에는 세무상 한도의 절반만 인정하고 2026년 이후에는 아예 업무용으로 인정하지 아니한다.

- 게다가 임직원 전용 차량보험에 가입한다고 해도 동 차량을 업무에 사용했다는 것을 입증하여야 경비처리가 가능하다. 입증 방법은 업무에 해당하는 운행 활동을 차량운행기록부에 거리로 작성하여 해당 차량의 업무사용 비율을 관리하는 것이다.

- 그러나 차량운행기록부는 승용차 1대당 관련 비용이 1,500만원 이내라면 차량운행기록부를 작성하지 않아도 100% 업무용으로 간주하므로 고가의 차량이 아니라면 차량운행기록부를 작성하지 않아도 무방하다.

감가상각비 한도 규제

- 끝으로 해당 차량의 업무사용 비율에 해당하는 비용은 세무상 경비로 인정하고, 그 초과분은 세무상 경비에서 부인하는데, 세무상 경비로 인정된 감가상각비가 연간 800만원이 넘으면 800만원 초과분은 다시 세무상 경비에서 부인하여 차량 처분 등 후에 사후적으로 경비 처리 한다.

- 이러한 세무관리는 세무대리인이 하기 때문에 사업자가 크게 신경 쓸 필요는 없지만, 차량의 선택과 사용 방법, 사용 대수는 사업자가 정하는 것이기 때문에 전반적인 내용을 숙지하면 좋다.

15

인적용역 사업자의 인건비 발생과 그에 따른 문제점

인적용역 사업자의 개념

- 삼쩜삼 대상 '인적용역 사업자'란 회사에 근로자로 고용되지 않은 상 태로 일하는 용역자를 말한다. 용역의 범위에는 특별한 제한이 없어 작가, 미술가, 음악가, 무용수, 감독, 직업 운동선수, 번역가, 배우, 성 우, 프로그래머, 아나운서, 편집자와 같이 특정 분야에서 전문성을 인정받고 있는 사람으로서 시작해서 지금은 매우 광범위하게 근로 자가 아닌 상태로 일하는 대부분의 경우를 포괄하고 있는데 사업장 이 없고 동종 근로자·용역자를 고용·사용하지 않는 경우에 한한다.

인적용역 사업자의 요건과 범위

구분	내용
요건	• 개인이 기획재정부령으로 정하는 물적시설 없이 근로자를 고용하지 아니하거나 근로자와 유사하게 노무를 제공하는 자를 사용하지 아니 하고 독립된 자격으로 용역을 공급하고 대가를 받는 다음의 인적용역

구분	내용
유형	① 저술·서화·도안·조각·음악·무용·만화·삽화·만담·배우·성우·가수 또는 이와 유사한 용역 ② 연예에 관한 감독·각색·연출·촬영·녹음·장치·조명 또는 이와 유사한 용역 ③ 건축감독·학술 용역 또는 이와 유사한 용역 ④ 음악·재단·무용(사교무용을 포함한다)·요리·바둑의 교수 또는 이와 유사한 용역 ⑤ 직업운동가·역사·기수·운동지도가(심판을 포함한다) 또는 이와 유사한 용역 ⑥ 접대부·댄서 또는 이와 유사한 용역 ⑦ 보험가입자의 모집, 저축의 장려 또는 집금集金 등을 하고 실적에 따라 보험회사 또는 금융기관으로부터 모집수당·장려수당·집금수당 또는 이와 유사한 성질의 대가를 받는 용역과 서적·음반 등의 외판원이 판매실적에 따라 대가를 받는 용역 ⑧ 저작자가 저작권에 의하여 사용료를 받는 용역 ⑨ 교정·번역·고증·속기·필경筆耕·타자·음반취입 또는 이와 유사한 용역 ⑩ 고용관계 없는 사람이 다수인에게 강연을 하고 강연료·강사료 등의 대가를 받는 용역 ⑪ 라디오·텔레비전 방송 등을 통하여 해설·계몽 또는 연기를 하거나 심사를 하고 사례금 또는 이와 유사한 성질의 대가를 받는 용역 ⑫ 작명·관상·점술 또는 이와 유사한 용역 ⑬ 개인이 일의 성과에 따라 수당이나 이와 유사한 성질의 대가를 받는 용역

• 이러한 인적용역 사업자의 요건과 범위는 부가가치세법 시행령 제42조 제1항 제1호에 근거하는데 그 내용은 위와 같다.

• 즉 유형에서 열거한 여러 가지 인적용역 외에 개인이 일의 성과에 따라 수당이나 이와 유사한 성질의 대가를 받는 용역이 삼쩜삼 대상 인적용역이 될 수 있는데 그 조건은 물적시설 없이 근로자·용역자를 고용·사용하지 아니하여야 한다는 것이다. 반대로 물적시설이 있거

나 근로자·용역자를 고용·사용하면 삼쩜삼 대상 인적용역 사업자가 아니다.

• 먼저 '기획재정부령으로 정하는 물적시설'이란 계속적·반복적으로 사업에만 이용되는 건축물·기계장치 등의 사업설비(임차한 것을 포함한다)를 말하는 것으로 인적용역 사업자는 사업장을 가지고 있지 않아야 한다. 즉 디자이너를 삼쩜삼 대상 인적용역 사업자로도 할 수 있고, 사업장을 가지고 디자인 회사로 할 수도 있는데 전자는 인적용역 사업자(940909)가 되지만, 후자는 세금계산서를 발행하는 부가가치세 과세사업자가 되고, 업종 분류(749910)도 달라진다.

코드번호	세분류	세세분류	단순경비율	기준경비율
	전문 디자인업	시각 디자인업	78.8	23.6
749910	• 특정 메시지, 이미지 또는 개념을 시각적으로 전달하거나 가상 현상 등을 시각적으로 명확하게 전달 또는 표현하기 위한 시각 전달 매체를 기획, 디자인 및 관리하는 산업활동을 말한다. 비디오물 및 영상 화면 구성, 기업 로고 등의 디자인, 기술적인 정확성 또는 해석 기술이 요구되는 설명도 및 삽화를 제작하는 사업체도 포함한다. • 예시 : 상업 미술, 메디컬 일러스트레이션, 그래픽 디자인, 실크스크린 디자인, 기업 로고 디자인, 캐릭터 디자인, 각종 제품 및 상품 패키지(용기, 라벨, 제품 박스 등) 디자인, ·타이포그래피 디자인, 아이덴티티 디자인(CI, BI), 출판물 편집 디자인, 영상 디자인 • 제외 : 애니메이션(만화) 영화 제작(921504), 만화 및 시각 예술을 제작하는 자영 예술가(940200), 광고물 제작 대리(743001~743005)			

• 한편 인적용역 사업자인 디자이너의 경우에도 설비가 있을 수 있는

데 인적용역의 실현에 있어 보조적 수단에 불과한 것이라면 물적시설을 갖춘 것으로 보지 아니한다. (부가가치세법 집행기준 26-42-1)

- 또한 근로자를 고용하지 않아야 인적용역 사업자가 될 수 있는데 근로자를 고용하지 아니하였다는 의미는 인적용역 실현을 위한 본질적인 업무를 수행하는 근로자(일용근로자를 포함)를 고용한 경우를 말하므로 인적용역 제공과 직접 관련없이 보조 역할만 수행하는 업무보조원을 고용한 경우는 제외한다. (부가가치세법 집행기준 26-42-1)

- 즉 인적용역 사업자가 근로자를 고용하여 인건비를 경비처리 하려면 인적용역 제공과 직접 관련없이 보조 역할만 수행하는 비서나 운전기사 같은 근로자를 고용하는 경우에만 가능하다. 디자이너가 디자이너를 고용하여 사업을 한다면 인적용역 사업자가 될 수 없다.

16

삼쩜삼, 절세를 위한
소득공제 및 세액공제 (1)

사업소득금액 계산 방법을 이용한 절세

- 인적용역 사업자가 사업소득세를 절세하려면 자신의 종합소득세 신고유형에 맞는 사업소득금액 계산 방법을 선택하여야 한다. 단순경비율대상자인 경우 단순경비율이 가장 유리할 수 있고, 기준경비율대상자라면 간편장부 작성 또는 복식장부 작성을 통해 기준경비율 추계방식보다 사업소득금액을 낮춰야 유리하다.

- 그리고 추가로 고려할 것이 2가지 있는데 종합소득공제와 세액공제·감면의 해당 여부이다. 다음의 사업소득세 계산에서 변수로 작용하는 필요경비 산출 방식의 선택, 종합소득공제 해당 여부, 세액공제·감면의 적용 여부가 절세의 포인트가 된다.

종합소득세		금액	비고
	수입금액	50,000,000 원	
★ (−)	필요경비	30,000,000 원	추계 vs 장부
(=)	소득금액	20,000,000 원	
★ (−)	종합소득공제	4,000,000 원	인적공제+연금보험료공제
(=)	과세표준	16,000,000 원	
(×)	세율	15 %	누진공제 1,260,000 원
(=)	산출세액	1,140,000 원	
★ (−)	세액감면	−	
★ (−)	세액공제	170,000 원	표준세액공제+고향사랑기부금
(+)	가산세		
(=)	총부담세액	970,000 원	
(−)	기납부세액	1,500,000 원	3 % 원천징수
(=)	환급세액	△ 530,000 원	지방소득세 53,000 원도 환급

종합소득공제 중 인적공제

- 종합소득공제는 종합소득(사업소득 포함)이 있으면 누구나 적용되는 기본공제와 추가공제가 있다. 기본공제는 본인·배우자·부양가족의 인당 150만 원을 적용하는데 본인을 제외한 배우자와 부양가족은 연령 및 소득금액을 고려해서 적용 대상 여부를 판정한다.

구분	공제요건
본인공제	당해 소득자 본인
배우자공제	거주자의 배우자로서 연간소득금액이 없거나 연간소득금액의 합계액이 100만 원 이하인 자(총급여액 500만 원 이하의 근로소득만 있는 배우자를 포함)
부양가족공제	거주자(그 배우자를 포함)와 생계를 같이하는 다음에 해당하는 부양가족으로서 연간 소득금액의 합계액이 100만 원 이하인 자. 다만, 장애인에 해당되는 경우에는 연령의 제한을 받지 않음. ① 거주자의 직계존속(재혼한 경우로서 계부·계모를 포함)으로서 60세 이상인 자 ② 거주자의 직계비속(재혼한 경우로서 의붓자녀를 포함)과 동입양자로서 20세 이하인 자 ③ 거주자의 형제자매로서 20세 이하 또는 60세 이상인 자 ④ 수급자 ⑤ 위탁아동

- 한편 기본공제대상자 판정 시 해당 연도의 각종 소득금액이 100만 원 이하인 사람(총급여액이 500만 원 이하의 근로소득만 있는 배우자 포함)만 기본공제 대상이지만, 이 경우 비과세소득이나 분리과세 소득은 소득금액 판정에서 제외한다.

구분		나이요건	생계요건	소득요건
본인공제	본인	없음	없음	없음
배우자공제	배우자	없음	없음	연간 소득금액 100만 원 이하
부양가족 공제	직계비속 (입양자 포함)	만 20세 이하	없음	
	직계존속	만 60세 이상	동거 가족 (주거형편상 별거 허용)	

구분		나이요건	생계요건	소득요건
부양가족 공제	형제자매	만 20세 이하 또 는 만 60세 이상	동거 가족 (취학, 질병, 근무, 사업상 형편에 따 른 일시적 퇴거도 인정)	연간 소득금액 100만 원 이하
	기초수급자	없음		
	장애인 직계비속	없음	없음	

- 이러한 인적공제를 활용하면 상당히 절세될 여지가 있는데 주민등록이 같이 되어 있지 않은 자녀와 부모님도 인적공제 대상이고 심지어 형제, 자매 등 동거 가족 가운데 취약, 요양, 근무상 형편으로 일시퇴거를 한 경우에도 기본공제 대상이다.

- 또한 기본공제대상자에게 추가공제 사유가 있는 경우 각 사유별로 다음과 같이 추가공제 한다.

구분	공제요건	공제액
장애인공제	기본공제대상자 중 장애인이 있는 경우	200만 원
경로우대자공제	기본공제대상자 중 경로우대자(70세 이상)가 있는 경우	100만 원
부녀자공제	당해 거주자(종합소득금액 3,000만 원 이하)가 ① 배우자가 없는 여성으로서 기본공제 대상 부 양가족이 있는 세대주 ② 배우자가 있는 여성인 경우	50만 원
한부모공제	배우자가 없는 사람으로서 기본공제대상자인 직계비속 또는 입양자가 있는 경우	100만 원

- 장애인공제의 경우 통상적으로 장애인증명서를 제출하는 방법으로 추가공제를 받는데, 항시 치료를 요하는 중증환자(소견서 제출)와 국가유공자인 상이자 또는 이에 준하는 자도 장애인공제 대상이다.

- 한편 소득자가 여성인 경우 부녀자공제가 가능한데 종합소득금액이 3,000만 원 이하인 거주자에 한정되고 배우자가 없는 여성으로서 부양가족이 있는 세대주이거나 배우자가 있는 여성인 경우에만 적용된다.

종합소득공제 중 기타공제 적용 대상

- 종합소득공제 중 기타공제는 연금보험료공제, 특별소득공제, 조세특례제한법상 소득공제로 구분할 수 있다. 그러나 특별소득공제는 근로자에 한해서 적용되는 것으로 본인 부담분 건강보험료, 고용보험료, 주택자금공제가 있다.

종합소득공제		사업소득자	근로소득자
인적공제 (기본공제와 추가공제)		○	○
연금보험료 공제		○	○
특별소득공제 (건강·고용보험료와 주택자금공제)		X	○
조세특례제한법상 소득공제	개인연금저축 소득공제*	○	○
	노란우산공제 (소기업·소상공인 공제)	○	○
	투자조합출자공제	○	○

	종합소득공제	사업소득자	근로소득자
조세특례제한법상 소득공제	청년형 장기집합투자증권저축공제	○	○
	장기집합투자증권저축공제	X	○
	우리사주조합출연연금 공제	X	○
	신용카드 등 사용액 공제	X	○
	고용유지 중소기업 근로공제	X	○

- 한편 개인연금저축 소득공제란 현재의 연금저축 세액공제 대상을 말하는 것이 아니라, 2000년 12월 31일까지 가입한 특정 개인연금저축으로 해당 연도의 저축 납입액의 40%를 종합소득금액에서 공제한다. 다만, 공제금액이 72만 원을 초과하는 경우에는 72만 원을 공제한다.

연금보험료공제와 노란우산공제

- 따라서 인적용역 사업자는 기타공제로 연금보험료공제와 조세특례제한법상 소득공제 중 일부가 적용되는데 개인연금저축 소득공제, 노란우산공제, 투자조합출자공제, 청년형 장기집합투자증권저축공제가 가능하다. 연금보험료공제는 국민연금 납입액을 공제하는 것이고 노란우산공제는 공제부금 납입액을 소득금액 기준으로 최대 500만 원까지 공제한다.

구분	소득금액	최대 소득공제 한도
개인사업자 / 법인 대표	4,000만 원 이하	500만 원
개인사업자	4,000만 원 초과 - 1억 원 이하	300만 원
법인 대표	4,000만 원 초과 - 5,675만 원 이하	300만 원
개인사업자	1억 원 초과	200만 원

투자조합출자공제와 청년형 장기집합투자증권저축공제

- 투자조합출자공제는 벤처기업에 직·간접적으로 투자하는 것에 대해 소득공제하는 규정인데 투자 위험부담으로 적극적으로 추천하기는 어렵지만 상당히 파격적인 소득공제 규정이다.

투자대상	투자금액	공제율	공제한도
· 개인투자조합 등 투자 · 벤처기업 직접투자 · 온라인 소액투자중개	3,000만 원 이하 3,000만 원 초과 - 5,000만 원 이하 5,000만 원 초과	100 % 70 % 30 %	종합소득 금액의 50 %
· 벤처투자조합 등 투자 · 벤처투자신탁 투자 · 창업벤처전문사모집합투자	투자금액	10 %	

- 끝으로 청년형 장기집합투자증권저축공제가 있는데 가입일 현재 만 19 ~ 34세 이하 청년(병역기간 차감)이 직전연도 종합소득금액이 3,800만 원 이하인 경우로써 국내 상장주식에 40% 이상 투자하는

장기집합투자증권저축에 가입한 경우 납입금액(연 600만원 한도)의 40%(최대 240만원)를 종합소득금액에서 소득공제 한다.

17

삼쩜삼, 절세를 위한
소득공제 및 세액공제 (2)

- 앞서 인적용역 사업자가 사업소득세를 절세함에 있어 살펴야 할 내용으로 필요경비 산출 방식의 선택, 종합소득공제 해당 여부, 세액공제·감면의 적용 여부를 제시하였다.

- 인적용역 사업자의 절세에 있어 세액공제도 상당히 중요한데 앞서 살펴본 필요경비와 소득공제는 과세표준을 낮추는 효과가 있는 반면, 세액공제는 산출된 세액에서 특정 공제 사유가 있는 경우 산출세액을 차감하는 효과가 있다.

- 주요 세액공제에 관해서 사업소득자와 근로자에 대한 취급은 다음과 같다.

세액공제	사업소득자	근로소득자
근로소득세액공제	X	○
자녀세액공제	○	○
연금계좌 세액공제	○	○

세액공제	사업소득자	근로소득자
특별세액공제 (보험료, 의료비, 교육비, 기부금)▲	X	O
월세세액공제	X	O
표준세액공제	O	O
정치자금 기부 세액공제	O	O
고향사랑 기부 세액공제	O	O
외국납부세액공제	O	O
납세조합세액공제	X	O
주택자금차입금이자세액공제 (1997년말 이전 해당분)	O	O
전자신고세액공제	O	O

▲ 성실신고확인대상 사업자는 의료비·교육비·월세세액공제가 가능하며 연말정산 대상 사업소득자의 경우에는 기부금세액공제를 적용받을 수 있다.

자녀세액공제

- 인적용역 사업자에게 적용될 수 있는 세액공제는 우선 다음의 자녀세액공제가 있다. 다자녀가구일수록 절세에 유리한 구조로 짜여 있다.

구분	공제요건 및 공제액
자녀공제	공제대상자녀로서 8세 이상의 사람이 1명인 경우 연 15만 원, 2명인 경우 연 35만 원, 3명 이상인 경우 연 35만 원+2명을 초과하는 1명당 연 30만 원
출산·입양공제	첫째 30만 원, 둘째 50만 원, 셋째 이상 70만 원

- 인적용역 사업자가 고려해야 할 두 번째 세액공제는 다음의 연금 계좌 세액공제이다. 연금저축과 퇴직연금 불입액 기준으로 최대 900만 원의 12% 내지 15%를 세액공제 한다.

종합소득금액	세액공제 대상 납입 한도 (연금저축 납입 한도)	세액공제율
4,500만 원 이하	900만 원 (600만 원)	15%
4,500만 원 초과		12%

성실신고확인대상 사업자의 특별세액공제

- 한편 근로자일 경우 적용받을 수 있는 보장성보험료 세액공제, 의료비 세액공제, 교육비 세액공제, 기부금세액공제는 원칙적으로 사업자는 적용받을 수 없다. 다만 기부금의 경우 사업자는 필요경비로 사업소득금액(이월결손금 차감 후)의 일정 한도 내에서 공제하므로 오히려 유리할 수 있다.

- 그리고 성실신고확인대상 사업자가 되는 경우에는 의료비 세액공제, 교육비 세액공제, 월세세액공제를 적용받을 수 있다. 의료비 세액공제와 교육비 세액공제는 다음과 같다.

구분	요건과 내용
의료비 세액공제	본인과 기본공제대상자의 의료비(종합소득금액의 3% 초과분) 지출액에 대해 15%(난임시술비 30%, 미숙아·선천성 이상아 의료비 20%) 세액공제. 다만, 기본공제대상자 판정 시 연령과 소득 불문함.
교육비 세액공제	본인 교육비는 전액 한도 내, 기본공제대상자의 경우 대학생 900만 원·고등학생 이하 300만 원 한도 내 15% 세액공제. 다만, 기본공제대상자 판정 시 연령 불문함.

- 월세세액공제는 성실신고확인대상 사업자인 경우로서 종합소득
금액이 7,000만 원 이하인 경우에 한하여 연간 월세액(1,000만 원 한
도)에 다음의 세액공제를 적용한다.

종합소득금액	세액공제 대상	세액공제율
4,500만 원 이하	월세액 (1,000만 원 한도)	17%
7,000만 원 이하		15%

- 만일 사업자가 의료비 세액공제, 교육비 세액공제, 월세세액공제를
받지 않는 경우에는 통상 7만 원의 표준세액공제를 적용한다.

- 인적용역 사업자가 추가적으로 고려해야 할 세액공제로는 정치자
금기부금과 고향사랑기부금의 세액공제가 있다. 정치자금과 고향
사랑기부금은 각각 10만 원까지는 전액 세액공제 되고, 10만 원 초과
분은 사업소득의 필요경비가 가능하다.

- 끝으로 납세자 본인이 직접 종합소득세를 전자신고 하는 경우에는 2만 원의 전자신고세액공제가 있다.

인적용역 사업자의 세액감면

- 한편 인적용역 사업자에게 적용될 수 있는 세액감면은 사실상 없다. 다만, 인적용역 사업자가 근로자·용역자를 고용·사용하거나 물적설비를 가지고 사업장을 운영한다면 업종 분류가 달라질 수 있고, 감면업종으로 전환될 여지가 있다. 이에 대해서는 추후 논의하기로 한다.

18

삼쩜삼,
성실신고확인대상 사업자가 되는 경우

성실신고확인제도

- 고소득 인적용역 사업자의 경우에는 성실신고확인대상 사업자가 되기도 하는데 성실신고확인제도란 해당 과세기간의 수입금액이 다음 규모 이상인 개인사업자가 종합소득세를 신고·납부할 때 세무장부를 확인한 세무사에게 그 사업자의 성실신고 여부에 대한 확인 책임을 지우는 제도이다.

업종	당해 수입금액
• 농업·임업 및 어업, 광업, 도매 및 소매업(상품중개업을 제외한다), 부동산매매업, 그 밖에 아래 열거되지 아니한 사업	15억 원
• 제조업, 숙박 및 음식점업, 전기·가스·증기 및 공기조절 공급업, 수도·하수·폐기물처리·원료재생업, 건설업(비주거용 건물 건설업은 제외), 부동산 개발 및 공급업(주거용 건물 개발 및 공급업에 한정), 운수업 및 창고업, 정보통신업, 금융 및 보험업, 상품중개업	7.5억 원
• 부동산임대업, 부동산업(부동산매매업은 제외), 전문·과학 및 기술서비스업, 사업시설관리·사업지원 및 임대서비스업, 교육서비스업, 보건업 및 사회복지서비스업, 예술·스포츠 및 여가 관련 서비스업, 협회 및 단체, 수리 및 기타 개인서비스업, 가구 내 고용활동	5억 원

- 그런데 만약 국세청에서 성실신고 여부를 확인한 결과 부실기장이나 허위확인 사실이 발각되면 어떻게 될까? 일단 탈세한 납세자에 대해서 본세와 가산세를 추징하는 것은 당연하고 더불어, 성실신고 확인을 부실하게 한 세무사에 대해서 세무사 등록 취소, 직무 정지, 과태료 등의 무거운 처벌을 내린다.

- 성실신고확인제도 도입 이후 성실신고확인 의무 해태에 따른 세무사 징계가 많아져 세무업계를 긴장케 하고 납세자의 성실신고 문화를 정착시키는 데 크게 기여했다.

- 성실신고확인대상 사업자의 종합소득세 신고·납부기한은 성실신고확인에 걸리는 시간을 고려해 매년 6월 30일까지이다. 그리고 종합소득세를 신고할 때는 반드시 사업장별로 세무사가 작성한 성실신고확인서, 성실신고확인 결과 주요항목 명세서, 특이사항 기술서, 사업자 확인사항이 포함되어야 한다.

- 이때 세무사는 종합소득세 신고대행은 물론, 성실신고확인까지 하므로 성실신고확인 수수료를 납세자에게 청구하게 된다. 납세자 입장에서는 세금도 많이 내고 세무사에게 세무신고 수수료도 지급하는데 성실신고확인 수수료까지 부담하게 된다는 불만이 있을 수 있다.

성실신고확인제도의 사업자 혜택

- 그러나 성실신고확인대상 사업자가 누리는 혜택도 적지 않다. 일반사업자에게는 허용하지 않는 의료비 세액공제, 교육비 세액공제, 월세세액공제를 허용해 주고, 성실신고확인 비용의 60%(세액공제 120만원 한도)를 종합소득세에서 세액공제 해준다. 결과적으로 성실하게 신고하면 오히려 일반사업자보다 더 많은 세금혜택을 받을 수도 있고, 사실상 성실신고확인 비용은 국가가 세액공제로 지원해 주는 셈이다.

성실신고의 중요성

- 매년 종합소득세를 신고한 후 하반기에는 일정 규모 이상의 사업자를 대상으로 어김없이 세무서에서 성실신고 여부를 확인한다. 금융정보분석원FIU을 통해 비정상 금융자료가 분석되고, 인별 신용카드와 현금영수증 사용 내역을 국세청에서 검증하며, 개인의 소득과 소비의 크기에 따라 성실신고 여부를 확인하는 전산시스템이 구축되어 있는 대한민국에서 우리는 살고 있다.

- 스스로의 자격 유지도 버거운 비정상 세무대리를 통해 매출누락, 가공경비, 가사경비 등을 넣어 소득세 절감을 추구하면서 고액의 세무대리 보수까지 부담하는 어리석음을 버리고 합법적인 절세 방안을 논의해야 한다.

• 한편 성실하게 세금을 신고·납부하다 보면 쌓이는 세금 포인트라는 제도가 있다. 세금 포인트란 세금 10만원당 1점씩 포인트가 적립되는 제도로 이 세금 포인트는 다음과 같이 사용할 수 있다. (손택스 로그인 → my 홈택스 → 세금 포인트)

구분		내용
세금 포인트 혜택	문화여가	인천국제공항 비지니스센터 사용
		온라인(중소기업유통센터)이나 오프라인 쇼핑몰(행복한 백화점, 판판면세점)에서 5 % 할인 구매
		국립중앙박물관 관람료 10 % 할인
		국립세종수목원, 국립생태원 등 관람료 1,000 원 할인
	세정지원	납부기한 연장신청 시 납세담보 면제
		소액체납자 재산 매각 유예
		납세자 세법교실 우선 수강
	수출지원	한국무역보험공사 국외기업 신용조사 서비스 연간 1회 제공

삼쩜삼,

프리랜서의 절세와 세무신고

삼쩜삼,
세금신고
하기

PART 2

19

종합소득세 신고 안내문을 받고 난 후 해야 할 일

- 매년 5월이 되면 종합소득세 신고·납부(환급)을 독려하기 위해 국세청은 납세자에게 종합소득세 신고 안내 정보를 제공한다. 인적용역 사업자에게 제공되는 종합소득 신고 안내의 유형은 다음과 같다.

유형	신고 안내 구분	실제 경비 적용	경비율 적용
S유형	성실신고확인대상자	복식부기의무자	기준경비율 적용 가능
A유형	외부조정대상자		
B유형	자기조정대상자		
C유형	복식부기의무자		
D유형	기준경비율대상자	간편장부대상자	기준경비율 적용 가능
E유형	단순경비율(복수소득 포함)	간편장부대상자	단순경비율 적용 가능
F유형	단순경비율(단일소득 납부)		
G유형	단순경비율(단일소득 환급)		

- 공지하는 방식은 카카오톡을 이용한 모바일로 하거나, 매년 5월 중 순까지 서면 안내문을 우편으로 발송하는데, 받지 못한 경우 홈택 스(https://www.hometax.go.kr/)에 로그인하여 세금신고 메뉴/종합소 득세 신고/신고도움 서비스에서 확인할 수 있다.

- 종합소득세 신고 안내 정보의 첫 장은 다음과 같은 양식으로 작성되 어 있다. 첫 번째 '신고 안내유형 및 기장의무 안내로 기장의무와 추 계 시 적용경비율을 판단'하고 두 번째 '사업장별 수입금액란에서의 수입금액에 경비율을 적용한 금액이 실제 사업상 경비로 계산한 사 업소득금액보다 크면 간편장부로 신고해야 할지, 세무사에게 복식 장부를 의뢰할지 검토'하면 된다.

- 세 번째 '타소득(합산대상) 자료 유무'와 네 번째 '공제 참고자료'도 중 요한데 종합소득세 신고 방식을 모두 꿰뚫고 있지 아니하다면 복수 소득자인 인적용역 사업자는 세무사에게 종합소득세 신고를 의뢰 하는 것이 좋다.

종합소득세 신고 안내 정보

※ 신고안내유형 및 기장의무 안내

성명		생년월일	
안내유형	종합소득세 확정신고 안내(D 유형)	ARS 개별인증번호	
기장의무	간편장부대상자	추계시 적용경비율	기준경비율

※ 사업장별 수입금액

사업자 등록번호	상호	수입종류 구분코드	업종 코드	사업 형태	기장 의무	수입금액	기준경비율 일반	기준경비율 자가	단순경비율 일반(기본)	단순경비율 자가(초과)
		사업장현황신고서		단독	간편장부	61,480,000				

※ 타소득(합산대상) 자료유무

소득종류	이자	배당	근로 단일	근로 복수	연금	기타
해당여부	×	×	O		×	×

※ 종교인기타 소득유무 :　×

※ 공제 참고자료

구분		납입액(부담액)	공제 가능액
중간예납세액(기납부세액)			중간예납세액 전액
소득 공제 항목	국민연금보험료		납부액전액
	개인연금저축		납입액의 40%와 72만원 중 적은 금액
	소기업소상공인 공제 부금 (노란우산공제)		납입액과 200만원(사업소득 1억원초과), 300만원(사업소득 1억원이하), 500만원(사업소득 4천만원이하) 중 적은 금액
세액 공제 항목	퇴직연금세액공제		[퇴직연금+연금저축(연 400만원 한도)]
	연금계좌세액공제		납입액(연 700만원 한도)의 12%

• 종합소득세 신고 안내 정보의 두 번째 장은 '가산세 항목이 기재된바 무신고 또는 무기장가산세에서 추계신고 시가 기재되어 있으면 추계신고 하지 않고 간편장부 또는 복식장부로 장부신고 하는 것을 적극 검토'하여야 한다.

※ 가산세 항목

가산세 항목	가산세 적용사유 또는 가산세 대상			
무신고 또는 무기장가산세	추계신고시			
(세금)계산서관련 보고불성실	미(지연)제출금액		0 원	
현금영수증미가맹				
현금영수증미발급	미발급 금액		0 원	
현금영수증발급거부	10만원 미만	0 건	10만원이상	0 원
신용카드발급거부	10만원 미만	0 건	10만원이상	0 원
사업장현황신고불성실	무과소신고금액		0 원	
사업용계좌미신고				

※ 최근 3년간 종합소득세 신고상황 (단위 : 천원)

구분	2017귀속	2018귀속	2019귀속
종합소득금액			
소득공제			
과세표준			
세율			
산출세액			
공제·감면세액			
결정세액			
실효세율			

※ 최근 3년간 신고소득률 (단위 : 천원)

상호		사업자등록번호	
귀 속 연 도	2017년	2018년	2019년
수입금액			
필요경비			
소득금액			
소득률(당해업체)			

- 또한 살펴봐야 할 것은 복식부기의무자로 전환되면 사업용 계좌를 신고하고 사용하여야 할 의무가 있는데 복식부기의무자가 된 해의 6월 말일까지 홈택스 등을 통해 사업용 계좌를 신고하여야 하고 무신고 할 경우에는 가산세 대상이라는 점이다.

- 끝으로 '최근 3년간 종합소득세 신고상황'과 '최근 3년간 신고소득률'을 통해 사업자 본인이 동종 사업자에 비해 소득금액이 과소하지는 않은지 검토하여야 한다.

20

삼쩜삼은 연수입금액에 따라 세금계산법이 다르다!

- 인적용역 사업자가 아닌 일반사업자들은 사업상 필요에 의하여 연도별 수입금액과 관계없이 세무사를 통해 장부를 하고, 장부에 의해 세무신고를 하는 것이 통상적이다.

- 일반적인 사업은 사업자등록과 사업장이 있고 근로자 또는 용역자를 사용하는 경우가 많아 본인의 사업소득세 외에도 부가가치세, 근로소득세 원천징수, 사업소득세 원천징수, 원천징수 내역(=지급명세서)의 제출 등 여러 가지 세무신고 의무가 있다.

- 또한 때에 따라서는 사업상 손실이 발생하기도 하고, 이러한 손실을 장부로 입증하여 이익이 발생하는 해에 이익과 상계하는 방식으로 사업소득세를 줄이기도 한다.

- 그러나 인적용역 사업자는 사업자등록이 없고 물적 사업장이 없으며, 근로자 또는 용역자를 사용하지 않는 경우가 대부분이라서 세무대리의 필요성을 느끼지 못한다. 게다가 연수입금액에 대비하여 사

실상 사업상 경비로 지출한 금액이 더 클 경우도 거의 발생하지 않는다. 인적용역을 제공하기 때문이다.

- 오히려 삼쩜삼은 본인의 연수입금액에 따라 세무신고의 유형이 바뀐다는 것을 인지하는 것이 매우 중요한데, 이는 추계방식의 세무신고와 장부방식의 세무신고를 적절하게 선택해야 하기 때문이다.

단순경비율대상자 vs 기준경비율대상자

- 우선 인적용역 사업자는 수리 및 개인서비스업에 해당하는바, 신규 사업자로서 당해연도 수입금액이 7,500만 원 미만인 경우와 계속사업자로서 직전연도 수입금액이 3,600만 원 미만이면서 당해연도 수입금액이 7,500만 원 미만이면 단순경비율대상자가 된다.

업종	수입금액
농업·임업 및 어업, 광업, 도매 및 소매업(상품중개업을 제외한다), 부동산매매업, 그 밖에 아래 열거되지 아니한 사업	6,000만 원
제조업, 숙박 및 음식점업, 전기·가스·증기 및 공기조절 공급업, 수도·하수·폐기물처리·원료재생업, 건설업(비주거용 건물 건설업은 제외), 부동산 개발 및 공급업(주거용 건물 개발 및 공급업에 한정), 운수업 및 창고업, 정보통신업, 금융 및 보험업, 상품중개업	3,600만 원
부동산임대업, 부동산업(부동산매매업은 제외), 전문·과학 및 기술서비스업, 사업시설관리·사업지원 및 임대서비스업, 교육서비스업, 보건업 및 사회복지서비스업, 예술·스포츠 및 여가 관련 서비스업, 협회 및 단체, 수리 및 기타 개인서비스업, 가구 내 고용활동	2,400만 원 (인적용역은 3,600만 원)

- 위 구분이 중요한 것은 단순경비율대상자는 추계신고가 유리하고, 기준경비율대상자는 장부신고가 유리하기 때문이다.

간편장부대상자 vs 복식부기의무자

- 두 번째 인적용역 사업자는 수리 및 개인서비스업에 해당하는바, 해당 연도 신규사업자와 직전연도 수입금액이 7,500만 원에 미달하는 경우 간편장부대상자가 된다.

업종	수입금액
농업·임업 및 어업, 광업, 도매 및 소매업(상품중개업을 제외한다), 부동산매매업, 그 밖에 아래 열거되지 아니한 사업	3억 원
제조업, 숙박 및 음식점업, 전기·가스·증기 및 공기조절 공급업, 수도·하수·폐기물처리·원료재생업, 건설업(비주거용 건물 건설업은 제외), 부동산 개발 및 공급업(주거용 건물 개발 및 공급업에 한정), 운수업 및 창고업, 정보통신업, 금융 및 보험업, 상품중개업	1.5억 원
부동산임대업, 부동산업(부동산매매업은 제외), 전문·과학 및 기술서비스업, 사업시설관리·사업지원 및 임대서비스업, 교육서비스업, 보건업 및 사회복지서비스업, 예술·스포츠 및 여가 관련 서비스업, 협회 및 단체, 수리 및 기타 개인서비스업, 가구 내 고용활동	7,500만 원

- 위 구분이 중요한 것은 간편장부대상자가 복식장부로 신고하면 기장세액공제 20%(100만 원 한도)가 있기 때문이고, 복식부기의무자로 전환될 경우 사업용 계좌 신고 등 세무신고 의무가 확장되기 때문이다.

- 끝으로 인적용역 사업자는 수리 및 개인서비스업에 해당하는바, 해당 연도 수입금액이 5억 원 이상이면 성실신고확인대상자가 된다.

업종	당해 수입금액
농업·임업 및 어업, 광업, 도매 및 소매업(상품중개업을 제외한다), 부동산매매업, 그 밖에 아래 열거되지 아니한 사업	15억 원
제조업, 숙박 및 음식점업, 전기·가스·증기 및 공기조절 공급업, 수도·하수·폐기물처리·원료재생업, 건설업(비주거용 건물 건설업은 제외), 부동산 개발 및 공급업(주거용 건물 개발 및 공급업에 한정), 운수업 및 창고업, 정보통신업, 금융 및 보험업, 상품중개업	7.5억 원
부동산임대업, 부동산업(부동산매매업은 제외), 전문·과학 및 기술서비스업, 사업시설관리·사업지원 및 임대서비스업, 교육서비스업, 보건업 및 사회복지서비스업, 예술·스포츠 및 여가 관련 서비스업, 협회 및 단체, 수리 및 기타 개인서비스업, 가구 내 고용활동	5억 원

- 위 구분이 중요한 것은 성실신고확인대상자가 되면 장부신고의 적정성, 즉 가공경비 등이 반영되었는지 여부가 세금뿐만 아니라 세무대리인의 자격 박탈에까지 관여한다는 점 때문이다. 또한 이런 수준까지 수입금액이 올라오게 되는 경우 법인 전환 등을 고려할 만한 시점이 되었다는 것을 의미하기도 한다.

21

삼쩜삼 종합소득세 신고 방법
: 단순경비율 방식으로 신고하기 (홈택스)

본 QR 코드를 조회하시면 최신 업데이트된
홈택스 신고 설명 블로그로 진입합니다.

기본적인 신고 흐름

- 본인의 신고유형이 단순경비율 방식으로 납부(환급)할 세액(F유형)
  인 경우 홈택스를 통해 단순경비율로 신고하는 내용이다. 신고서 작
  성은 아래 사례와 같이 수입금액을 입력하여 소득금액을 확정하고
  종합소득공제(=인적공제와 물적공제)를 입력해서 과세표준을 확정한
  뒤, 세액공제와 기납부세액(=삼쩜삼)을 차감하여 최종 납부 또는 환
  급세액을 확정하는 방식이다.

종합소득세		금액	비고
	수입금액	60,000,000 원	학원강사
(-)	단순경비	33,960,000 원	단순경비율 61.7%, 46.4%
(=)	소득금액	26,040,000 원	
(-)	종합소득공제	1,500,000 원	본인 기본공제
(=)	과세표준	24,540,000 원	
(×)	세율	15 %	누진공제 1,260,000

종합소득세		금액	비고
(=)	산출세액	2,421,000원	
(-)	세액감면	-	
(-)	세액공제	70,000원	표준세액공제
(+)	가산세		
(=)	총부담세액	2,351,000원	
(-)	기납부세액	1,800,000원	3% 원천징수
(=)	납부세액	551,000원	지방소득세 55,100원도 납부

홈택스 로그인

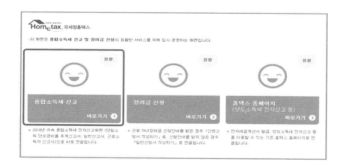

- 본인의 신고유형이 단순경비율 방식으로 납부할 세액이 발생한 경우(F유형) 5월 한 달간의 종합소득세 신고기간에 홈택스에 로그인하면 바로가기 화면이 보이므로 그 화면에서 바로 신고하기 를 클릭하여 신고 모드로 진입하면 된다.

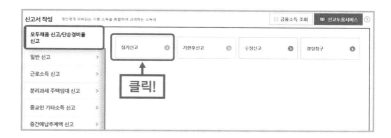

- 홈택스 로그인 → 세금신고 → 종합소득세 → 모두채움 신고/단순경비
율 신고 → 정기신고 를 클릭하면 신고 모드로 진입된다.

기본정보 입력

- 먼저 다음의 순서로 기본정보를 입력한다.

① 주민등록번호 항목에 조회 버튼을 클릭하면 납세자 기본정보가 조회

② 연락처에 휴대전화, 주소지전화, 사업장전화 중 하나를 선택하여 입력

③ 기본사항에 거주 구분, 내·외국인 수정할 사항이 있으면 수정

④ 저장 후 다음이동 클릭

소득종류 선택

- 이후 다음 순번으로 클릭하게 되면 소득의 종류를 선택할 수 있는데 대부분 삼쩜삼 단일소득에 해당할 것이고, 복수의 소득이 있는 경우에 소득 유형별로 선택하여 입력한다.

① 신고할 소득종류인 사업소득 을 선택

② 소득종류 선택완료

③ '신고유형'은 '단순경비율', '기장의무'는 '간편장부대상자'가 보임

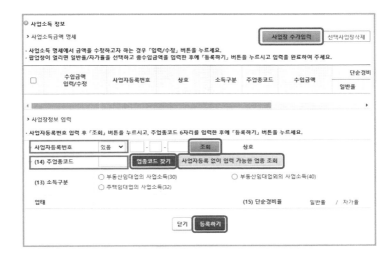

- 이제 사업소득 정보 입력에 진입하여 사업소득금액 명세 우측에 **사업장 추가입력** 버튼을 클릭하면 아래로 사업장 정보 입력화면이 보이고 다음 순서대로 입력한다.

① 사업자등록번호가 없으면 **없음** 을 선택, 사업자번호가 있으면 사업자 번호를 입력

② (14) 주업종코드란에 신고 안내문에 기재되어 있는 코드를 입력

③ **등록하기** 버튼을 클릭

- 위와 같이 입력하면 자동으로 수입금액이 뜨는데, 자동으로 보이는 금액을 수정하고 싶으면 **수입금액 정정/삭제** 버튼을 클릭하여 수정한다.

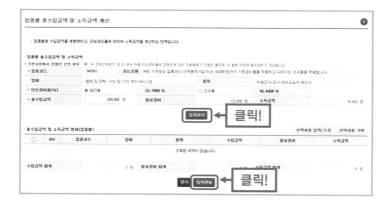

- 이렇게 사업소득 정보를 입력하게 되면 업종별 수입금액 및 소득금액 계산이 자동으로 이뤄지고 다음 순서대로 입력하여 완료한다.

① 사업장 정보에서 입력한 업종코드가 자동 표시된다.
② 총수입금액란에 1년간 벌어들인 수입금액을 직접 확인하여 입력. 필요경비와 소득금액이 자동 계산되어 입력된다.

삼쩜삼, 프리랜서의 절세와 세무신고

③ **등록하기** 버튼을 누른다.

④ 총수입금액 및 소득금액명세(업종별)에 상단에서 입력한 내용이 수록된다.

⑤ **입력완료** 버튼을 누른다.

인적공제 명세 입력

- 단순경비율에 의한 소득금액이 확정되면 이후 종합소득공제를 받기 위한 내용으로 진입하는데 인적공제 명세 목록에는 소득자 본인에 해당하는 인적공제만 적용되어 나타난다.

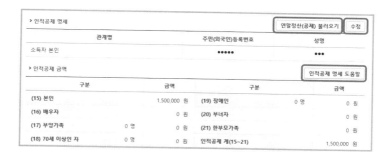

- 추가로 공제받을 부양가족이 있는 경우 우측의 **수정** 버튼을 클릭하면 인적공제 내역을 입력할 수 있는 팝업창이 보이고 다음과 같이 입력한다.

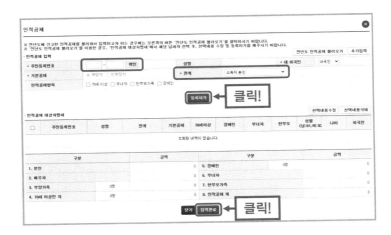

① 부양가족 공제 적용할 가족의 주민등록번호를 입력하고 확인 을 클릭

② 소득자 본인과 공제 적용할 가족의 관계 를 선택

③ 부양가족 기본공제 요건을 확인하는 문답형 팝업창이 뜨고 예/아니오 를 선택한 후 적용하기 버튼을 클릭

④ 인적공제 항목에 추가로 선택할 추가 공제내역이 있는 경우 직접 선택 (선택 가능한 항목만 활성화된다)

⑤ 등록하기 버튼을 클릭

⑥ 인적공제대상자 명세에 입력한 부양가족 내역이 수록됨

⑦ 추가로 입력하고자 하는 가족이 있는 경우 상단의 추가 입력 버튼을 클릭하여 같은 방법으로 입력

⑧ 입력완료 버튼을 클릭

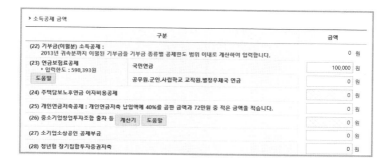

- 다음은 종합소득공제 중 기부금공제, 연금보험료공제, 주택담보노
후연금 이자비용공제(연금소득자에 한한다), 투자조합출자공제, 소기
업·소상공인공제(노란우산공제), 청년형 장기집합투자증권공제 등 사
업소득만 있는 거주자가 공제받을 수 있는 항목들이 활성화되어 있
는데 다음 순서대로 입력한다.

① 연금보험료 공제 등에 대한 상기 설명을 토대로 소득공제액을 직접 계
산하여 입력

② 중소기업창업투자조합 출자 등에 대한 소득공제는 계산하기 버튼을 클
릭하여 금액을 입력

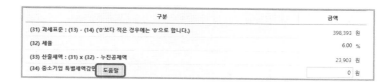

- 종합소득공제 입력이 완료되면 과세표준 및 산출세액이 자동 계산
  되어 나타난다. 인적용역 사업자는 중소기업특별세액감면 적용 대
  상이 아니므로 해당 입력란에 입력하지 않는다.

세액공제 명세 입력

> 세액공제 명세

구분			세액공제금액
(36) 세액공제 : (37)~(45) 합계			795,332 원
(37) 자녀세액공제	자녀세액기본공제 [도움말]		0 명 0 원
	출산·입양 자녀세액공제 [도움말]	☐ 첫째 ☐ 둘째 ☐ 셋째이상 0 명	0 명 0 원
(38) 연금계좌세액공제 [연말정산간소화불러오기]	과학기술인공제 대상금액	0 원	0 원
	퇴직연금공제 대상금액	0 원	0 원
	연금저축공제 대상금액	3,000,000 원	450,000 원
	ISA만기시 연금계좌납입액	0 원	0 원
(39) 기부금세액공제 [기부금 명세서] [도움말]	특례기부금공제	0 원	0 원
	일반기부금공제	0 원	0 원
	우리사주조합기부금공제	0 원	0 원
(40) 표준세액공제 [도움말]			70,000 원
(41) 납세조합공제 [도움말]			0 원

- 산출세액에서 사업소득만 있는 거주자가 공제받을 수 있는 세액공
  제 항목 입력을 하면 거의 다 끝나는데 공제 가능한 경우가 활성화
  된다.

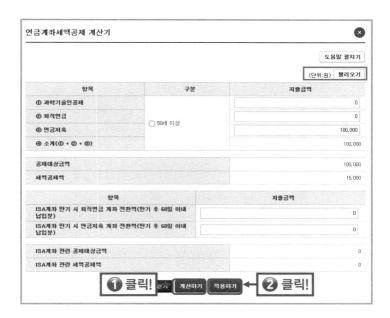

① 자녀세액공제는 인적공제대상자 명세에 입력된 내역을 기초로 자동 입력

② 연금계좌세액공제는 연말정산 간소화 불러오기 버튼을 클릭하여 간소화
   자료를 불러올 수 있다.

③ 표준세액공제 및 전자신고세액공제는 자동 계산 입력

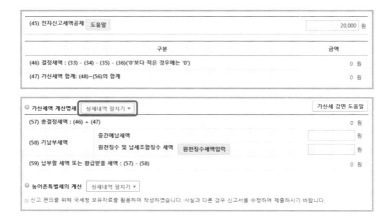

- 입력이 마무리되면 결정세액이 나오고 단순경비율대상자에게 적용
  되는 가산세는 사실상 없다. 기납부세액은 인적용역 사업자의 경우
  삼쩜삼, 즉 수입금액의 3%를 입력하고 만일 중간예납세액이 있는
  경우에는 (종합소득세 신고 안내문에 기재) 중간예납세액도 기재하면
  납부세액 또는 환급세액이 나온다.

① 결정세액이 자동 계산되어 입력되어 있다.

② **가산세액 계산명세** 상세내역 펼치기를 클릭하면 가산세를 입력할 수 있
  는 화면이 나타난다. 해당 사항이 있는 경우 입력한다.

③ 기납부세액은 중간예납세액 및 원천징수세액이 있는 경우 불러오거나 입력

④ 납부(환급)할 세액이 자동 계산되어 나타남

⑤ 신고서 작성 내용이 맞으면 **이에 동의합니다** 에 체크

⑥ **제출화면 이동** 버튼을 클릭

- 모두 작성된 신고서를 제출하는 절차로 환급세액이 있는 경우 환급받을 계좌를 입력하고 신고서 제출하기로 마무리한다.

① 종합소득세 등 신고기한 내 납부(환급)할 세액이 보임

② 상세내역 펼치기 를 클릭하면 앞서 작성한 세부 내역이 요약되어 보여짐.

③ 환급세액이 발생한 경우 환급계좌 정보에 금융회사 및 계좌번호를 입력.

④ 종합소득세 신고와 별도로 지방소득세를 신고하여야 하며, 개인정보 제공동의에 예 를 표기하면 개인지방소득세를 편리하게 신고할 수 있다.

⑤ 신고서 제출하기 버튼을 클릭

- 종합소득세 신고서 접수증이 화면에 보이면, 접수 결과 상태가 정상으로 나타나며, 인쇄가 필요하면 **인쇄하기** 버튼을 클릭한다.

- 하단에 **접수 상세내용 확인하기** 를 체크하거나 접수증 화면을 아래로 스크롤 하면 접수증 상세내용을 확인할 수 있다.

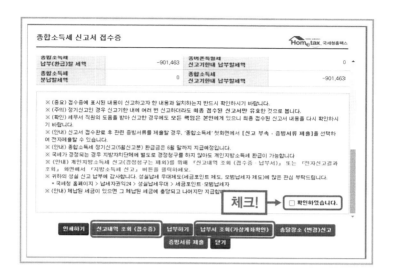

- 내용을 확인한 후에 아래 **확인하였습니다** 에 체크하고 **납부서 조회(가상계좌 확인)** 버튼을 클릭하면 납부서 인쇄 및 전자납부 바로가기도 가능하다.

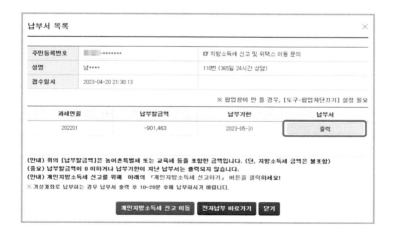

- 납부서를 조회하고 확인하고 싶으면 납부서 항목에서 출력 버튼을 클릭하고 납부세액이 있는 경우 신고·납부기한까지 인터넷뱅킹의 국세자진납부 코너 등을 통하여 납부하거나, 홈택스 전자납부를 이용하면 편리하게 납부 가능하다.

- 끝으로 신고내역 조회(접수증납부서) 로 이동하면 작성한 신고서, 납부서, 제출된 신고 서류 등을 확인할 수 있으며, 신고 이동 버튼을 클릭하면 개인지방소득세를 신고할 수 있다.

- 개인지방소득세는 지방자치단체에 별도로 신고하여야 하며 위택스, 스마트위택스(모바일)에서 원클릭으로 간편하게 신고할 수 있다.

22

삼쩜삼 종합소득세 신고 방법
: 기준경비율 방식으로 신고하기 (홈택스)

본 QR 코드를 조회하시면 최신 업데이트된
홈택스 신고 설명 블로그로 진입합니다.

기본적인 신고 흐름

- 기준경비율 방식으로 납부(환급)할 세액이 발생한 경우(D유형)에 홈택스를 통해 기준경비율로 신고하는 내용이다. 신고서 작성은 아래 사례와 같이 수입금액을 입력하여 소득금액을 확정하고 종합소득공제(=인적공제와 물적공제)를 입력하여 과세표준을 확정한 뒤, 세액공제와 기납부세액(=삼쩜삼)을 차감하여 최종 납부 또는 환급세액을 확정하는 방식이다.

종합소득세		금액	비고
	수입금액	60,000,000 원	학원강사
(-)	필요경비	9,960,000 원	기준경비율 16.6 %
(=)	소득금액	50,040,000 원	
(-)	종합소득공제	1,500,000 원	본인 기본공제
(=)	과세표준	48,540,000 원	

종합소득세		금액	비고
(×)	세율	15 %	누진공제 1,260,000
(=)	산출세액	6,021,000 원	
(-)	세액감면	-	
(-)	세액공제	70,000 원	표준세액공제
(+)	가산세	?	무기장가산세 대상 여부 확인
(=)	총부담세액	5,951,000 원	
(-)	기납부세액	1,800,000 원	3 % 원천징수
(=)	납부세액	4,151,000 원	지방소득세 415,100 원 납부

- 다만 위와 같이 기준경비율로 입력한 경우 사업상 추계경비로 인정 받은 금액 9,960,000원을 사업상 실제경비로 입증하여 절세하는 것 이 바람직하다. 즉 다음의 기준경비율 방식으로 신고하기 내용은 입 력 방법을 기재하는 것일 뿐 이를 이용하는 것은 추천하지 않는다.

- 기준경비율 대상 사업자는 사업상 실제경비를 입증하여 간편장부 로 신고하거나, 세무대리인을 통해 복식장부로 신고하는 방법을 추 천한다.

간편장부 신고 시	복식장부 신고 시
• 납세자 스스로 작성 가능 • 세무신고 수수료 절감 가능	• 세무사에게 의뢰해야 가능 • 산출세액 20 % 세액공제 (100만 원 한도)

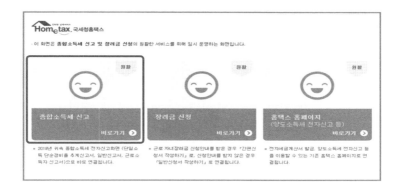

- 5월 한 달간의 종합소득세 신고기간에 홈택스에 로그인하면 바로가 기 화면이 보이므로 그 화면에서 바로 신고하기를 클릭하면 신고 모 드로 진입된다.

바로가기 화면이 보이지 않을 경우

- 홈택스 로그인 → 세금신고 → 일반 신고 → 정기신고 를 클릭하면 신

고 모드로 진입된다.

기본사항 작성

- 먼저 다음의 순서로 기본 사항을 작성한다.

삼쩜삼, 프리랜서의 절세와 세무신고

① 주민등록번호 항목에 조회 버튼을 클릭하면 납세자 기본정보가 조회되고, 나의소득찾기 팝업창이 뜬다.

② 나의 소득종류 찾기 안내창이 뜨면 부동산임대업 외의 사업소득 을 선택하고, 적용하기 버튼을 클릭한다.

③ 휴대전화, 주소지전화, 사업장전화 중 하나 이상을 입력한다.

④ 기장의무란에는 간편장부대상자 를 선택한다.

⑤ 소득의 종류를 선택하는 난에 신고하고자 하는 소득종류가 모두 선택되었는지 확인하고 누락된 경우 추가로 선택한다.

사업소득의 기본사항 입력

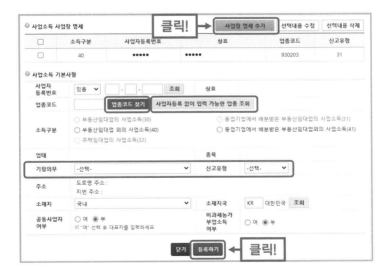

• 이후 다음의 순서로 사업소득의 기본사항을 입력한다.

① 사업소득 사업장 명세를 입력하기 위해 사업장 명세 추가 버튼을 클릭한다. 아래로 사업소득 기본사항을 입력할 화면이 나타난다.

② 사업자등록번호가 있으면 사업자번호를 기재하고 없으면 없음 을 선택한다.

③ 업종코드에 신고 안내문에 기재된 코드를 입력한다.

④ 기장의무에 간편장부대상자 , 신고유형에 기준경비율 을 선택한다.

⑤ 등록하기 버튼을 누르면 입력 내용이 사업소득 사업장 명세에 추가된다. 사업소득 사업장 명세에는 다수의 사업장을 입력할 수 있으며, 목록에서 수정하거나 삭제할 내용이 있는 경우 해당 사업장을 체크하고, 사업장 명세 우측의 선택내용 수정 또는 선택내용 삭제 버튼을 클릭하여 수정 또는 삭제한다.

⑥ 입력한 내용을 확인하고 저장 후 다음이동 버튼을 누른다.

사업소득금액명세서 작성

- 다음은 기준경비율에 의한 사업소득금액명세서 작성의 사례인데, 일반사업자의 경우 주요경비의 입력과 단순경비율에 의한 소득금액에 일정 배율을 곱하는 배율법(=비교소득금액)을 이용하여 사업소득금액을 줄일 수 있으나, 인적용역 사업자의 경우에는 사실상 주요경비도 없고, 배율법에 의한 소득금액 계산 방식이 기준경비율에 의한 소득금액 계산 방식보다 불리해서 주요경비 입력과 배율법에 대해 알 필요는 없다.

- 인적용역 사업자의 경우에는 결국 수입금액에 기준경비율을 곱한 금액이 추계경비가 되고 수입금액에서 기준경비를 차감한 금액이 사업소득금액이 된다.

  ① 소득금액명세서 입력화면으로 넘어오면 업종코드가 자동 입력되어 있다.
  ② 9번 총수입금액란에 1년간 벌어들인 수입금액을 직접 확인하여 입력하고 경비율 적용기준 항목에 일반율을 선택한다.
  ③ 기준경비율에 의해 계산된 경비와 단순경비율에 의해 계산한 소득금액,

비교소득금액이 자동 계산되어 입력된다.

④ 입력된 금액을 확인 후 아래 표에 등록하기 버튼을 클릭하면, 사업장 정보 및 업종별 총수입금액 항목에 입력한 내용이 추가된다.

주요경비 입력을 위한 추계소득금액계산서 화면

- 화면을 아래로 이동하면 합계(소득구분별/사업장별) 화면에서 기준경비율에 의한 추계소득금액이 자동 계산되어 보여진다.

○ 합계(소득구분별·사업장별)

· 당기에 지출한 주요경비가 있는 경우에만 입력하며, 입력한 경우에는 반드시 아래의 「등록하기」를 클릭하여야 합니다.

(단위:원)

사업자등록번호	•••••	상호	•••••	소득구분	40

9. 총수입금액	52,416,239
10.기초재고자산에 포함된 주요경비	0
11.당기에 지출한 주요경비(34.합계 금액과 일치)	1,250,000
12.기말재고자산에 포함된 주요경비	0
13.계(10+11-12)	1,250,000
15.기준경비율에 의하여 계산한 경비	10,116,334
16.필요경비 계(13+15)	11,366,334
17.기준소득금액(9-16)	41,049,905
19.단순경비율에 의하여 계산한 소득금액	9,225,258
20.비교소득금액	25,830,722
21.소득금액(17 또는 20 중 적은 금액)	25,830,722

※ 정규증빙제출내역(세금계산서, 계산서, 일용근로·근로·퇴직소득지급명세서) 자료를 조회 하시려면 선택하여 클릭하세요.
다만, 안내자료상 성실신고확인대상자와 사업소득 수입금액이 6억원이상인 경우 (세금)계산서 등 조회서비스를 사용할수 없음

○ 주요경비 계산명세(소득구분별·사업장별)   작성요령   전자(세금)계산서   전자 외(세금)계산서   지급명세서

구분		계(A) (=B+C+D)		정규증빙서류 수취금액(B)		주요경비지출명세서 작성금액(C) 작성하기		주요경비지출명세서 작성제외금액(D)
매입비용	22	1,100,000	23	1,000,000	24	100,000	25	0
임차료	26	100,000	27	100,000	28	0	29	0
인건비	30	50,000	31	0	32		33	50,000
합계	34	1,250,000	35	1,100,000	36	100,000	37	50,000

등록하기

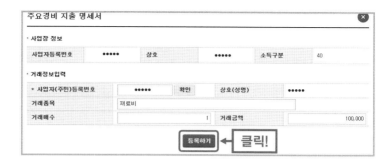

- 만일 주요경비가 있는 경우에는 아래와 같은 방식으로 확인하여 작성하는데 사업자등록이 없는 대부분의 인적용역 사업자는 사실상 확인할 비용도 없고 매우 복잡하며 이렇게 작성된 신고서에 의해서 내는 세금이 장부 작성에 의해 신고하는 세금보다 많다.

① 공인인증서로 로그인한 경우, 정규증빙제출내역(세금계산서, 계산서, 지급명세서)을 불러올 수 있다. 자세한 입력 방법은 작성요령 버튼을 클릭하여 확인 가능하다. 전자세금계산서, 전자외세금계산서, 지급명세서 순으로 버튼을 클릭하여 사업 관련 금액을 입력한다. 주요 경비 계산명세 항목에 정규증빙서류 수취금액(B)을 직접 입력할 수 있다.

② 수입금액에서 공제할 매입비용 또는 임차료 중에서 세금계산서, 계산서, 신용카드매출전표, 현금영수증을 수령하지 않은 금액은 주요경비 지출명세서 작성금액(C) 에 입력한다. 주요경비 지출명세서 작성금액이 있을 경우 반드시 작성하기 버튼을 클릭하여 주요경비 지출명세서를 입력한다.

③ 입력 후 등록하기 버튼을 클릭하면 주요경비 계산명세의 합계 금액

(34번)이 상단의 11번 항목 당기에 지출한 주요경비 에 자동으로 반영
된다.

④ 주요경비까지 반영된 기준경비율에 의한 기준소득금액(17번)과 단순경
비율에 의한 비교소득금액(20번) 중 적은 금액이 소득금액(21번)으로
입력된다.

사업소득명세서 및 원천징수세액 입력

- 다음은 인적용역 사업자의 삼쩜삼 현황의 입력 내용이다. 제출된 사
업소득 지급명세서(원천징수) 등이 있는 경우 사업소득 원천징수세액
불러오기 버튼을 클릭하여 해당 내역을 불러온다. 사업소득 원천징수
세액 불러오기 버튼을 클릭하여 팝업창이 뜨면 불러올 지급명세서를
선택하고 적용하기 버튼을 클릭한다.

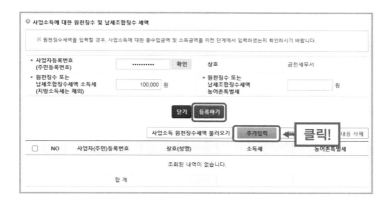

- 제출된 내역이 있으나 해당 지급명세서가 보이지 않는 경우 추가입력 버튼을 클릭하여 직접 내용을 입력한다. 추가입력 버튼을 클릭하면 위쪽으로 입력할 수 있는 화면이 나타난다. 원천징수 내역을 입력하고 등록하기 버튼을 클릭한다.

- 위와 같이 사업소득 원천징수 내용을 모두 확인 후 저장 후 다음이동 버튼을 클릭한다. 기준경비율 신고자는 이월결손금 공제가 적용되지 않으므로 결손금 입력하지 않아도 됩니다 라는 팝업창이 뜨면 확인을 누른다.

- 기준경비율에 의한 소득금액이 확정되면 이후 종합소득공제를 받기 위한 내용으로 진입하는데, 인적공제 명세 목록에는 소득자 본인에 해당하는 인적공제만 적용되어 나타난다.

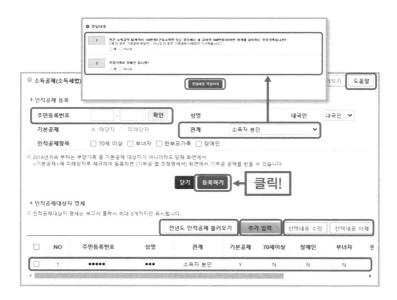

- 추가로 인적공제를 받고자 하는 가족이 있는 경우 추가입력 버튼을 클릭하면 위쪽으로 입력화면이 나타난다.

  ① 인적공제 등록 항목에 주민등록번호를 입력하고 확인 버튼을 클릭한다.
  ② 관계를 선택하면 공제 요건을 묻는 팝업창이 뜬다.
  ③ 문답 내용에 예/아니오 를 선택하면, 기본공제 및 인적공제 항목에 선택 내용이 표기된다.
  ④ 추가 선택할 인적공제 항목이 있는 경우 직접 선택한다. (선택 가능한 항목만 활성화되어 있음)
  ⑤ 등록하기 를 클릭하면 인적공제대상자 명세 목록에 추가된다.

- 추가로 입력할 내용이 있는 경우 같은 방법으로 입력 후 등록하기 를 클릭한다. 인적공제대상자 명세 목록에서 인적공제자를 선택하여 선택내용 수정 또는 삭제 버튼을 클릭 후 내용을 수정/삭제할 수도 있다.

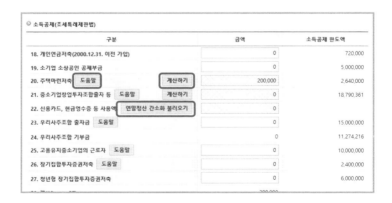

﹥기타공제 및 특별공제		
구분	금액	소득공제 한도액
11. 국민연금보험료 도움말	3,000,000	34,580,722
12. 기타연금보험료 도움말	0	
13. 주택담보노후연금이자비용 도움말	0	2,000,000
14. 특별공제_보험료 연말정산 간소화 불러오기	0	11,750,000
15. 특별공제_주택자금 연말정산 간소화 불러오기	0	18,000,000
16. 특별공제_기부금(이월분)	0	37,580,722
17. 특별공제 계(14+ ~ +16)	0	

- 화면을 아래로 내리면 기타공제 및 특별공제 항목이 나타난다. 국민
  연금보험료 및 기타연금보험료의 연간 납입금액이 있는 경우 입력
  한다. 주택담보 노후연금이자비용은 연금소득자인 경우 입력대상
  이고 건강보험료 공제 및 주택자금 공제는 근로소득자만 적용 가능
  한 항목이니 인적용역 사업자는 입력하지 않는다.

○ 소득공제(조세특례제한법)		
구분	금액	소득공제 한도액
18. 개인연금저축(2000.12.31. 이전 가입)	0	720,000
19. 소기업 소상공인 공제부금	0	5,000,000
20. 주택마련저축 도움말 계산하기	200,000	2,640,000
21. 중소기업창업투자조합출자 등 도움말 계산하기	0	18,790,361
22. 신용카드, 현금영수증 등 사용액 연말정산 간소화 불러오기		
23. 우리사주조합 출자금 도움말	0	15,000,000
24. 우리사주조합 기부금	0	11,274,216
25. 고용유지중소기업의 근로자 도움말	0	10,000,000
26. 장기집합투자증권저축 도움말	0	2,400,000
27. 청년형 장기집합투자증권저축	0	6,000,000

- 화면 하단은 조세특례제한법상 소득공제명세서를 입력하는 화면이

다. 종합소득공제 중 투자조합출자공제, 소기업·소상공인공제(노란 우산공제), 청년형 장기집합투자증권공제가 사업소득만 있는 거주자가 공제받을 수 있는 항목이다.

- 공제 해당 항목에 금액을 직접 입력하고, 저장 후 다음이동 버튼을 클릭한다. 그러면 기부금 소득공제의 입력이 나오는데 사업자의 경우 기부금은 장부 작성 시 필요경비에 산입되는 것으로 기준경비율로 신고하는 인적용역 사업자는 해당 사항이 없다. 근로소득 등 복수 소득이 있는 경우에 활용될 수 있을 뿐이다.

기부금 입력

- 기부금 입력이 필요하다면 다음과 같이 진행할 수 있다. 기부금명세서를 입력하는 화면으로 이동하기 직전 기부금 내역이 없는 경우 기부금명세서를 입력하지 않아도 됩니다 라는 팝업창이 뜬다. 기부금 내역을 입력하지 않고 다른 화면으로 이동하고자 하는 경우 확인 버튼을 누른다. 기부금을 입력하고자 하는 경우 취소 버튼을 누른다.

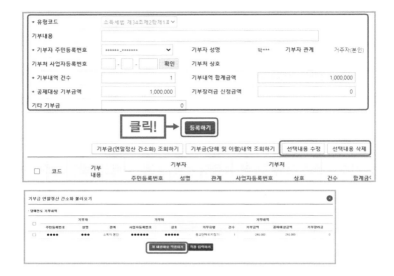

- 아래의 기부금 입력화면에서 연말정산 간소화 자료가 있는 경우 기부금(연말정산 간소화) 조회하기 버튼을 클릭하여 공제받고자 하는 기부 내역을 선택하고 위 내용대로 적용하기 를 클릭한다.

- 기부금을 직접 입력하여야 하는 경우 기부금 입력대상 항목에서 다음과 같이 클릭한다. 아래 기부금 명세에 기부내용이 추가되며, 명세를 선택한 후 선택내용 수정 또는 삭제 버튼을 클릭하면 수정/삭제도 가능하다. 입력이 완료되면 화면 하단의 저장 후 다음이동 버튼을 클릭한다.

① 공제대상 및 공제구분을 선택
② 우측 상단의 선택내용 입력/수정 버튼을 클릭

③ 유형코드에 기부금 영수증에 기재된 기부내용 코드를 선택한 후 기부내
   용, 기부자, 기부처 사업자번호, 건수, 기부금액 등 해당 사항을 입력
④ 등록하기 버튼을 클릭

• 종합소득공제 입력이 완료되면 과세표준 및 산출세액이 자동 계산
  되어 나타나고 세액감면과 세액공제를 적용한다.

세액감면신청서 작성

• 먼저 세액감면 대상이 아닌 경우 세액감면(면제) 신청서를 작성하지 않아
  도 된다 라고 팝업창이 뜨면 확인 을 누른다. 감면세액을 입력하고자
  하는 경우 취소 를 누르고 해당 감면세액을 입력한다. 인적용역 사업
  자의 경우 세액감면의 해당 사항이 없다.

- 일반사업자의 기준경비율 신고 시 경우에 따라 세액감면 받는 경우도 있어 활용하는 창으로 사업자별 세액감면 가능한 항목이 입력 가능한 상태로 나타난다. 세액감면 해당 사항이 있는 경우 세액감면율, 대상세액, 감면세액을 항목별로 입력하고 등록하기 버튼을 클릭한다. 입력 내용 확인 후 저장 후 다음이동 을 클릭한다.

세액공제신청서 입력

- 조세특례제한법상 각종의 투자세액공제와 같은 세액공제를 신청하는 화면인데 인적용역 사업자는 해당 사항이 없다. 세액공제 대상이 아닌 경우 세액공제액를 입력하지 않아도 됩니다 라고 팝업창이 뜨면 확인 을 누른다. 세액공제를 입력하고자 하는 경우 취소 를 누르고 해당 공제세액을 입력한다.

○ 세액공제 신청서   동영상(세액공제 신청서)
○ 금액   (단위: 원)
  종합소득금액   37,580,722   산출세액   2,989,608
○ 사업장 정보
※ 사업장을 1건씩 선택 후 [선택내용 입력/수정]을 클릭하여 내용 입력 후 하단의 [등록하기]을 클릭하여 주시기 바랍니다.

                                              선택내용 입력/수정   선택내용 삭제

	일련번호	소득구분	신고유형	사업자등록번호	상호	소득금액
☑	1	40	31	•••••	•••••	25,830,722

○ 세액공제 신청서(639-22-01207)
                                                         (단위: 원)

구분	공제율	대상세액	공제세액
중소기업 통합 승계공제	0	0	0
법인전환 승계공제	0	0	0
신성장기술 사업화를 위한 시설투자 세액공제	0	0	0
영상콘텐츠 제작비용에 대한 세액공제	0	0	0
신성장동력원천기술연구개발비세액공제(최저한세적용대상)	0	0	0
일반연구및인력개발비세액공제 (최저한세적용대상)	0	0	0
신성장동력원천기술연구개발비세액공제 (최저한세적용제외)	0	0	0
일반연구및인력개발비세액공제 (최저한세적용제외)	0	0	0
고용증대시킨기업에대한세액공제	0	0	0
성과공유 중소기업 경영성과급 세액공제	0	0	0

- 사업자별 세액공제 가능한 항목이 입력 가능한 상태로 나타나며, 세액공제 해당 사항이 있는 경우 공제율, 대상세액, 공제세액을 항목별로 입력하고 등록하기 버튼을 클릭한다. 입력 내용 확인 후 저장 후 다음이동 을 클릭한다.

세액감면(면제)명세서 내역 중 해당 사항이 있는 경우만 입력

- 조세특례제한법상 각종의 세액감면 명세를 작성하는 입력창이지만, 인적용역 사업자는 해당 사항이 없다.

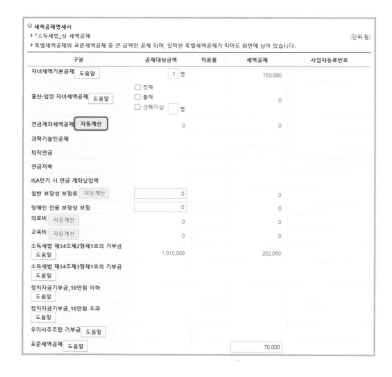

- 산출세액에서 사업소득만 있는 거주자가 공제받을 수 있는 세액공제 항목 입력을 하면 거의 다 끝나는데 공제 가능한 경우가 활성화된다.

① 자녀세액공제는 앞에서 입력한 인적공제 내역을 기준으로 자동 계산되어 나타난다.

② 이 외 연금계좌세액공제 등 세액공제 해당 사항이 있는 경우 해당 항목

을 입력한다.

③ 연금계좌세액공제는 연말정산 간소화 자료를 불러와 입력할 수 있는바 연말정산 간소화 불러오기 버튼을 클릭한다. 공제계산기 팝업창이 뜨면 불러오기 버튼을 클릭하여 간소화 자료를 불러오거나 입력하고, 계산하기 버튼을 클릭 후 적용하기 버튼을 눌러 입력한다.

④ 사업소득만 있는 경우 보장성보험료공제, 의료비공제, 교육비공제, 기부금공제 등은 적용 대상이 아니므로 입력창이 비활성되어 있고 표준세액공제는 자동 입력되어 보여진다.

[연말정산 간소화 불러오기] 버튼 클릭 시 생성되는 팝업창

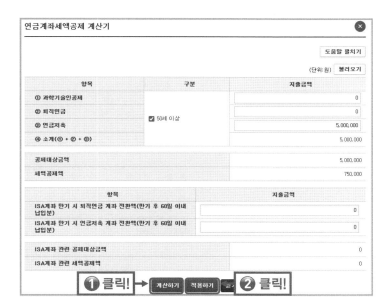

조세특례제한법상 세액공제 및 준비금 명세 입력

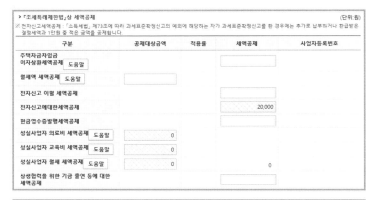

> 『조세특례제한법』상 세액공제 (단위:원)
>
> ※ 전자신고세액공제 : 「소득세법」 제73조에 따라 과세표준확정신고의 예외에 해당하는 자가 과세표준확정신고를 한 경우에는 추가로 납부하거나 환급받은 결정세액과 1만원 중 적은 금액을 공제합니다.

구분	공제대상금액	적용률	세액공제	사업자등록번호
주택자금차입금 이자상환세액공제 [도움말]				
월세액 세액공제 [도움말]				
전자신고 이월 세액공제				
전자신고에대한세액공제			20,000	
현금영수증발행세액공제				
성실사업자 의료비 세액공제 [도움말]	0			
성실사업자 교육비 세액공제 [도움말]	0			
성실사업자 월세 세액공제 [도움말]	0		0	
상생협력을 위한 기금 출연 등에 대한 세액공제				

세액공제 합계	1,229,731

> ※ 아래와 같은 이유로 세액공제 합계는 세액공제 항목별 합계와 일치하지 않은 경우가 있으니 참고하시기 바랍니다.
> 1. 특별세액공제(Max(보장성보험+의료비+교육비+기부금, 표준세액공제))와 월세액공제 합계액은 근로소득에 대한 종합소득산출세액을 초과할 수 없습니다.(소득세법 제61조 제1항)
> 2. 자녀세액공제, 연금계좌세액공제, 특별세액공제(Max(보장성보험+의료비+교육비+기부금, 표준세액공제)), 우리사주조합기부금세액공제, 정치자금기부금세액공제 합계액은 소득세법 제62조에 따라 원천징수 세율을 적용받는 이자소득 및 배당소득에 대한 산출세액을 제외한 종합소득산출세액을 초과할 수 없습니다.(소득세법 제61조 제2항)

◎ 준비금명세서

조세특례제한법조문(제목)	선택 ▾		
준비금손금산입액 연도		준비금손금산입액 금액	
준비금 환입액 당기환입액		준비금 환입액 환입액 누계	
사업자등록번호	선택 ▾	상호	

등록하기

선택내용 수정   선택내용 삭제

☐	조세특례제한법 조문(제목)	코드	준비금			사업자등록번호
			손금산입 연도	손금산입 금액	당기환입액	환입액 누계
	조회된 내역이 없습니다.					

이전   **저장 후 다음이동**   클릭!

• 조세특례제한법상 일반 세액공제 항목으로 전자신고 세액공제는 자동 입력되어 있으며, 공제 적용할 항목이 있는 경우 입력한다. (공제 적용 대상 항목이 아닌 경우 비활성화되어 있음) 성실신고확인대상 사

업자가 아닌 경우 해당 사항이 거의 없다. 입력 내용 확인 후 화면 하단에 **저장 후 다음이동** 버튼을 클릭한다.

기납부세액명세서 입력

- 기납부세액은 인적용역 사업자의 경우 삼쩜삼, 즉 수입금액의 3%를 입력하고 만일 중간예납세액이 있는 경우에는 자동으로 나타난다. 원천징수세액은 앞에서 작성한 각 소득금액명세서에서 입력한 사항들을 토대로 자동 입력되며 수정이 필요한 경우 해당 소득명세서

화면에서 수정하면 자동 반영된다. 입력 내용 확인 후 저장 후 다음이동 버튼을 클릭한다.

가산세명세서 입력

● 가산세명세서			동영상(가산세 명세서)	도움말
○ 금액				(단위: 원)

종합소득금액	40,750,000	산출세액	4,282,500

○ 사업장 정보 (단위: 원)

사업자등록번호	상호	수입금액
000-00-00000		50,000,000

○ 무신고 가산세 감면 계산기

구분	계산기준	기준금액	가산세율	가산세액
부정무신고	무신고납부세액	0	40/100 (60/100)	0
부정무신고	수입금액	0	14/10,000	0
일반무신고	무신고납부세액	0	20/100	0
일반무신고	수입금액	0	7/10,000	0

- 직전연도 수입금액이 4,800만 원 이상의 사업자가 추계신고 하는 경우에는 무기장가산세(=장부의 기록·보관 불성실 가산세) 적용 대상으로 장부에 의한 신고를 추천한다. 적용될 가산세를 작성하고 화면 하단에 저장 후 다음이동 버튼을 클릭한다.

세액계산

- 신고기한 내 납부(환급)할 세액이 보여진다.

- 세액계산 보기(펼치기)를 클릭하면 앞서 작성한 신고서 내용이 요약되어 보여진다.

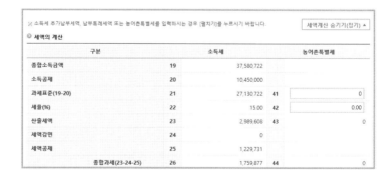

- 수정할 사항이 없는 경우 이에 동의한다 에 체크 후 제출화면 이동 버튼을 클릭한다.

- 오류검사 결과, 신고 내용에 오류가 없는 경우 신고서 제출을 위한 신고서 제출 화면이 나타난다. 신고서를 제출하기 전 신고 내용을 최종적으로 확인하는 단계이며 이상이 없으면, 개인정보 제공동의 여부를 선택 후 화면 하단의 신고서 제출하기 버튼을 클릭한다.

- 종합소득세 신고와 별도로 지방소득세를 신고하여야 하며, 개인정보 제공에 동의하면 보다 편리하게 신고할 수 있다.

- 종합소득세 신고서 접수증이 화면에 보이면, 접수 결과 상태가 정상 으로 나타나며, 인쇄가 필요하면 **인쇄하기** 버튼을 클릭한다.

- 하단에 **접수 상세내용 확인하기** 를 체크하거나, 접수증 화면을 아래로 스크롤하면 접수증 상세내용을 확인할 수 있다.

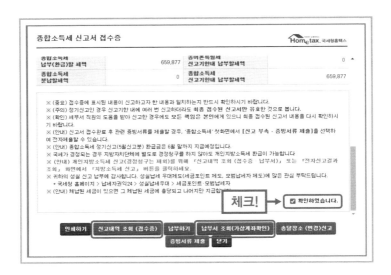

- 내용을 확인한 후에 아래 **확인하였습니다** 에 체크한 후 **납부서 조회(가 상계좌확인)** 버튼을 클릭하면 납부서 인쇄 및 전자납부 바로가기도 가능하다.

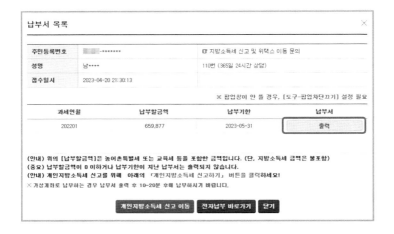

- 납부서를 조회하고 확인하고 싶으면 납부서 항목에서 **출력** 을 클릭한다.

- 납부세액이 있는 경우 신고·납부기한까지 인터넷뱅킹의 국세자진납부 코너 등을 통하여 납부하거나, 홈택스 전자납부를 이용하면 편리하게 납부가 가능하다.

- **신고내역 조회(접수증)** 로 이동하면 작성한 신고서, 납부서, 제출된 신고 서류 등을 확인할 수 있고, **신고 이동** 버튼을 클릭하면 개인지방소득세 신고를 할 수 있다.

- 개인지방소득세는 지방자치단체에 별도로 신고하여야 하며 위택스, 스마트위택스(모바일)에서 원클릭으로 간편하게 신고할 수 있다.

23

삼쩜삼 종합소득세 신고 방법

: 간편장부로 신고하기 (홈택스)

본 QR 코드를 조회하시면 최신 업데이트된
홈택스 신고 설명 블로그로 진입합니다.

홈택스 로그인

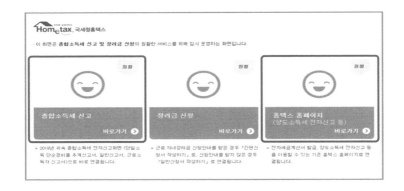

- 홈택스 로그인은 5월 종합소득세 신고기간에 임시화면을 통해 쉽게 접속할 수 있다. 국세청 홈택스 첫 화면에서 보여지는 아이콘 중 **종합소득세 신고** 버튼을 클릭하고 로그인하면 안내된 신고유형의 맞춤형 팝업창이 뜬다. 팝업창 내용을 확인하고 작성할 신고화면 등으로 이동하면 된다.

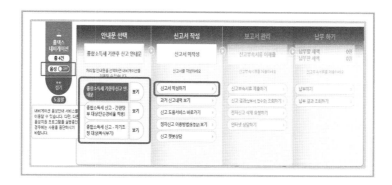

- 또한 '홈택스 홈페이지'에서 내비게이션이 제공되며 신고서 작성 메뉴에서 안내문에 기재된 유형으로 신고서 작성하기를 누르면 해당 신고서를 작성할 수 있는 화면으로 바로 연결된다.

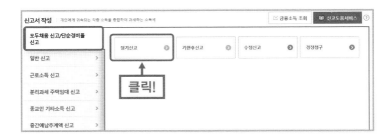

- 맞춤형 팝업창도 내비게이션도 제공되지 않는 경우에는 홈택스의
  로그인을 통하여 접속한 후 상단 메뉴의 신고/납부 에서 종합소득세
  신고를 선택하고 화면 중앙에 일반신고 에서 정기신고 버튼을 클릭
  한다.

기본사항 작성

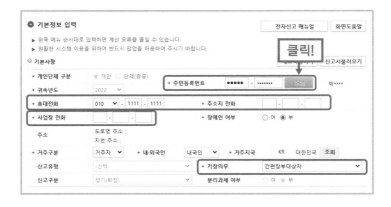

- **주민등록번호** 항목에 **조회** 버튼을 클릭하면 납세자 기본정보가 조회되고, **나의 소득종류 찾기** 팝업창이 뜬다. 부동산임대업 외의 사업소득을 체크하고, 사업소득 사업장 명세에서 해당 사업소득을 선택한 후 **적용하기** 버튼을 클릭한다.

- 휴대전화, 주소지전화, 사업장전화 중 하나 이상을 입력한다. 기장의 무란에는 '간편장부대상자'를 선택하고, 신고유형은 아래 사업장 명세 입력 시 자동 입력된다. 소득의 종류를 선택하는 난에 부동산임대업 외의 사업소득이 선택되었는지 확인한다.

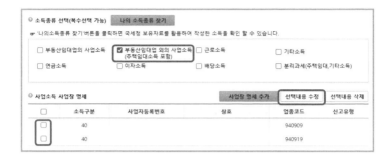

- 나의 소득종류 찾기에서 사업장 명세를 선택하였다면 사업소득 사업장 명세 목록에 보여진다. 신고유형 등을 입력하거나 수정하고자 하는 경우 우측 상단의 **선택내용 수정** 을 선택한다.

- 신고도움서비스에서 제공된 기장의무 및 신고유형을 묻는 팝업창

이 뜬다. 해당하는 항목을 선택하고 문답내용 적용하기 버튼을 클릭하면 기장의무 및 신고유형이 등록된다.

사업소득 사업장 명세 추가

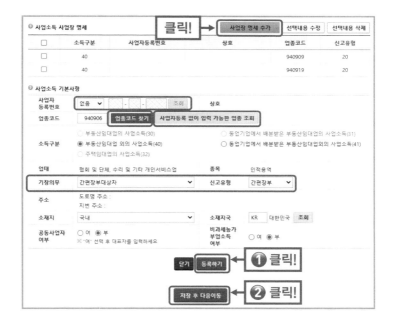

- 사업장 명세를 추가하려는 경우 사업소득 사업장 명세 우측에 사업장 명세 추가 버튼을 클릭하면 아래로 사업장 명세 입력화면이 보인다.

- 사업자번호가 있는 경우 사업자등록번호 있음 으로 선택하고 사업자번호 입력 후 조회를 누른다. 업종코드를 모르는 경우 업종코드 찾

기 버튼을 클릭하여 해당 업종을 선택 입력한다.

- 사업자번호가 없는 인적용역 사업자 등의 경우 사업자등록번호 **없음** 을 선택하고 클릭하여 해당 업종코드를 확인한 후 직접 입력한다.

- 업태와 종목을 확인한다. 기장의무란에는 간편장부대상자 를 선택한다. 신고유형란에는 간편장부 를 선택한다.

- 등록하기 버튼을 클릭하면 사업소득 사업장 명세에 입력한 내용이 수록된다. 입력한 내용을 수정하거나 삭제하여야 할 경우 해당 사업장을 선택한 후 선택내용 수정 또는 삭제 버튼을 이용해 수정 또는 삭제할 수 있다. 사업장 명세가 확정되면 화면 하단의 저장 후 다음이동 버튼을 클릭한다.

총수입금액 및 필요경비명세서 입력

	소득구분	신고유형	사업자등록번호	주업종코드	상호	수입금액 합계	필요경비
☑	부동산임대업 외의 사...	간편장부	●●●●●	940909		30,655,000	0
☐	부동산임대업 외의 사...	간편장부	●●●●●	940919		0	0

총수입금액 및 필요경비계산
> 장부상 수입금액

11. 매출액	30,655,000
12. 기타	0
13. 수입금액 합계(11+12)	30,655,000

> 매출원가

14. 기초 재고액	0
15. 당기 상품 매입액 또는 제조비용(24)	10,000,000
16. 기말 재고액	0
17. 매출원가(14+15-16)	10,000,000

> 제조비용

18. 재료비 기초 재고액	0

- 간편장부사업장의 총수입금액 및 필요경비명세서를 입력하는 화면이 나타난다. 수입금액은 매출액과 기타 항목에 각각 입력하면 수입금액 합계가 자동으로 계산되어 입력된다.

- 제조업자의 경우 제조비용란에 간편장부에 기초하여 18번부터 23번까지 재료비, 노무비, 경비 등에 금액을 입력한다. 계산된 24번 당기 제조비용을 매출원가란 15번 당기 상품매입액 및 제조비용에 입력한다. 기초재고액과 기말재고액을 입력하면 매출원가가 자동 계산된다. 다만 인적용역 사업자에게는 해당 사항이 없다.

- 일반관리비 등에는 간편장부에 기초하여 각 항목별 지출금액을 입력한다. 입력이 완료되면 맨 하단 필요경비의 합계가 자동으로 계산되어 나타나며 등록하기 버튼을 클릭한다.

- 사업장이 여러 개인 경우 사업장 정보에서 해당 사업장을 선택하고 같은 방법으로 입력한다. 입력이 완료되면 저장 후 다음이동 버튼을 클릭한다.

- 앞에서 입력한 총수입금액 및 필요경비 계산 명세서의 내용이 간편 장부 소득금액 계산내용의 총수입금액, 필요경비 항목에 자동 반영 되며 소득금액이 자동 계산되어 나타난다.

- 만일 수정이 필요하면 사업장 정보 목록에서 선택된 사업장의 총수 입금액 등을 입력 또는 수정하기 위하여 화면 상단에 선택내용 입력/

<u>수정</u> 버튼을 클릭한다. 여기까지가 통상적인 간편장부소득금액계산서 작성과정이다.

- 이하 수입금액 조정과 세무조정은 세법에 관한 전문지식이 없는 경우 상당히 까다로운데 간단한 간편장부의 경우에는 크게 해당되는 사항은 아니다.

- 만일 11번 장부상 수입금액에서 제외하거나 가산할 금액이 있으면 12번과 13번에 입력하고, 15번 장부상 필요경비에서 제외하거나 가산할 금액을 16번과 17번에 입력한다. 세무조정 후 수입금액(14번)과 필요경비(18번), 차가감 소득금액(19번)이 자동 계산되어 나타난다.

- 기부금 한도초과액 등이 있는 경우 입력하고 당해연도 소득금액을 확인한 후 <u>등록하기</u> 버튼을 클릭하면 화면 상단 <u>사업장 정보</u> 목록에 등록된다.

- 사업장이 여러 개인 경우 사업장 정보에서 해당 사업장을 선택하고 같은 방법으로 입력한다. 모두 마치면 하단에 <u>저장 후 다음이동</u> 을 클릭한다.

- 사업소득에 대한 원천징수세액이 있는 경우 **사업소득 원천징수세액 불러오기** 버튼을 클릭하여 해당 내역을 선택하고 **적용하기** 버튼을 누른다. 동일한 지급처에서 제출한 사업소득 원천징수 내역과 사업소득 연말정산 내역이 있는 경우 중복 입력되지 않도록 주의해야 한다.

- 직접 내용을 입력하려는 경우 상단 우측의 **추가입력** 버튼을 클릭하면 입력할 수 있는 화면이 나타난다. 사업자번호 및 원천징수세액을

입력하고 등록하기 버튼을 클릭하면 아래에 해당 내용이 입력된다.

- 한편 부동산 임대소득이 있는 경우 부동산 임대소득 명세 상세내역이 펼쳐져 보여진다. 소득금액명세서 입력 메뉴 중 앞에서 입력한 부동산 임대소득금액이 자동 입력되어 있으나, 작성 중 부동산 임대소득금액을 수정하는 경우 자동 반영되지 않으니 수정된 금액을 확인후 직접 수정해야 한다. 한편 인적용역 사업자의 단일소득인 경우에는 해당 사항이 없다.

종합소득금액 및 결손금·이월결손금 공제

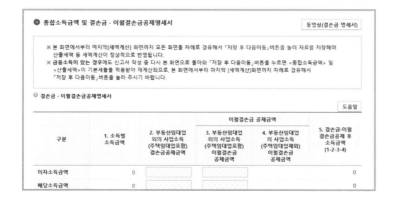

- 당해연도에 사업장별 결손금 또는 전 연도까지의 사업장별 이월결손금 내역이 있는 경우 해당 내용을 입력하여 등록하고, 없을 경우 저장 후 다음이동 버튼을 클릭한다. 다만, 인적용역 사업자에게는 사실상 해당 사항이 없다.

- 결손금이 발생하지 않으면 결손금 소급공제세액 환급신청서 작성은 생략한다. 저장 후 다음이동 버튼을 클릭한다.

종합소득금액 과세표준 확정을 위한 인적공제 입력

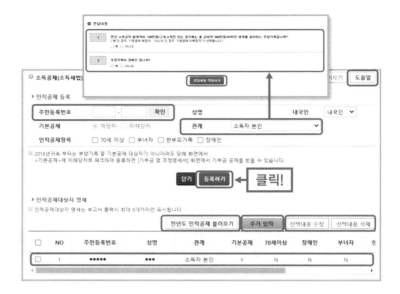

- 간편장부소득금액계산서에 따른 종합소득금액이 확정되면 과세표준 확정을 위한 종합소득공제를 검토한다. 우선 인적공제인데 인적공제 대상 요건은 도움말 버튼을 클릭하여 확인이 가능하다. 전년도 인적공제를 적용하고자 하는 경우 인적공제대상자 명세 우측상단에 전년도 인적공제 불러오기 버튼을 눌러 불러온다.

- 추가로 인적공제를 받고자 하는 가족이 있는 경우 인적공제대상자 명세의 우측 추가 입력 버튼을 누르면 위쪽으로 입력할 수 있는 인적공제 등록란이 보여진다. 주민등록번호에 추가할 인적공제대상자의 주민등록번호를 입력하고 확인 버튼을 클릭한다. 관계란에 해

당하는 사항을 선택하면 문답형 팝업창이 뜬다. 질문에 예/아니오를 선택하면 기본공제 및 인적공제 항목에 해당 여부가 자동 선택되며, 추가로 선택할 인적공제 항목은 직접 선택한다.

- **등록하기** 를 클릭하면 인적공제대상자 명세 목록에 추가된다. 추가로 입력할 내용이 있는 경우 같은 방법으로 입력 후 **등록하기** 를 클릭한다. 인적공제대상자 명세에서 입력된 목록을 확인한다. 인적공제대상자 명세 목록에서 인적공제자를 선택하여 **선택내용 수정 또는 삭제** 버튼을 클릭 후 내용을 수정/삭제할 수도 있다.

종합소득금액 과세표준 확정을 위한 기타공제 입력

구분	금액	소득공제 한도액
11. 국민연금보험료 도움말	1,274,400	16,905,000
12. 기타연금보험료 도움말	0	
13. 주택담보노후연금이자비용 도움말	0	2,000,000
14. 특별공제_보험료 연말정산 간소화 불러오기	0	
15. 특별공제_주택자금 연말정산 간소화 불러오기	0	18,000,000
16. 특별공제_기부금(이월분)	0	19,905,000
17. 특별공제 계(16)	0	

- 화면을 아래로 이동하면 기타공제 및 특별공제 항목이 나타나며, 우측으로 소득공제 한도액이 표시되어 있다. 소득공제 항목 중 근로소득자인 경우에만 공제 가능한 항목이 있으니 도움말 등을 참고하여 작성해야 한다.

- 소득공제 한도액 등을 참고하여 국민연금보험료의 연간 납입금액 및 각 항목별 해당 내용을 입력한다. 국민연금·공무원연금 등 공적연금보험료 납입액에 대해 소득공제를 받은 경우에는 향후 연금 수령 시 과세대상이며, 소득공제를 받지 않는 경우에는 과세대상이 아니므로 다른 소득공제보다 후순위로 받는 것이 유리하다.

- 건강보험료 및 주택자금공제 항목의 금액을 수정하거나, 연말정산 간소화 자료를 불러와 입력하고자 하는 경우 **연말정산 간소화 불러오기** 버튼을 누른다. 다만 근로소득이 없는 인적 용역사업자는 해당사항이 없으므로 다음으로 넘어가면 된다.

- 팝업창이 뜨면 연말정산 간소화 자료를 불러올 해당 월을 선택하고 **불러오기** 를 클릭하거나 지출금액을 직접 입력 및 수정한다.

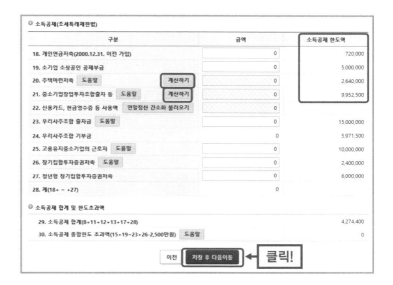

- 조세특례제한법상 소득공제를 검토한다. 우측에 소득공제 한도액이 표시되어 있으니 금액 입력 시 소득공제 한도액을 초과하여 입력하지 않도록 유의해야 한다. 계산하기 를 눌러 공제액을 확인하고 이상 없는 경우 적용하기 버튼을 눌러 입력한다.

- 각 항목별 도움말 및 계산하기 버튼을 활용하여 해당 금액을 입력한다. 각각의 항목에 해당 금액을 입력하고 저장 후 다음이동 버튼을 클릭한다.

종합소득 과세표준의 확정 이후 세액공제를 위한 기부금명세서 입력

- 사업소득자의 경우 기부금은 사업소득의 필요경비로 처리되는 반면, 근로소득이 있는 경우 기부금은 세액공제가 되므로 기부금명세서 작성화면이 뜬다. 다만 인적용역 사업자에게는 크게 해당되는 사항이 아니다.

- 작성할 기부금이 없는 경우 다음 화면으로 이동할 수 있도록 팝업창이 뜬다. 기부금 명세를 입력하지 않고 다음 화면으로 이동하기 위해 확인 을 누른다. 인적용역 사업자는 여기까지 수행하면 된다.

- 다만 기부금 내역을 입력하고자 하는 경우 취소 를 누르면, 원천징수 의무자가 제출한 기부금 명세서가 있는 경우 기부금명세서 불러오기 팝업창이 뜬다. 당해연도 기부내역 목록과 이월분 기부내역 목록에서 해당 기부금을 선택하고 적용하기 버튼을 클릭한다. 팝업창을 선택하지 못하고 닫았다면 화면 중간에 기부금(당해 및 이월)내역 조회하기 를 클릭하면 된다. 제출된 기부금명세서가 없는 경우 해당 버튼은 비활성화 상태이다.

- 연말정산 간소화 자료가 있는 경우 **기부금(연말정산 간소화) 조회하기** 버튼을 클릭하여 공제받고자 하는 기부내역을 선택하고 **적용하기** 를 클릭한다. 기부금 명세 목록에 추가된다.

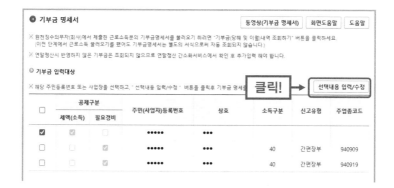

- 기부금을 직접 입력하거나 수정하여야 하는 경우 기부금 입력대상 항목에서 공제대상 및 공제구분을 선택하고 **선택내용 입력/수정** 버튼을 클릭한다. 기부금 입력 시 기부자별로 기부금 영수증에 기재된 기부내용 코드로 구분하여 해당 사항을 입력한다.

- 유형코드에 기부금 영수증에 기재된 기부내용 코드를 선택한 후 기부내용, 기부자, 기부처 사업자등록번호, 건수, 기부금액 등 해당 사항을 입력한 후 **등록하기** 버튼을 클릭한다.

- 아래 기부금 명세에 기부내용이 추가되며, 명세를 선택한 후 **선택내용 수정 또는 삭제** 버튼을 클릭하면 수정/삭제도 가능하다

- 기부금명세서 작성 중에 입력한 기부금을 이월하고자 할 경우 **기부금 조정명세서** 버튼을 클릭하고 팝업창이 뜨면 수정하고자 하는 기부내역을 선택한 후 **선택내용 수정** 버튼을 클릭한다.

삼쩜삼, 프리랜서의 절세와 세무신고

- 기부금 조정명세 내역에 기부내역이 입력되며, 공제대상금액(18번) 중 금년에 공제받을 수 있는 금액을 해당 연도 필요경비 또는 해당 연도 세액공제 대상금액에 입력하면 차액만큼 해당연도에 공제받지 못한 이월금액에 자동 계산 입력된다. 입력 내용을 확인하고 팝업창 맨 하단 `입력완료` 버튼을 클릭한다.

- 다른 화면으로 이동하였다가 기부금 조정이 필요하게 된 경우 상단의 기부금 입력대상 항목에서 이월할 대상을 선택하고 `선택내용 입력/수정` 버튼을 클릭한 후 `기부금 조정명세서`를 클릭하여 같은 방법으로 수정한다. 입력이 완료되면 `저장 후 다음이동` 버튼을 클릭한다.

종합소득 과세표준의 확정 이후 세액공제 및 감면 사항 입력

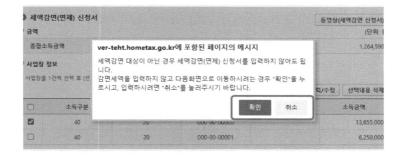

- 세액감면 대상이 아닌 경우 `감면대상이 아닌 경우 세액감면(면제)신청서를 입력하지 않아도 됩니다`라고 팝업창이 뜨면 `확인`을 누른다. 감면세액을 입력하고자 하는 경우 `취소`를 누르고 해당 감면세액을 입력한다. 인적용역 사업자는 감면에 해당 사항이 없다.

- 감면받을 내역이 있는 경우 각각의 항목별로 세액감면율, 대상세액, 감면세액을 입력하고 등록하기 를 클릭 후 저장 후 다음이동 을 클릭한다.

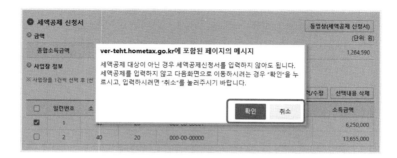

- 세액공제 대상이 아닌 경우 세액공제 대상이 아닌 경우 세액공제신청서를 입력하지 않아도 됩니다 라고 팝업창이 뜨면 확인 을 누른다. 세액공제를 입력하고자 하는 경우 취소 를 누르고 해당 공제세액을 입력한다. 인적용역 사업자는 해당 사항이 없다.

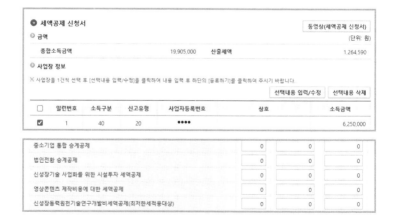

- 세액공제 항목의 내역이 있으면 각각의 항목별로 공제율, 대상세액, 공제세액을 입력한다. 전자신고에 대한 세액공제금액은 2만원이며, 자동으로 계산되어 보여진다. 등록하기 버튼을 클릭 후 저장 후 다음 이동 버튼을 클릭한다.

공제 및 감면 신청 없는 세액감면과 공제 내역 입력

- 세액감면신청서 및 세액공제신청서를 수반하지 아니하는 공제 및 감면 내역에 관한 부분으로 인적용역 사업자는 자녀세액공제와 연금계좌세액공제가 주된 내용이다. 그 외에는 근로소득자인 경우에

만 공제 가능한 항목으로 도움말 등을 참고하여 작성해야 한다.

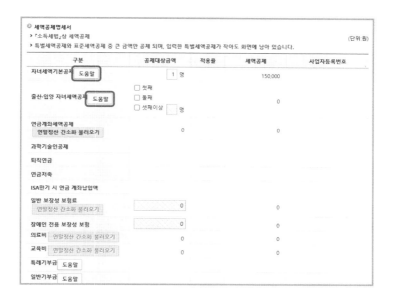

- 세액감면, 세액공제 대상 요건은 항목별 도움말 버튼을 클릭하여 확인 가능하다. 자녀세액공제는 소득공제 명세에서 입력한 부양가족을 토대로 자동 입력된다. 근로소득자에 한하여 기부금세액공제는 기부금 및 조정명세서 화면에서 세액공제 대상으로 입력한 경우 그 내용을 토대로 자동 입력되어 있다.

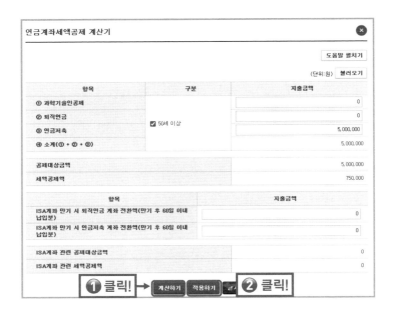

- 연금계좌세액공제는 **연말정산 간소화 불러오기** 버튼을 이용하여 지출금액을 불러오거나 입력하고 **계산하기** 버튼을 클릭 후, **적용하기** 버튼을 클릭하여 입력한다.

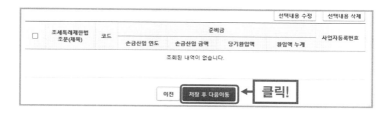

- 조세특례제한법상 세액공제 및 준비금 명세서 중 해당 사항이 있는 경우 입력한 후 화면 하단의 **저장 후 다음이동** 버튼을 클릭한다. 다만 각종의 세액공제에 관하여 인적용역 사업자에게 해당되는 사항은 사실상 전자신고세액공제 외에는 없다.

기납부세액명세서

- 중간예납 세액이 있을 시 자동으로 나타난다. 토지 등 매매차익 예정 신고·납부세액 등은 확인하여 직접 입력한다. 다만, 인적용역 사업자 는 해당 사항이 없다.

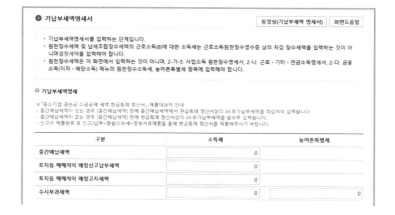

- 삼쩜삼, 원천징수세액 등은 각 소득명세서 작성화면에서 입력한 원천징수세액 등이 자동 입력되어 있다. 수정해야 할 원천세액이 있는 경우 각 소득명세서 작성화면으로 이동하여 수정한다. 해당 사항을 입력한 후에 저장 후 다음이동 버튼을 클릭한다.

가산세명세서 입력

- 가산세명세서 적용 대상이 아닌 경우 다음 화면으로 이동할 수 있는
  팝업창이 뜬다. 가산세 명세를 작성하지 않고 다음 화면으로 넘어가
  려면 **확인**을 클릭하고 가산세명세서를 작성하고자 하는 경우 **취소**
  를 클릭한다. 장부에 의한 신고유형이므로 가산세 해당 사항은 없다.
  해당 내용이 없는 경우 화면 하단에 **저장 후 다음이동** 버튼을 클릭
  한다.

결정세액의 계산과 납부세액 또는 환급세액의 계산

- 최종 납부하거나 환급할 세액이 보여지며, 세액계산 내역을 보고자 하는 경우 세액계산 보기(펼치기)를 누른다. 기본적인 세액 계산은 기 입력된 명세서를 기준으로 자동 계산되어 보여진다.

- 화면을 아래로 이동하여 입력 내용이 맞는지 확인하고, 신고기한 내 납부할 세액 또는 환급세액을 확인한다. 환급세액이 발생한 경우 나의 환급계좌 항목에 은행 및 계좌번호를 입력한다.

- 수정할 사항이 없으면 이에 동의하며 신고서를 제출한다 에 체크 후 제출화면 이동 버튼을 클릭한다. 오류검사 결과, 신고 내용에 오류가 없는 경우 신고서 제출을 위한 신고서 제출 화면이 나타난다.

종합소득세 신고서 제출

- 신고서를 제출하기 전 신고 내용을 최종적으로 확인하는 단계이며 이상이 없으면, 개인정보 제공동의 여부를 선택한 후 화면 하단의 신

고서 제출하기 버튼을 클릭한다.

- 종합소득세 신고와 별도로 지방소득세를 신고하여야 하며, 개인정보
  제공 에 동의하면 보다 편리하게 신고할 수 있다.

종합소득세 신고서 접수증 확인

- 종합소득세 신고서 접수증이 화면에 보이면, 접수 결과 상태가 정상으로 나타나며, 인쇄가 필요하면 **인쇄하기** 버튼을 클릭하면 된다. 하단에 **접수 상세내용 확인하기**를 체크하거나 접수증 화면을 아래로 스크롤하면 접수증 상세내용을 확인할 수 있다.

납부서 조회와 납부하기

- 내용을 확인한 후에 아래 **확인하였습니다**에 체크한 후 **납부서 조회(가상계좌확인)** 버튼을 클릭하면 납부서 인쇄 및 전자납부 바로가기도 가능하다. 납부서를 조회하고 확인하고 싶다면 납부서 항목에서 **출력** 버튼을 클릭한다. 납부세액이 있는 경우 신고·납부기한까지 인터넷뱅킹의 국세자진납부 코너 등을 통하여 납부하거나, 홈택스 전자납부를 이용하면 편리하게 납부할 수 있다.

- **신고내역 조회(접수증)** 로 이동하면 작성한 신고서, 납부서, 제출된 신고 서류 등을 확인할 수 있으며, **지방소득세 신고 이동** 버튼을 클릭하면 개인지방소득세 신고를 할 수 있다.

- 개인지방소득세는 지방자치단체에 별도로 신고하여야 하며 위택스, 스마트위택스(모바일)에서 원클릭으로 간편하게 신고할 수 있다.

24

삼쩜삼 종합소득세 신고 방법
: 복식장부로 신고하기 (세무대리)

본 QR 코드를 조회하시면 최신 업데이트된
홈택스 신고 설명 블로그로 진입합니다.

- 복식부기의무자인 개인사업자가 사업소득세를 신고하는 경우에는 기업회계기준을 준용하여 작성한 재무상태표·손익계산서와 그 부속서류, 합계잔액시산표合計殘額試算表 및 조정계산서를 제출하여야 한다. 이를 제출하지 않은 경우에는 무신고 한 것으로 본다.

- 복식부기의무자도 추계신고를 하는 경우가 있지만 추계신고에 따른 페널티가 크기 때문에 대부분 장부에 의해 신고한다.

복식부기의무자

- 복식부기의무자는 간편장부대상자 외의 사업자를 말하는데, 간편장부대상자는 해당 연도 신규사업자와 직전연도 수입금액이 다음의 업종별 수입금액에 미달하는 사업자이다.

업종	수입금액
농업·임업 및 어업, 광업, 도매 및 소매업(상품중개업을 제외한다), 부동산매매업, 그 밖에 아래 열거되지 아니한 사업	3억 원
제조업, 숙박 및 음식점업, 전기·가스·증기 및 공기조절 공급업, 수도·하수·폐기물처리·원료재생업, 건설업(비주거용 건물 건설업은 제외), 부동산 개발 및 공급업(주거용 건물 개발 및 공급업에 한정), 운수업 및 창고업, 정보통신업, 금융 및 보험업, 상품중개업	1.5억 원
부동산임대업, 부동산업(부동산매매업은 제외), 전문·과학 및 기술 서비스업, 사업시설관리·사업지원 및 임대서비스업, 교육서비스업, 보건업 및 사회복지서비스업, 예술·스포츠 및 여가 관련 서비스업, 협회 및 단체, 수리 및 기타 개인서비스업, 가구 내 고용활동	7,500만 원

복식장부

- 복식부기의무자가 장부에 의해 신고하려면 복식장부를 만들어 신고하여야 한다. 복식장부란 사업상 거래를 자산·부채·자본(재무상태표 기재사항)과 수익·비용(손익계산서 기재사항)으로 분류해 기록하는 것으로 그 결과가 재무제표이고 손익 현황은 손익계산서, 재무현황은 재무상태표로 나타난다.

- 이러한 복식장부를 만들려면 고도의 회계 지식이 필요하므로, 대부분 세무사에게 의뢰하여 종합소득세를 신고한다. 한편 복식장부에 의한 세무신고 시에 제출하는 표준재무제표는 회사가 편의상 사용하는 여러 가지 계정과목을 국세청에서 관리하는 계정과목대로 표준화시킨 재무제표를 말하는데 다음과 같다.

삼쩜삼, 프리랜서의 절세와 세무신고

표준손익계산서

단위: 원

상　호		사업자등록번호			과세기간		．　．　．　부터
							．　．　．　까지

계　정　과　목	코드	금　　액	계　정　과　목	코드	금　　액
Ⅰ. 매출액	01	：　：　：	9. 가스・수도비	30	：　：　：
1. 상품매출	02	：　：　：	10. 유류비	31	：　：　：
2. 제품매출	03	：　：　：	11. 보험료	32	：　：　：
3. 공사수입	04	：　：　：	12. 리스료	33	：　：　：
4. 분양수입	05	：　：　：	13. 세금과공과	34	：　：　：
5. 임대수입	06	：　：　：	14. 감가상각비	35	：　：　：
6. 서비스수입	07	：　：　：	15. 무형자산상각비	36	：　：　：
7. 기타	08	：　：　：	16. 수선비	37	：　：　：
Ⅱ. 매출원가	09	：　：　：	17. 건물관리비	38	：　：　：
1. 상품매출원가 (①+②-③-④)	10	：　：　：	18. 접대비 (①+②)	39	：　：　：
① 기초재고액	11	：　：　：	① 해외접대비	40	：　：　：
② 당기매입액	12	：　：　：	② 국내접대비	41	：　：　：
③ 기말재고액	13	：　：　：	19. 광고선전비	42	：　：　：
④ 타계정대체액	14	：　：　：	20. 도서인쇄비	43	：　：　：
2. 제조・공사・분양・기타원가	15	：　：　：	21. 운반비	44	：　：　：
① 기초재고액	16	：　：　：	22. 차량유지비	45	：　：　：
② 당기총원가	17	：　：　：	23. 교육훈련비	46	：　：　：
③ 기말재고액	18	：　：　：	24. 지급수수료	47	：　：　：
④ 타계정대체액	19	：　：　：	25. 판매수수료	48	：　：　：
Ⅲ. 매출총이익 (Ⅰ-Ⅱ)	20	：　：　：	26. 대손상각비 (충당금 전입・환입액 포함)	49	：　：　：
Ⅳ. 판매비와 관리비	21	：　：　：	27. 경상개발비	50	：　：　：
1. 급여와 임금・제수당	22	：　：　：	28. 소모품비	51	：　：　：
2. 일용급여	23	：　：　：	29. 의약품비	52	：　：　：
3. 퇴직급여 (충당부채 전입・환입액 포함)	24	：　：　：	30. 의료소모품비	53	：　：　：
4. 복리후생비	25	：　：　：	31. 경영위탁수수료 (프랜차이즈 수수료 포함)	54	：　：　：
5. 여비교통비	26	：　：　：	32. 외주용역비	55	：　：　：
6. 임차료	27	：　：　：	33. 인적용역비	56	：　：　：
7. 통신비	28	：　：　：	34. 기타 소계 (①+②+③+④)	57	：　：　：
8. 전력비	29	：　：　：	①	58	：　：　：

210mm×297mm[백상지 80g/㎡(재활용품)]

표준손익계산서

단위: 원

상 호		사업자등록번호			과세기간		. . . 부터
							. . . 까지

계 정 과 목	코드	금 액	계 정 과 목	코드	금 액
②	59	: : :	7. 투자자산 처분손실	88	: : :
③	60	: : :	8. 유·무형자산 처분손실	89	: : :
④ 기타	61	: : :	9. 재고자산 감모손실	90	: : :
Ⅴ. 영업손익(Ⅲ－Ⅳ)	62	: : :	10. 재해손실	91	: : :
Ⅵ. 영업외수익	63	: : :	11. 충당금·준비금 전입액	92	: : :
1. 이자수익	64	: : :	12. 전기오류수정손실	93	: : :
2. 배당금수익	65	: : :	13. 기타 소계 ((①+②+③+④))	94	: : :
3. 외환차익	66	: : :	①	95	: : :
4. 외화환산이익	67	: : :	②	96	: : :
5. 단기투자자산 처분이익	68	: : :	③	97	: : :
6. 투자자산 처분이익	69	: : :	④ 기타	98	: : :
7. 유·무형자산 처분이익	70	: : :	Ⅷ. 당기순손익(Ⅴ+Ⅵ－Ⅶ)	99	: : :
8. 판매장려금	71	: : :			
9. 국고보조금	72	: : :			
10. 보험차익	73	: : :			
11. 충당금·준비금 환입액	74	: : :			
12. 전기오류수정이익	75	: : :			
13. 기타 소계 ((①+②+③+④))	76	: : :			
①	77	: : :			
②	78	: : :			
③	79	: : :			
④ 기타	80	: : :			
Ⅶ. 영업외비용	81	: : :			
1. 이자비용	82	: : :			
2. 외환차손	83	: : :			
3. 외화환산손실	84	: : :			
4. 기타 대손상각비 (충당금전입액 포함)	85	: : :			
5. 기부금	86	: : :			
6. 단기투자자산 처분손실	87	: : :			

작 성 방 법

□ 표준손익계산서는 기업회계기준을 준용하여 다음과 같이 작성해야 합니다.

1. 손익계산서의 계정과목과 같은 계정과목이 없는 경우에는 유사한 계정과목 란에 적습니다.

2. 단체퇴직보험료 등은 퇴직급여(코드번호:24)란에 적습니다.

3. 유류비(코드번호:31)란은 차량유지관련 이외의 유류비를 적습니다.

4. 지급수수료(코드번호:47)란은 외주용역비(코드번호:55) 및 인적용역비(코드번호:56) 이외의 수수료를 적습니다.

5. 의약품비(코드번호:52) 및 의료소모품비(코드번호:53)란은 의료업자만 적습니다.

6. 외주용역비(코드번호:55)란은 특정업무나 기능을 외부 전문업체 등에 위탁하고 지급하는 비용을 적습니다.(치과에서 지출하는 기공료 포함)

7. 인적용역비(코드번호:56)란은 원천징수 대상 사업소득자에게 영업실적에 따라 지급한 수당(수수료)을 적습니다.(학원 강사, 외판원, 음료품 배달원 등)

8. Ⅳ. 판매비와 관리비, Ⅵ. 영업외수익, Ⅶ. 영업외비용 항목에 동일한 계정과목 등이 없는 경우 합계금액을 항목별로 분류하여 Ⅳ.34. 기타 소계, Ⅵ.13. 기타 소계, Ⅶ.13. 기타 소계 란에 각각 적고, 항목 란 아래 칸의 ①, ②, ③ 란에 금액이 큰 계정과목부터 순차적으로 계정과목을 적고 관련 금액을 적습니다.

9. Ⅱ. 2. ④ 당기총원가란은 표준원가명세서의 당기제품제조원가(1.제조원가명세서의 IX), 당기공사원가(2.공사원가명세서의 XI), 당기완성주택 공사비(3.분양원가명세서의 XI), 당기총원가(4.기타원가명세서의 IX)의 합계액과 일치해야 합니다.

10. 그 밖의 사항은 표준재무상태표 작성요령을 준용합니다.

210mm×297mm[백상지 80g/㎡(재활용품)]

삼쩜삼, 프리랜서의 절세와 세무신고

표준재무상태표

단위: 원

상 호		사업자등록번호			대상 과세기간		· · · 부터 · · · 까지

계 정 과 목	코드	금 액	계 정 과 목	코드	금 액
Ⅰ. 유동자산	01	: : :	(2) 장기투자증권	32	: : :
1. 당좌자산	02	: : :	(3) 장기대여금	33	: : :
(1) 현금 및 현금성자산	03	: : :	① 관계회사	34	: : :
(2) 단기금융상품	04	: : :	② 임원 및 종업원	35	: : :
(3) 단기투자증권	05	: : :	③ 기타	36	: : :
(4) 단기대여금	06	: : :	(4) 기타	37	: : :
① 관계회사	07	: : :	2. 유형자산	38	: : :
② 임원 및 종업원	08	: : :	(1) 토지	39	: : :
③ 기타	09	: : :	(2) 건물	40	: : :
(5) 매출채권	10	: : :	(3) 구축물 (시설장치 포함)	41	: : :
(6) 선급금	11	: : :	(4) 기계장치	42	: : :
(7) 미수금	12	: : :	(5) 선박	43	: : :
① 공사미수금	13	: : :	(6) 건설용 장비	44	: : :
② 분양미수금	14	: : :	(7) 차량운반구	45	: : :
③ 기타	15	: : :	(8) 공구 및 기구	46	: : :
(8) 선급비용	16	: : :	(9) 비품	47	: : :
(9) 기타	17	: : :	(10) 건설 중인 자산	48	: : :
2. 재고자산	18	: : :	(11) 기타	49	: : :
(1) 상품	19	: : :	3. 무형자산	50	: : :
(2) 제품	20	: : :	(1) 영업권	51	: : :
(3) 반제품 및 재공품	21	: : :	(2) 산업재산권 (특허권, 상표권 등)	52	: : :
(4) 원재료	22	: : :	(3) 개발비	53	: : :
(5) 부재료	23	: : :	(4) 기타	54	: : :
(6) 미착상품 (미착재료)	24	: : :	4. 기타 비유동자산	55	: : :
(7) 건설용지	25	: : :	(1) 장기매출채권	56	: : :
(8) 완성건물	26	: : :	(2) 장기선급금	57	: : :
(9) 미성공사	27	: : :	(3) 장기미수금	58	: : :
(10) 기타	28	: : :	(4) 임차보증금	59	: : :
Ⅱ. 비유동자산	29	: : :	(5) 기타보증금	60	: : :
1. 투자자산	30	: : :	(6) 기타	61	: : :
(1) 장기금융상품	31	: : :	자산 총계(Ⅰ+Ⅱ)	62	: : :

210mm×297mm[백상지 80g/㎡(재활용품)]

표준재무상태표

단위: 원

상 호		사업자등록번호		대상 과세기간	. . 부터 . . 까지

계 정 과 목	코드	금 액	작 성 방 법
I . 유동부채	63	: : :	
1. 단기차입금	64	: : :	□ 표준재무상태표는 기업회계기준을 준용하여 다음과 같이 작성
2. 매입채무	65	: : :	해야 합니다.
3. 선수금	66	: : :	1. 소득별(사업, 부동산)로 각각 별지로 작성해야 합니다.
4. 미지급금	67	: : :	2. 공동사업자는 공동사업장별로 작성해야 합니다.
5. 예수금	68	: : :	3. 재무상태표의 계정과목과 같은 계정과목이 없는 경우에는
6. 미지급비용	69	: : :	유사한 계정과목 란에 적습니다.
7. 유동성장기부채	70	: : :	4. 계정과목에 적을 금액이 없는 때에는 금액란에 "0"으로
8. 유동성충당부채	71	: : :	적습니다.
9. 기타	72	: : :	5. 단기투자증권(코드번호:05)은 단기매매증권 및 유동자산
II . 비유동부채	73	: : :	으로 분류되는 매도가능증권과 만기보유증권을 적습니다.
1. 장기차입금	74	: : :	6. 완성건물(코드번호:26)은 판매용 주거용건물 및 비주거용
① 관계회사	75	: : :	건물을 적습니다.
② 임원 및 종업원	76	: : :	7. 의료업자의 의료기구 또는 의료시설은 공구 및 기구(코드
③ 기타	77	: : :	번호:46)란에 적습니다.
2. 장기매입채무	78	: : :	
3. 장기선수금	79	: : :	
4. 장기미지급금	80	: : :	
5. 임대보증금	81	: : :	
6. 기타보증금	82	: : :	
7. 퇴직급여충당부채	83	: : :	
8. 기타충당부채	84	: : :	
9. 제준비금	85	: : :	
10. 기타	86	: : :	
부채총계(I + II)	87	: : :	
III . 자본금	88	: : :	
IV . 당기순손익	89	: : :	
자본 총계(III+IV)	90	: : :	
부채 및 자본총계 (I +II+III+IV)	91	: : :	

210mm×297mm[백상지 80g/㎡(재활용품)]

25

삼쩜삼 종합소득세 신고 방법
: 성실신고 사업자 (세무대리)

본 QR 코드를 조회하시면 최신 업데이트된
홈택스 신고 설명 블로그로 진입합니다.

성실신고확인제도

- 성실신고확인제도란 해당 과세기간의 수입금액이 다음 규모 이상
  인 개인사업자가 종합소득세를 신고·납부할 때 세무장부를 확인한
  세무사에게 그 사업자의 성실신고 여부에 대한 확인 책임을 지우는
  제도이다.

업종	당해 수입금액
농업·임업 및 어업, 광업, 도매 및 소매업(상품중개업을 제외한다), 부동산매매업, 그 밖에 아래 열거되지 아니한 사업	15억 원
제조업, 숙박 및 음식점업, 전기·가스·증기 및 공기조절 공급업, 수도·하수·폐기물처리·원료재생업, 건설업(비주거용 건물 건설업은 제외), 부동산 개발 및 공급업(주거용 건물 개발 및 공급업에 한정), 운수업 및 창고업, 정보통신업, 금융 및 보험업, 상품중개업	7.5억 원
부동산임대업, 부동산업(부동산매매업은 제외), 전문·과학 및 기술서비스업, 사업시설관리·사업지원 및 임대서비스업, 교육서비스업, 보건업 및 사회복지서비스업, 예술·스포츠 및 여가 관련 서비스업, 협회 및 단체, 수리 및 기타 개인서비스업, 가구 내 고용활동	5억 원

- 이에 성실신고확인대상 사업자의 종합소득세 신고·납부기한은 성실 신고확인에 걸리는 시간을 고려해 매년 6월 30일까지이다. 그리고 종합소득세를 신고할 때는 반드시 사업장별로 세무사가 작성한 성실신고확인서, 성실신고확인 결과 주요항목 명세서, 특이사항 기술서, 사업자 확인사항이 포함되어야 한다.

- 고소득자의 종합소득세 신고에 있어서 성실신고를 하지 않고 가공경비를 넣어 탈세하는 등 부실기장이나 허위확인 사실이 발각되면 납세자와 세무대리인은 매우 무거운 처벌을 받게 된다. 일단 탈세한 납세자에 대해서 본세와 가산세가 추징되고, 그 금액의 크기에 따라 형사처벌 대상이 되기도 한다. 또한 성실신고확인을 부실하게 한 세무사에 대해서는 세무사 등록 취소, 직무 정지, 과태료 등의 무거운 처벌을 내린다.

- 이는 세무사가 복식장부에 더해 성실신고확인서 등을 제출하여 납세자의 성실신고를 확인한다고 보증한 셈이기 때문에 사실과 다를 경우 처벌받게 되는 것이다.

- 성실신고확인서의 작성은 성실신고확인대상 사업자의 모든 사업장에 대해서 하는 것이고 이를 이행하지 않는 경우에는 세무조사 대상의 선정, 성실신고확인 의무 불이행에 따른 가산세 제재가 있다.

[년 귀속] 성 실 신 고 확 인 서

1. 성실신고확인대상사업자

① 성 명		② 주민등록번호	
③ 주 소			

④ 성실신고확인대상사업장

번호	사업자등록번호	상 호	소득구분	번호	사업자등록번호	상 호	소득구분
1				2			
3				4			
5				6			
7				8			
9				10			

2. 성실신고확인자 (세무사, 공인회계사, 세무법인, 회계법인)

⑤ 상호(법인명)		⑥ 사업자등록번호	
⑦ 성명(대표자)		⑧ 관 리 번 호	-
⑨ 사업장소재지			

3. 확인내용

위 성실신고확인대상사업자의 비치·기록된 장부와 증빙서류에 따라 계산한 수입금액 및 필요경비의 계상 등 소득금액에 대하여 「소득세법」 제70조의2제1항에 따라 성실하게 확인하였습니다.

년   월   일

성실신고확인자   (서명 또는 인)

신고인은 「소득세법」 제70조의2제1항에 따라 위 성실신고확인자로부터 성실신고확인을 받고 그 확인서를 제출합니다.

년   월   일

성실신고확인대상사업자   (서명 또는 인)

세무서장 귀하

※ 첨부서류 : 1. 성실신고확인 결과 주요항목 명세서
            2. 성실신고확인 결과 특이사항 기술서
            3. 성실신고확인 결과 사업자 확인사항

※ 작성방법 : 「소득세법」 제160조 및 제161조에 따라 구분하여 작성된 장부별로 작성
① 둘 이상의 사업장을 가진 사업자는 표준재무제표 작성과 일치시켜 사업장별 또는 통합하여 작성
   (단, 사업장별로 조세감면을 달리 적용받는 경우에는 사업장별로 작성)
② 소득별(부동산임대의 사업소득, 부동산임대 외의 사업소득)로 첨부서류를 각각 별지로 작성하고
   "④ 성실신고확인대상사업장"의 "소득구분"에 "부동산임대" 또는 "사업"으로 구분하여 기재
③ 공동사업자는 공동사업장별로 작성하며, 주된 공동사업자 1명만 납세지관할세무서장에게 제출
④ 성실신고확인대상사업장이 10개를 초과하는 경우 별지에 동일한 표양식으로 작성

210㎜×297㎜(신문용지 54g/㎡(재활용품))

26

삼쩜삼 종합소득세 신고 방법
: 복수의(다른) 소득이 있는 경우 (홈택스)

본 QR 코드를 조회하시면 최신 업데이트된
홈택스 신고 설명 블로그로 진입합니다.

- 실무상 활용 가능성은 떨어지지만 사업소득(복식부기의무자)과 근로
  소득, 기타소득이 있는 프리랜서의 홈택스 신고 방법에 대해서 알아
  보자.

홈택스 로그인

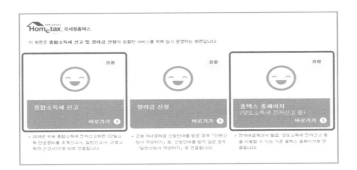

- 5월 종합소득세 신고기간에 임시화면을 통해 접속할 수 있다. 국세
  청 홈택스 첫 화면에서 보여지는 아이콘 중 **종합소득세 신고** 버튼을
  클릭하고 로그인하면 안내된 신고유형의 맞춤형 팝업창이 뜬다. 팝
  업창 내용을 확인하고 작성할 신고화면 등으로 이동하면 된다.

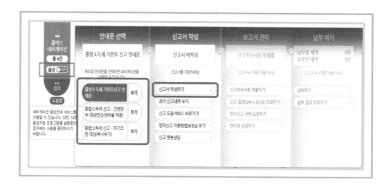

- 또한 '홈택스 홈페이지'에서 내비게이션이 제공되며 신고서 작성 메뉴에서 안내문에 기재된 유형으로 신고서 작성하기를 누르면 해당 신고서를 작성할 수 있는 화면으로 바로 연결된다.

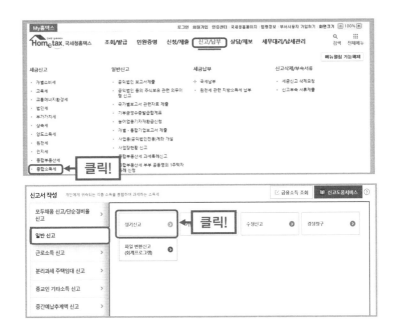

- 맞춤형 팝업창도 내비게이션도 제공되지 않는 경우에는 홈택스의 로그인을 통하여 접속한 후 상단 메뉴의 **신고/납부** 에서 종합소득세 신고를 선택하고 화면 중앙에 **일반신고** 에서 **정기신고** 버튼을 클릭한다.

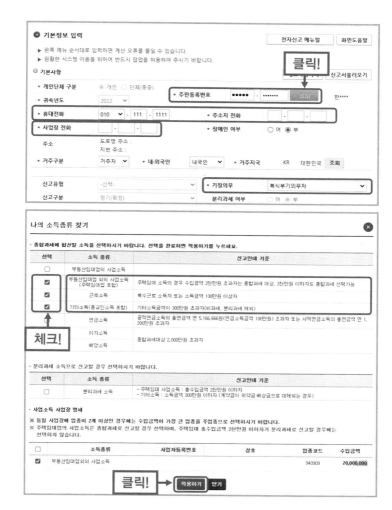

- **주민등록번호** 항목에 **조회** 버튼을 클릭하면 납세자 기본정보가 조회되고, **나의 소득종류 찾기** 팝업창이 뜬다.

- 사업소득 사업장 명세에서 해당 소득내용을 선택한 후 적용하기 버튼을 클릭한다.

- 휴대전화, 주소지전화, 사업장전화 중 하나 이상을 입력한다.

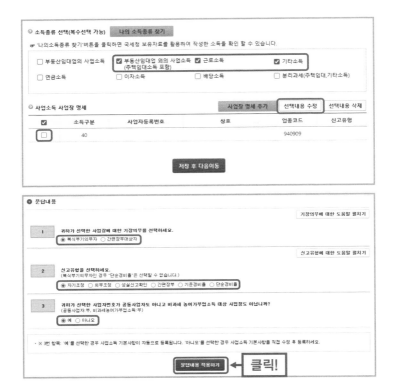

- 납세자 정보를 확인 후 기장의무란에는 신고 안내문에 안내된 내용에 따라 '복식부기의무자'를 선택한다.

- 소득의 종류를 선택하는 난에 신고하고자 하는 소득종류가 모두 선택되었는지 확인하고 누락된 경우 추가로 선택한다.

사업소득 기본사항 입력

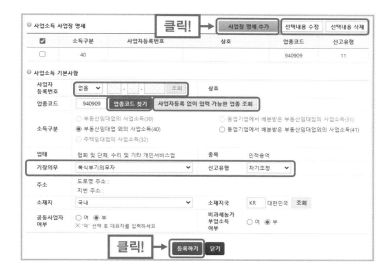

- 나의 소득종류 찾기 팝업창에서 사업장 명세를 선택했으면 사업소득 사업장 명세에 해당 내용이 보인다.

- 신고유형 등을 선택하기 위해 해당 사업장을 선택하고 사업장 명세 우측 상단의 **선택내용 수정** 버튼을 누른다.

- 신고도움서비스에서 제공된 기장의무 및 신고유형을 묻는 팝업창이 뜬다. 해당하는 항목을 선택하고 **문답내용 적용하기** 버튼을 클릭

하면 기장의무 및 신고유형이 등록된다.

- 사업장 명세를 추가하려는 경우 사업소득 사업장 명세 우측에 **사업장 명세 추가** 버튼을 클릭하면 아래로 사업장 명세 입력화면이 보인다.

- 사업자등록번호가 있으면 **있음** 을 선택하고 사업자번호를 입력한 후 **조회** 를 누른다. **업종코드 찾기** 버튼을 눌러 해당 업종을 찾아 선택 입력한다.

업종코드	업태 · 종목	비고
701101	주거용건물임대업(고가주택)	
701102	주거용건물임대업(일반주택, 아파트포함 등)	
701103	주거용건물임대업(장기임대 공동주택)	주택임대업의 사업소득
701104	주거용건물임대업(장기임대 다가구주택)	
701301	주거용건물임대업(주택의 전대·전전대)	
522080	소매업(담배)	
522081	소매업(가정용품 소매업)	
522082	예술, 스포츠 및 여가관련 서비스업(복권 발행 및 판매업)	

· 사업자등록번호 없이 등록 가능한 업종코드 안내

- 사업자등록번호가 없으면 **없음** 을 선택하고 버튼을 이용해 업종코

드를 찾아 직접 입력한다.

- 기장의무란에는 `복식부기의무자` 를 선택한다.

- 신고유형란에는 `자기조정` 을 선택한다.

- `등록하기` 버튼을 클릭하면 사업소득 사업장 명세에 내용이 추가
  된다.

- 사업소득 사업장 명세에는 다수의 사업장을 입력할 수 있다.

- 목록에서 수정하거나 삭제할 내용이 있는 경우 해당 사업장을 체크
  하고 `선택내용 수정 또는 삭제` 버튼을 클릭하여 수정 또는 삭제한다.

- 입력한 내용을 확인하고 `저장 후 다음이동` 버튼을 클릭한다.

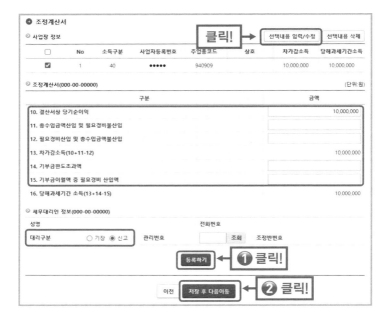

- 사업장 정보 목록에서 선택된 사업장의 소득금액을 입력하기 위하여 화면 상단에 **선택내용 입력/수정** 버튼을 클릭한다.

- 10번 결산서상 당기순이익 항목부터 15번 기부금이월액 중 필요경비 산입액 항목까지 해당 금액을 입력한다.

- 세무대리인 정보의 대리구분 항목에 **신고** 를 선택하고 **등록하기** 버튼을 클릭하면 사업장 정보 목록에 당해 과세기간의 소득이 등록된다.

- 하단에 **저장 후 다음이동** 을 클릭한다.

조정후 총수입금액명세서 입력

- 사업장 정보에서 선택된 사업장의 **업종별 수입금액명세서** 를 입력하기 위하여 상단에 **선택내용 입력/수정** 버튼을 클릭한다.

- 업종별 수입금액명세서에 해당 사업장의 업종코드를 입력하고 **코드조회** 버튼을 클릭하면 업태 및 종목이 자동 조회된다.

- 업종코드를 모를 경우 **코드조회** 를 클릭하여 해당되는 업종코드를 찾아 선택 입력하면 된다.

- 5번 총수입금액 내수 국내생산품란과 6번 총수입금액 내수 수입상품란 및 7번 총수입금액 수출란에 각각의 해당 금액을 입력한다.

- 부가가치세 과세표준과 수입금액 차액검토 항목에 해당 금액들을 각각 입력한다.

- 조정 후 총수입금액(부가가치세 과세표준과 수입금액 차액검토의 15번)은 업종별 수입금명세서 총수입금액계(업종별 수입금액명세서의 11번 합계)와 같아야 한다.

- 등록하기 버튼을 클릭하면 사업장 정보 목록에 등록되며 하단에 저장 후 다음이동 을 클릭한다.

- 사업장별로 각각 입력하여야 하며, 사업장 정보에서 사업장을 선택하여 해당 사업장의 자산, 부채, 자본내역을 입력하고 화면 하단의 **등록하기** 버튼을 클릭한다.

- 사업장이 2개 이상인 경우 다른 사업장을 선택하여 동일한 방법으

로 입력한다.

- 입력 내용을 확인하고 화면 아래 **저장 후 다음이동** 버튼을 클릭한다.

표준손익계산서 입력

- 사업장별로 각각 입력하여야 하며, 사업장 정보에서 사업장을 선택하여 해당 사업장의 매출액, 매출원가, 판매비 및 관리비, 영업외수익 및 비용내역을 입력하고 화면 하단의 등록하기 버튼을 클릭한다

- 사업장이 2개 이상인 경우 다른 사업장을 선택하여 동일한 방법으로 입력한다.

- 입력 내용을 확인하고 화면 아래 저장 후 다음이동 버튼을 클릭한다.

표준원가명세서 입력

- 사업유형에 따라 제조원가명세서, 공사원가명세서, 분양원가명세서, 기타원가명세서를 구분하여 작성한다.

- 사업장별로 각각 입력하여야 하며, 사업장 정보에서 사업장을 선택하여 해당 사업장의 재료비, 노무비, 경비내역을 입력하고 화면 하단

의 **등록하기** 버튼을 클릭한다.

- 사업장이 2개 이상인 경우 다른 사업장을 선택하여 동일한 방법으로 입력한다.

- 입력 내용을 확인하고 화면 아래 **저장 후 다음이동** 버튼을 클릭한다.

표준합계잔액시산표 입력

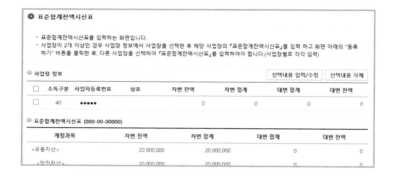

- 사업장별로 각각 입력하여야 하며, 사업장 정보에서 사업장을 선택하여 해당 사업장의 자산, 부채, 자본, 손익내역을 입력하고 화면 하단의 **등록하기** 버튼을 클릭한다.

- 사업장이 2개 이상인 경우 다른 사업장을 선택하여 동일한 방법으로 입력한다.

삼쩜삼, 프리랜서의 절세와 세무신고

- 입력 내용을 확인하고 화면 아래 저장 후 다음이동 버튼을 클릭한다.

사업소득명세서 및 원천징수세액 입력

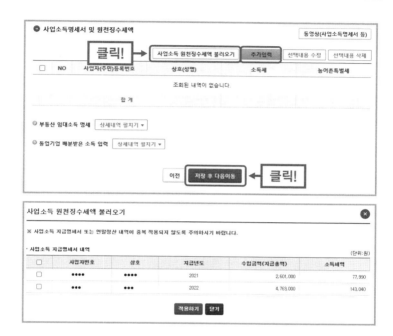

- 사업소득에 대한 원천징수세액이 있는 경우 사업소득 원천징수세액 불러오기 버튼을 클릭하여 해당 내역을 선택하고 적용하기 버튼을 누른다. 동일한 지급처에서 제출한 사업소득 원천징수 내역과 사업소득 연말정산 내역이 있는 경우 중복 입력되지 않도록 주의해야 한다.

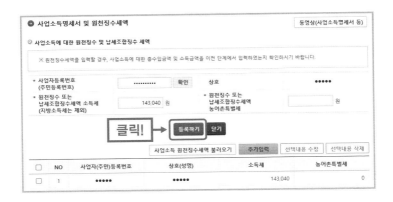

- 직접 내용을 입력하려는 경우 상단 우측의 **추가입력** 버튼을 클릭하면 입력할 수 있는 화면이 나타난다. 사업자번호 및 원천징수세액을 입력하고 **등록하기** 버튼을 클릭하면 아래에 해당 내용이 입력된다. 금액을 확인하고 오류가 없으면 **저장 후 다음이동** 을 클릭한다.

- 내용을 확인 후 **저장 후 다음이동** 버튼을 클릭한다.

근로·연금·기타소득 명세서 입력

- 첫 화면에서 나의 소득종류 중 근로·연금·기타소득을 선택한 경우, 해당 화면으로 넘어갈 때 근로소득 등 지급명세서 불러오기 팝업창이 뜬다.

- 만약 팝업창을 닫았다면 근로·연금·기타(종교인)소득 명세서 화면 상단 우측의 **근로/연금/기타소득 불러오기** 버튼을 누르면 팝업창이 다시

뜬다.

- 제출된 지급명세서가 있는 경우 합산신고 하고자 하는 지급명세서
  를 선택하고 **선택완료** 버튼을 클릭한다.

- **적용하기** 버튼을 클릭하면 해당 내용이 근로·연금·기타(종교인)소득
  명세서에 입력된다.

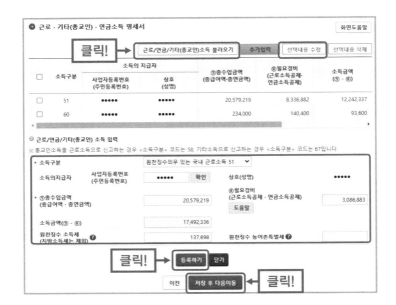

- 근로·연금·기타소득이 있으나 제출된 지급명세서가 보이지 않는 경우 닫기 버튼을 누른 후, 근로·연금·기타소득 명세서 우측 추가입력 버튼을 클릭하면 화면 아래로 입력화면이 나타난다.

- 화면에서 소득구분 및 소득 지급자, 총수입금액 등을 직접 입력하고, 등록하기 버튼을 누르면 해당 내용이 명세에 입력된다.

- 입력된 소득명세서 내용 중 수정할 사항이 있는 경우 하단의 해당 명세서를 선택하고 선택내용 수정 버튼을 클릭하면 상단으로 관련 내용이 보여지며, 수정할 내용을 직접 수정한 후 등록하기 버튼을 누른다.

- 입력된 내용이 맞는지 확인하고 저장 후 다음이동 을 누른다.

종합소득금액 및 결손금

◉ 종합소득금액 및 결손금 · 이월결손금공제명세서   동영상(결손금 명세서)

※ 본 화면에서부터 마지막[세액계산] 화면까지 모든 화면을 차례로 경유해서 「저장 후 다음이동」버튼을 눌러 자료를 저장해야
  산출세액 등 세액계산이 정상적으로 반영됩니다.
※ 금융소득이 있는 경우에도 신고서 작성 중 다시 본 화면으로 돌아와 「저장 후 다음이동」버튼을 누르면 <종합소득금액> 및
  <산출세액>이 기본세율을 적용받아 재계산되므로, 본 화면에서부터 마지막 [세액계산]화면까지 차례로 경유해서
  「저장 후 다음이동」버튼을 눌러 주시기 바랍니다.

◎ 결손금 · 이월결손금공제명세서   도움말

구분	1. 소득별 소득금액	2. 부동산임대업 외의 사업소득 (주택임대업포함) 결손금공제금액	이월결손금 공제금액		5. 결손금·이월 결손금공제 후 소득금액 (1-2-3-4)
			3. 부동산임대업 외의 사업소득 (주택임대업포함) 이월결손금 공제금액	4. 부동산임대업 의 사업소득 (주택임대업제외) 이월결손금 공제금액	
이자소득금액	0				0
배당소득금액	0				0
출자공동사업자의 배당소득금액	0				0
부동산임대업 의 사업소득금액 (주택임대업제외)	0				0
부동산임대업 외의 사업소득금액 (주택임대업포함)	10,000,000				10,000,000
근로소득금액	12,242,337				12,242,337
연금소득금액	0				0
기타소득금액	93,600				93,600
합계 (종합소득금액)	22,335,937	0	0	0	22,335,937

※ 이월결손금 공제금액이 있는 경우에는 아래 [이월결손금 명세서]를 입력하세요.

- 결손금의 내역이 있는 경우 해당 내용을 입력하여 등록하고, 없을 경
  우 저장 후 다음이동 버튼을 클릭한다.

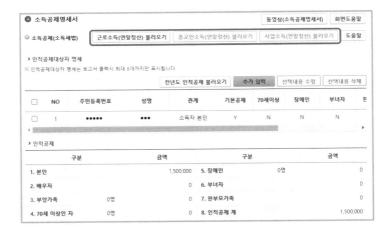

	결손금 소급공제세액 환급신청서				
	사업장 정보			선택내용 수정	선택내용 삭제	삭제
☐	사업자등록번호	상호	사업장별 환급세액	입력여부
		조회된 내역이 없습니다.		

결손금 소급공제세액 환급신청서
› 당해 과세기간

구 분	사업장별 금액	합계
• 9. 사업장별 결손금		
• 10. 소급공제 받을 사업장별 결손금		

- 결손금이 발생하지 않으면 결손금 소급공제세액 환급신청서 작성은 생략한다. 저장 후 다음이동 버튼을 클릭한다.

소득공제명세서

	소득공제명세서				동영상(소득공제명세서)	화면도움말
	소득공제 (소득세법)	근로소득(연말정산) 불러오기	종교인소득(연말정산) 불러오기	사업소득(연말정산) 불러오기		도움말

› 인적공제대상자 명세
※ 인적공제대상자 명세는 보고서 출력시 최대 8개까지만 표시됩니다.

| | | | | 전년도 인적공제 불러오기 | 추가 입력 | 선택내용 수정 | 선택내용 삭제 |

☐	NO	주민등록번호	성명	관계	기본공제	70세이상	장애인	부녀자	한
☐	1	•••••	•••	소득자 본인	Y	N	N	N	

› 인적공제

구분	금액	구분	금액
1. 본인	1,500,000	5. 장애인	0명	0
2. 배우자	0	6. 부녀자	0
3. 부양가족	0명	0	7. 한부모가족	0
4. 70세 이상인 자	0명	0	8. 인적공제 계	1,500,000

근로소득 불러오기					⊗
※ 아래 화면의 정보는 자료제출처에서 제공한 내용으로 누락자료가 발생할 수 있으므로 본인 확인이 필요합니다. 실제 소득내용 대로 성실하게 신고하여 주시기 바랍니다.					
공제선택	구분	근무지 사업자번호	상호	총급여액	결정세액
☐	주(현)	••••	•••	20,579,219	137,698

위 내용대로 적용하기   직접 입력하기

- 근로소득·종교인소득·사업소득 연말정산 지급명세서가 제출된 경우 해당 화면으로 이동하면 각 소득공제 내역을 불러올 수 있는 `근로소득종교인소득사업소득(연말정산) 불러오기` 팝업창이 뜬다.

- 만일 팝업창을 닫았다면 상단 우측의 `근로소득종교인소득사업소득(연말정산) 불러오기` 를 클릭하면 된다.

- 공제 적용할 내역을 선택하고 `적용하기` 를 클릭한다.

- 해당 지급명세서에 있는 내용이 소득공제명세서 내역에 입력되어 보여진다.

인적공제대상자 명세 입력

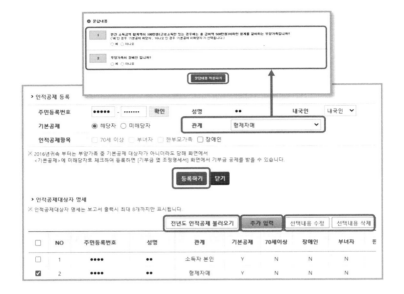

- 전년도 인적공제를 적용하고자 하는 경우 인적공제대상자 명세 우측상단에 **전년도 인적공제 불러오기** 버튼을 눌러 불러온다.

- 추가로 인적공제를 받고자 하는 가족이 있는 경우 인적공제대상자 명세의 우측 **추가 입력** 버튼을 누르면 위쪽으로 입력할 수 있는 인적공제 등록란이 보여진다.

- 주민등록번호에 추가할 인적공제대상자의 주민등록번호를 입력하고 **확인** 버튼을 클릭한다.

삼쩜삼, 프리랜서의 절세와 세무신고

- 관계란에 해당하는 사항을 선택하면 문답형 팝업창이 뜬다. 질문에 예/아니오를 선택하면 기본공제 및 인적공제 항목에 해당 여부가 자동 선택되며, 추가로 선택할 인적공제 항목은 직접 선택한다.

- 등록하기 를 클릭하면 인적공제대상자 명세 목록에 추가된다. 추가로 입력할 내용이 있는 경우 같은 방법으로 입력 후 등록하기 를 클릭한다.

- 인적공제대상자 명세에서 입력된 목록을 확인한다.

- 인적공제대상자 명세 목록에서 인적공제자를 선택하여 선택내용 수정 또는 삭제 버튼을 클릭 후 내용을 수정/삭제할 수도 있다.

> 기타공제 및 특별공제

구분	금액	소득공제 한도액
11. 국민연금보험료 도움말	827,600	19,335,937
12. 기타연금보험료 도움말	0	
13. 주택담보노후연금이자비용 도움말	0	2,000,000
14. 특별공제_보험료 연말정산 간소화 불러오기	0	12,242,337
15. 특별공제_주택자금 연말정산 간소화 불러오기	0	18,000,000
16. 특별공제_기부금(이월분)	0	22,335,937

- 화면을 아래로 이동하면 기타공제 및 특별공제 항목이 나타나며, 우측으로 소득공제 한도액이 표시되어 있다.

- 소득공제 항목 중 근로소득자인 경우에만 공제 가능한 항목이 있으니 도움말 등을 참고하여 작성해야 한다.

- 소득공제 한도액 등을 참고하여 국민연금보험료의 연간 납입금액 및 각 항목별 해당 내용을 입력한다.

- 국민연금·공무원연금 등 공적 연금보험료 납입액에 대해 소득공제를 받은 경우에는 향후 연금 수령 시 과세대상이며, 소득공제 받지 않는 경우에는 과세대상이 아니므로 다른 소득공제보다 후순위로 받는 것이 유리하다.

- 건강보험료 및 주택자금공제 항목의 금액을 수정하거나, 연말정산 간소화 자료를 불러와 입력하고자 하는 경우 연말정산 간소화 불러오기 버튼을 누른다.

- 팝업창이 뜨면 연말정산 간소화 자료를 불러올 해당 월을 선택하고 불러오기 를 클릭하거나 지출금액을 직접 입력 및 수정한다.

- **계산하기** 를 눌러 공제액을 확인하고 이상이 없는 경우 **적용하기** 버튼을 눌러 입력한다.

소득공제명세서 입력

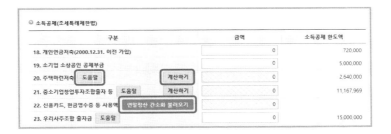

- 공제내역을 불러오기 한 경우 관련 내용이 채워져 보여진다. 우측에 소득공제 한도액이 표시되어 있으니 금액 입력 시 소득공제 한도액을 초과하여 입력하지 않도록 유의해야 한다.

- 각 항목별 **도움말** 및 **계산하기** 버튼을 활용하여 해당 금액을 입력한다.

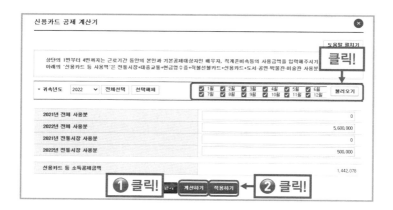

- 신용카드, 현금영수증 등 사용액은 연말정산 간소화 불러오기 버튼을 이용하여 연말정산 간소화 자료를 불러올 수 있다.

- 연말정산 간소화 불러오기 버튼을 누른 후 불러오고자 하는 월을 선택하고 불러오기 를 클릭한다.

- 입력 내용을 확인하고 계산하기 를 눌러 소득공제액을 확인 후 수정사항이 없으면 적용하기 버튼을 클릭한다.

- 저장 후 다음이동 버튼을 클릭한다.

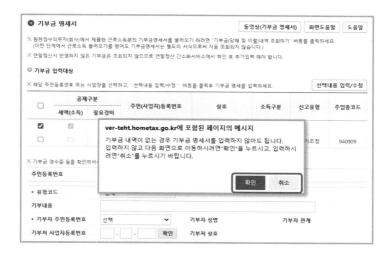

- 작성할 기부금이 없는 경우 다음 화면으로 이동할 수 있도록 팝업창
  이 뜬다. 기부금 명세를 입력하지 않고 다음화면으로 이동하기 위해
  확인 을 누른다.

- 기부금 내역을 입력하고자 하는 경우 **취소** 를 누르면, 원천징수의무자가 제출한 기부금명세서가 있는 경우 **기부금명세서 불러오기** 팝업창이 뜬다.

- 당해연도 기부내역 목록과 이월분 기부내역 목록에서 해당 기부금을 선택하고 **적용하기** 버튼을 클릭한다.

- 팝업창을 선택하지 못하고 닫았다면 화면 중간에 **기부금(당해 및 이월)내역 조회하기** 를 클릭하면 된다.

- 제출된 기부금명세서가 없는 경우 해당 버튼은 비활성화 상태이다.

- 원천징수의무자(회사)에서 제출한 근로소득분의 기부금명세서가 없으나, 연말정산 간소화 시스템에 기부금 명세가 있는 경우 **기부금(연**

말정산 간소화) 조회하기 버튼을 클릭하여 공제받고자 하는 기부내역을 선택하고 적용하기 를 클릭한다.

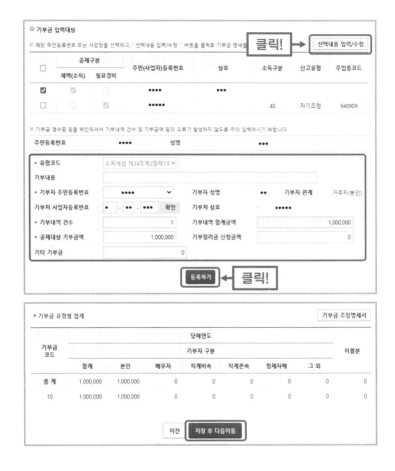

• 기부금을 직접 입력하거나 수정하여야 하는 경우 기부금 입력대상 항목에서 공제대상 및 공제구분을 선택하고 선택내용 입력/수정 버튼을 클릭한다.

- 기부금 입력 시 기부자별로 기부금 영수증에 기재된 기부내용 코드로 구분하여 해당 사항을 입력한다.

- 유형코드에 기부금 영수증에 기재된 기부내용 코드를 선택한 후 기부내용, 기부자, 기부처 사업자등록번호, 건수, 기부금액 등 해당 사항을 입력한 후 **등록하기** 버튼을 클릭한다.

- 아래 기부금 명세에 기부내용이 추가되며, 명세를 선택한 후 **선택내용 수정 또는 삭제** 버튼을 클릭하면 수정/ 삭제도 가능하다.

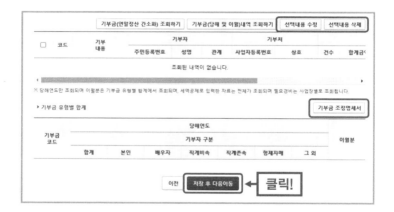

삼점삼, 프리랜서의 절세와 세무신고

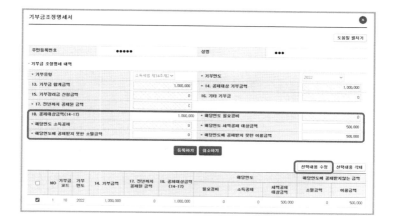

- 기부금명세서 작성 중에 입력한 기부금을 이월하고자 할 경우 **기부금 조정명세서** 버튼을 클릭하고 팝업창이 뜨면 수정하고자 하는 기부내역을 선택한 후 **선택내용 수정** 버튼을 클릭한다.

- 기부금 조정명세 내역에 기부내역이 입력되며, 18번 공제대상금액 중 금년에 공제받을 수 있는 금액을 해당 연도 필요경비 또는 해당 연도 세액공제 대상금액에 입력하면 차액만큼 해당연도에 공제받지 못한 이월금액에 자동 계산 입력된다.

- 입력 내용을 확인하고 팝업창 맨 하단 **입력완료** 버튼을 클릭한다.

- 다른 화면으로 이동하였다가 기부금 조정이 필요하게 된 경우 상단

의 기부금 입력대상 항목에서 이월할 대상을 선택하고 **선택내용 입력/수정** 버튼을 클릭한 후 **기부금 조정명세서** 를 클릭하여 같은 방법으로 수정한다.

• 입력이 완료되면 **저장 후 다음이동** 버튼을 클릭한다

세액감면(면제)신청서 내역 입력

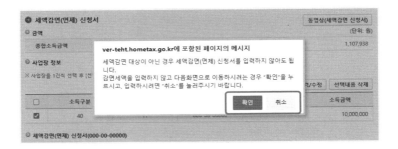

• 세액감면 대상이 아닌 경우 **감면대상이 아닌 경우 세액감면(면제)신청서를 입력하지 않아도 됩니다** 라고 팝업창이 뜨면 **확인** 을 누른다. 감면세액을 입력하고자 하는 경우 **취소** 를 누르고 해당 감면세액을 입력한다.

삼쩜삼, 프리랜서의 절세와 세무신고

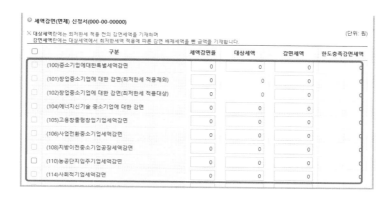

- 감면받을 내역이 있는 경우 각각의 항목별로 세액감면율, 대상세액, 감면세액을 입력하고 등록하기 를 클릭한 후 저장 후 다음이동 을 클릭한다.

세액공제신청서

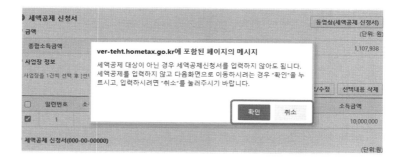

- 세액공제 대상이 아닌 경우 세액공제 대상이 아닌 경우 세액공제신청서 를 입력하지 않아도 됩니다 라고 팝업창이 뜨면 확인 을 누른다.

- 세액공제를 입력하고자 하는 경우 **취소** 를 누르고 해당 공제세액을 입력한다.

세액공제신청서 내역 입력

- 세액공제 항목의 내역이 있으면 각각의 항목별로 공제율, 대상세액, 공제세액을 입력한다.

- 전자신고에 대한 세액공제금액은 2만 원이며, 자동으로 계산되어 보여진다.

삼쩜삼, 프리랜서의 절세와 세무신고

- **등록하기** 버튼을 클릭 후 **저장 후 다음이동** 버튼을 클릭한다.

세액감면, 공제 준비금 명세서 내역 입력

- 지급명세서를 불러오기 한 경우 해당 공제, 감면내역이 입력되어 있다.

- 세액감면 및 공제 항목 중 근로소득자인 경우에만 공제 가능한 항목이 있으니 도움말 등을 참고하여 작성해야 한다.

- 세액감면명세서에 공제받을 감면세액이 있거나 수정하여야 하는 경우 도움말을 참고하여 감면세액금액을 직접 입력한다.

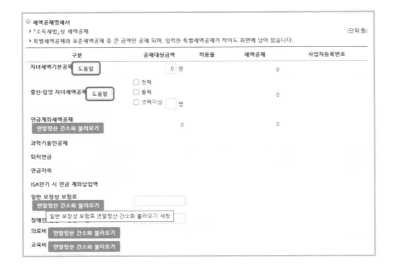

- 자녀세액공제는 소득공제 명세에서 입력한 부양가족을 토대로 자동 입력된다.

- 기부금세액공제는 기부금 및 조정명세서 화면에서 입력한 내용을 토대로 자동 입력되어 있다.

- 연금계좌세액공제, 일반보장성보험료, 의료비, 교육비 세액공제액을 수정하거나 지급명세서 공제내역 대신 연말정산 간소화 자료를 입력하고자 하는 경우 **연말정산 간소화 불러오기** 버튼을 눌러 해당 항목을 입력한다.

- 연금계좌세액공제의 <mark>연말정산 간소화 불러오기</mark> 버튼을 눌러 팝업창이 뜨면, 불러오기 하거나 지출금액을 직접 입력한다.

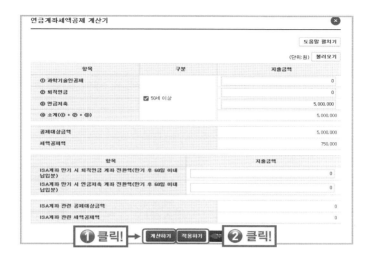

- <mark>계산하기</mark> 버튼을 클릭하여 금액을 확인하고 <mark>적용하기</mark> 버튼을 클릭하여 입력한다.

- 보험료 세액공제 등도 **연말정산 간소화 불러오기** 버튼을 이용하여 동일한 방법으로 입력한다. 보험료 공제 계산기 팝업창이 뜨면 연말정산 간소화 자료를 불러올 해당 월을 선택하거나 **전체선택** 을 누른 후 **불러오기** 버튼을 클릭한다.

- **계산하기** 버튼을 클릭하고 공제대상금액 및 세액공제액을 확인한 후 **적용하기** 버튼을 클릭한다.

- 의료비 공제 계산기 팝업창이 뜨면 연말정산 간소화 자료를 불러올 해당 월을 선택하거나 **전체선택** 을 누른 후 **불러오기** 버튼을 클릭한다.

- ①부터 ⑧항목 지출금액 중 더하거나 차감하여야 하는 경우 금액을 수정하고 계산하기 버튼을 눌러 공제대상금액 및 세액공제액을 확인한다.

- 수정 사항이 없으면 적용하기 버튼을 클릭한다.

- 교육비 공제계산기 팝업창이 뜨면 연말정산 간소화 자료를 불러올 해당 월을 선택하거나 전체선택 을 누른 후 불러오기 버튼을 클릭한다.

- 연말정산 간소화 자료에는 없으나 공제대상 교육비 지출증빙이 있는 경우 교육비 직접입력 을 클릭하여 입력한다.

- 이때 불러오기 한 하단의 공제대상금액들이 사라지고 직접 입력할 수 있도록 입력란이 활성화된다.

- 상단의 본인 및 부양가족의 교육비 명세를 참고하여 추가할 교육비를 포함한 합계금액을 구분된 지출금액에 직접 입력하고, 계산하기 버튼을 눌러 공제대상금액 및 세액공제액을 확인한다.

- 수정 사항이 없으면 적용하기 버튼을 클릭한다.

- 월세액 세액공제는 요건에 해당하는 경우 해당연도에 지급한 월세 총액을 입력하면 공제세액이 자동 입력된다.

- 보장성보험료 및 의료비, 교육비, 월세액 세액공제는 한도 초과 시 자동 조정 입력된다.

- 이 외에 외국납부세액공제 등도 도움말 등을 참고하여 직접 공제세액을 계산하여 입력한다.

조세특례제한법상 세액공제 및 준비금 명세서 입력

- 조세특례제한법상 세액공제 및 준비금 명세서 중 해당 사항이 있는 경우 입력한 후 화면 하단의 저장 후 다음이동 버튼을 클릭한다.

- 중간예납 세액이 있을시 자동으로 나타난다.

- 토지 등 매매차익 예정신고·납부세액 등은 확인하여 직접 입력한다.

- 원천징수세액 등은 각 소득명세서 작성화면에서 입력한 원천징수
  세액 등이 자동 입력되어 있다. 수정해야 할 원천세액이 있는 경우
  각 소득명세서 작성화면으로 이동하여 수정한다.

- 해당 사항을 입력 후에 **저장 후 다음이동** 버튼을 클릭한다

가산세명세서 입력

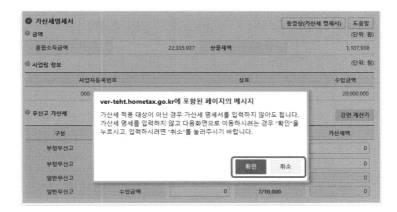

- 가산세명세서 적용 대상이 아닌 경우 다음 화면으로 이동할 수 있는 팝업창이 뜬다. 가산세 명세를 작성하지 않고 다음 화면으로 넘어가기 위해 **확인** 을 클릭하고 가산세명세서를 작성하고자 하는 경우 **취소** 를 클릭한다.

무신고 가산세

감면 계산기

구분	계산기준	기준금액	가산세율	가산세액
부정무신고	무신고납부세액	0	40/100 (60/100)	0
부정무신고	수입금액	0	14/10,000	0
일반무신고	무신고납부세액	0	20/100	0
일반무신고	수입금액	0	7/10,000	0

과소신고 가산세

감면 계산기

구분	계산기준	기준금액	가산세율	가산세액
부정과소신고	과소신고납부세액	0	40/100 (60/100)	0
부정과소신고	수입금액	0	14/10,000	0
일반과소신고	과소신고납부세액	0	10/100	0
부당감면·공제	공제세액	0	40/100	0

- 해당 내용이 없는 경우 화면 하단에 **저장 후 다음이동** 버튼을 클릭한다.

세액계산

삼쩜삼, 프리랜서의 절세와 세무신고

구분		소득세		농어촌특별세	
종합소득금액	19	19,905,000			
소득공제	20	4,274,400			
과세표준(19-20)	21	15,630,600	41		0
세율(%)	22	15.00	42		0.00
산출세액	23	1,264,590	43		0
세액감면	24	0			
세액공제	25	990,000			
종합과세(23-24-25)	26	274,590	44		0

- 최종 납부하거나 환급할 세액이 보여지며, 세액계산 내역을 보고자 하는 경우 세액계산 보기(펼치기)를 누른다.

- 기본적인 세액 계산은 기 입력된 명세서를 기준으로 자동 계산되어 보여진다.

- 화면을 아래로 이동하여 입력 내용이 맞는지 확인하고, 신고기한 내 납부할 세액 또는 환급세액을 확인한다.

- 환급세액이 발생한 경우 나의 환급계좌 항목에 은행 및 계좌번호를 입력한다.

- 수정할 사항이 없으면 이에 동의하며 신고서를 제출한다 에 체크 후 제출화면 이동 버튼을 클릭한다.

- 오류검사 결과, 신고 내용에 오류가 없는 경우 신고서 제출을 위한 신고서 제출 화면이 나타난다.

- 신고서를 제출하기 전 신고 내용을 최종적으로 확인하는 단계이며 이상이 없으면, 개인정보 제공동의 여부를 선택한 후 화면 하단의 신고서 제출하기 버튼을 클릭한다.

- 종합소득세 신고와 별도로 지방소득세를 신고하여야 하며, 개인정보 제공 에 동의하면 보다 편리하게 신고할 수 있다.

- 종합소득세 신고서 접수증이 화면에 보이면, 접수 결과 상태가 정상으로 나타나며, 인쇄하려면 **인쇄하기** 버튼을 클릭하면 된다.

- 하단에 **접수 상세내용 확인하기** 를 체크하거나 접수증 화면을 아래로 스크롤하면 접수증 상세내용을 확인할 수 있다.

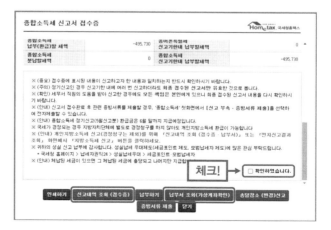

- 내용을 확인한 후에 아래 **확인하였습니다** 에 체크한 후 **납부서 조회 (가 상계좌확인)** 버튼을 클릭하면 납부서 인쇄 및 전자납부 바로가기도 가 능하다.

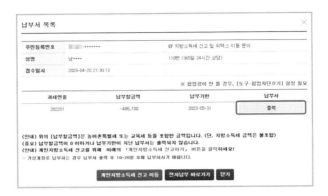

- 납부서를 조회하고 확인하고 싶다면 납부서 항목에서 **출력** 버튼을 클릭한다. 납부세액이 있는 경우 신고·납부기한까지 인터넷뱅킹의 국세자진납부 코너 등을 통하여 납부하거나, 홈택스 전자납부를 이 용하면 편리하게 납부할 수 있다.

- **신고내역 조회(접수증)** 로 이동하면 작성한 신고서, 납부서, 제출된 신고 서류 등을 확인할 수 있으며, **지방소득세 신고 이동** 버튼을 클릭하면 개인지방소득세 신고를 할 수 있다.

- 개인지방소득세는 지방자치단체에 별도로 신고하여야 하며 위택스, 스마트위택스(모바일)에서 원클릭으로 간편하게 신고할 수 있다.

27

삼쩜삼 종합소득세 신고 방법
: 금융소득이 있는 경우 (홈택스)

본 QR 코드를 조회하시면 최신 업데이트된
홈택스 신고 설명 블로그로 진입합니다.

홈택스 로그인

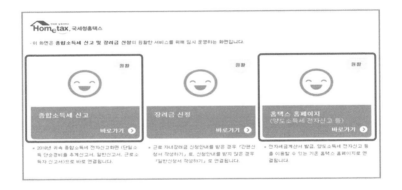

- 5월 종합소득세 신고기간에 임시화면을 통해 쉽게 접속할 수 있다.
  국세청 홈택스 첫 화면에서 보여지는 아이콘 중 종합소득세 신고 버
  튼을 클릭하고 로그인하면 안내된 신고유형의 맞춤형 팝업창이 뜬
  다. 팝업창 내용을 확인하고 작성할 신고화면 등으로 이동하면 된다.

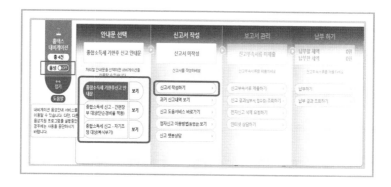

- 또한 '홈택스 홈페이지'에서 내비게이션이 제공되며 신고서 작성 메뉴에서 안내문에 기재된 유형으로 신고서 작성하기를 누르면 해당 신고서를 작성할 수 있는 화면으로 바로 연결된다.

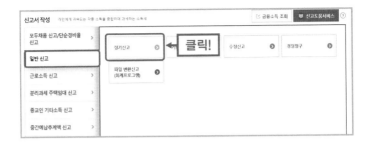

- 맞춤형 팝업창도 내비게이션도 제공되지 않는 경우에는 홈택스의
  로그인을 통하여 접속한 후 상단 메뉴의 신고/납부 에서 종합소득세
  신고를 선택하고 화면 중앙의 일반신고 에서 정기신고 버튼을 클릭
  한다.

기본사항 작성

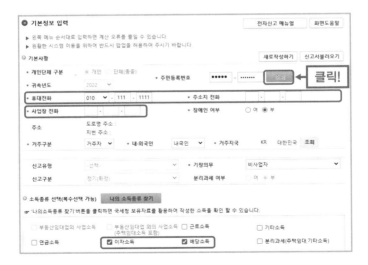

삼쩜삼, 프리랜서의 절세와 세무신고

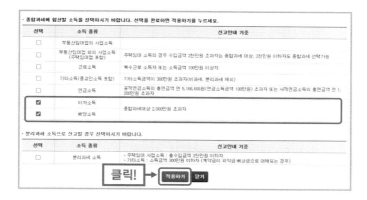

- 기본정보를 입력하는 화면이다.

- **주민등록번호** 항목에 **조회** 버튼을 클릭하면 나의 소득종류 찾기 팝업창이 뜬다.

- 이자소득, 배당소득을 선택하고 **적용하기** 버튼을 클릭한다.

- 휴대전화, 주소지전화, 사업장전화 중 하나 이상을 입력한다.

- 기장의무란에는 신고 안내문에 기재된 내용에 따라 사업자를 선택한다.

- 소득종류를 선택하는 부분에 이자소득, 배당소득이 선택되었는지 확인한다.

- 화면 하단에 **저장 후 다음이동** 버튼을 클릭한다

이자·배당소득 불러오기

- 화면을 이동하면 금융소득 불러오기 팝업창이 뜬다.

- 이자·배당소득 명세서 화면 상단 우측의 이자배당소득 불러오기 버튼을 이용하여 불러올 수 있다.

- 제출된 금융소득 지급명세서의 지급자별, 계좌별, 배당가산액별로 구분되어 나타난다.

- 이자배당소득 명세서 를 더블클릭하여 상세내역을 확인 후 이상이 없는 경우 적용하기 버튼을, 직접 입력을 원하는 경우에는 닫기 버튼을 클릭한다.

이자·배당소득 상세내역 입력

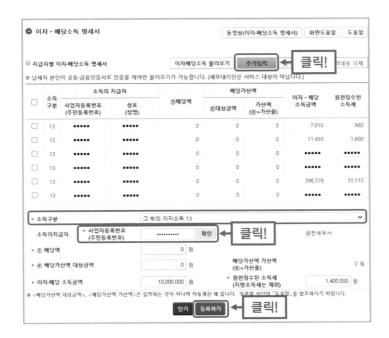

- 이자소득, 배당소득에 대한 상세내역을 입력하는 화면이다.

- 화면 상단 우측 추가입력 버튼을 클릭하면 아래로 입력할 수 있는 화면이 나타난다.

- 이자소득이 있는 경우 소득구분 항목에서 11번부터 18번까지 해당되는 소득종류를 선택한다.

- 이자 지급자의 사업자등록번호 또는 주민등록번호를 입력한 후 확인 버튼을 클릭한다

- 이자·배당 소득금액란에 지급자 별로 연간 원천징수세액 차감 전 총지급액을 입력하고, 원천징수 된 소득세도 입력한다.

- 등록하기 버튼을 클릭하면 화면 하단에 입력 내용이 추가 된다.

삼쩜삼, 프리랜서의 절세와 세무신고

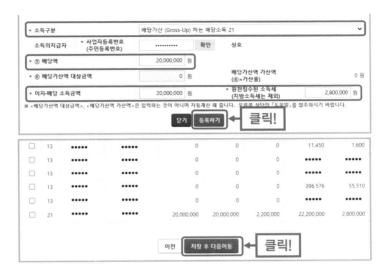

- 추가로 입력할 배당소득이 있는 경우 같은 방법으로 입력한다.

- 먼저 소득구분 항목에서 21번부터 29번까지 해당되는 배당소득의 종류를 선택한다.

- 배당지급 법인의 사업자등록번호를 입력한 후 **확인** 버튼을 클릭한다.

- 배당액 항목에 지급자별로 연간 원천징수세액 차감 전 총배당액을 입력하고, 원천징수된 소득세를 적는다.

- 배당가산액 대상금액과 배당가산액 가산액은 입력하는 것이 아니며 자동 계산 해준다.

- **등록하기** 버튼을 클릭하면 화면에 입력 내용이 추가 된다.

- 입력이 완료되면 화면 하단 **저장 후 다음이동** 버튼을 클릭한다.

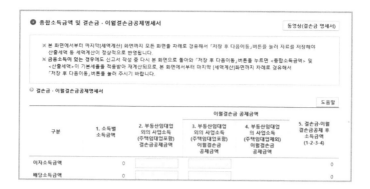

- 결손금의 내역이 있는 경우 해당 내용을 입력하여 등록하고, 없을 경우 **저장 후 다음이동** 버튼을 클릭한다.

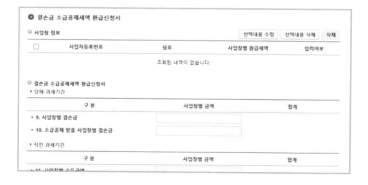

- 결손금이 발생하지 않으면 **결손금 소급공제세액 환급신청서** 작성은 생략한다. **저장 후 다음이동** 버튼을 클릭한다.

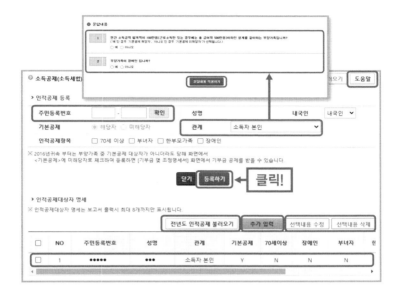

- 인적공제 대상 요건은 도움말 버튼을 클릭하여 확인 가능하다. 전년
  도 인적공제를 적용하고자 하는 경우 인적공제대상자 명세 우측상
  단에 전년도 인적공제 불러오기 버튼을 눌러 불러온다.

- 추가로 인적공제를 받고자 하는 가족이 있는 경우 인적공제대상자
  명세의 우측 추가 입력 버튼을 누르면 위쪽으로 입력할 수 있는 인적
  공제 등록란이 보여진다.

- 주민등록번호에 추가할 인적공제대상자의 주민등록번호를 입력하
  고 확인 버튼을 클릭한다.

- 관계란에 해당하는 사항을 선택하면 문답형 팝업창이 뜬다. 질문에 예/아니오를 선택하면 기본공제 및 인적공제 항목에 해당 여부가 자동 선택되며, 추가로 선택할 인적공제 항목은 직접 선택한다.

- **등록하기** 를 클릭하면 인적공제대상자 명세 목록에 추가된다.

- 추가로 입력할 내용이 있는 경우 같은 방법으로 입력 후 **등록하기** 를 클릭한다.

- 인적공제대상자 명세에서 입력된 목록을 확인한다.

- 인적공제대상자 명세 목록에서 인적공제자를 선택하여 **선택내용 수정 또는 삭제** 버튼을 클릭 후 내용을 수정/삭제할 수도 있다.

- 화면을 아래로 이동하면 기타공제 및 특별공제 항목이 나타나며, 우측으로 소득공제 한도액이 표시되어 있다.

- 소득공제 항목 중 근로소득자인 경우에만 공제 가능한 항목이 있으니 도움말 등을 참고하여 작성해야 한다.

- 소득공제 한도액 등을 참고하여 국민연금보험료의 연간 납입금액 및 각 항목별 해당 내용을 입력한다.

- 국민연금·공무원연금 등 공적 연금보험료 납입액에 대해 소득공제를 받은 경우에는 향후 연금 수령 시 과세대상이며, 소득공제 받지 않는 경우에는 과세대상이 아니므로 다른 소득공제보다 후순위로 받는 것이 유리하다.

- 건강보험료 및 주택자금공제 항목의 금액을 수정하거나, 연말정산 간소화 자료를 불러와 입력하고자 하는 경우 <mark>연말정산 간소화 불러오기</mark> 버튼을 누른다.

- 팝업창이 뜨면 연말정산 간소화 자료를 불러올 해당 월을 선택하고 불러오기 를 클릭하거나 지출금액을 직접 입력 및 수정한다.

- 계산하기 를 눌러 공제액을 확인하고 이상 없는 경우 적용하기 버튼을 눌러 입력한다.

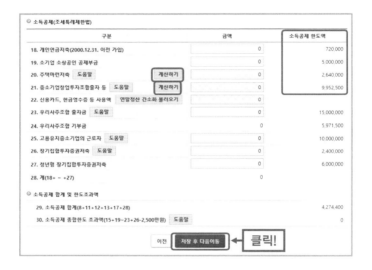

- 조세특례제한법상 소득공제명세서를 입력하는 화면이다.

- 우측에 소득공제 한도액이 표시되어 있으니 금액 입력 시 소득공제 한도액을 초과하여 입력하지 않도록 유의해야 한다.

- 각 항목별 도움말 및 계산하기 버튼을 활용하여 해당 금액을 입력한 후 저장 후 다음이동 버튼을 클릭한다.

- 작성할 기부금이 없는 경우 다음 화면으로 이동할 수 있도록 팝업창이 뜬다. 기부금 명세를 입력하지 않고 다음화면으로 이동하기 위해 확인 을 누른다.

- 기부금 내역을 입력하고자 하는 경우 취소 를 누르면, 원천징수의무자가 제출한 기부금명세서가 있는 경우 기부금명세서 불러오기 팝업창이 뜬다.

- 당해연도 기부내역 목록과 이월분 기부내역 목록에서 해당 기부금을 선택하고 적용하기 버튼을 클릭한다.

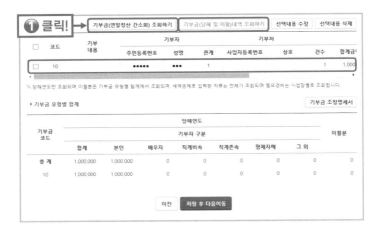

- 팝업창을 선택하지 못하고 닫았다면 화면 중간에 기부금(당해 및 이월)내역 조회하기 를 클릭하면 된다.

- 제출된 기부금명세서가 없는 경우 해당 버튼은 비활성화 상태이다.

삼쩜삼, 프리랜서의 절세와 세무신고

- 연말정산 간소화 자료가 있는 경우 **기부금(연말정산 간소화) 조회하기** 버튼을 클릭하여 공제받고자 하는 기부내역을 선택하고 **적용하기** 를 클릭한다.

- 기부금 명세 목록에 추가된다.

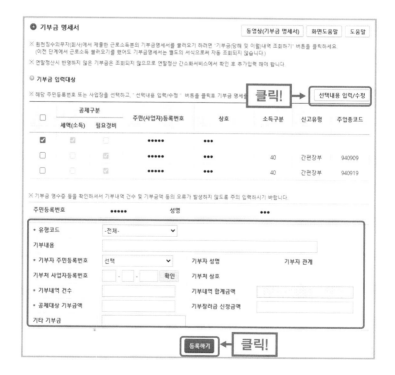

- 기부금을 직접 입력하거나 수정하여야 하는 경우 기부금 입력대상 항목에서 공제대상 및 공제구분을 선택하고 선택내용 입력/수정 버튼을 클릭한다.

- 기부금 입력 시 기부자별로 기부금 영수증에 기재된 기부내용 코드로 구분하여 해당 사항을 입력한다.

- 유형코드에 기부금 영수증에 기재된 기부내용 코드를 선택한 후 기부내용, 기부자, 기부처 사업자등록번호, 건수, 기부금액 등 해당 사항을 입력한 후 등록하기 버튼을 클릭한다.

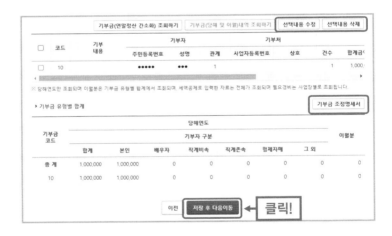

- 아래 기부금 명세에 기부내용이 추가되며, 명세를 선택한 후 선택내용 수정 또는 삭제 버튼을 클릭하면 수정/삭제도 가능하다

삼쩜삼, 프리랜서의 절세와 세무신고

- 기부금 명세서 작성 중에 입력한 기부금을 이월하고자 할 경우 **기부금 조정명세서** 버튼을 클릭하고 팝업창이 뜨면 수정하고자 하는 기부내역을 선택한 후 **선택내용 수정** 버튼을 클릭한다.

- 기부금 조정명세 내역에 기부내역이 입력되며, 18번 공제대상금액 중 금년에 공제받을 수 있는 금액을 해당 연도 필요경비 또는 해당 연도 세액공제 대상금액에 입력하면 차액만큼 해당연도에 공제받지 못한 이월금액에 자동 계산 입력된다. 입력 내용 확인하고 팝업창 맨 하단 **입력완료** 버튼을 클릭한다.

- 다른 화면으로 이동하였다가 기부금 조정이 필요하게 된 경우 상단의 기부금 입력대상 항목에서 이월할 대상을 선택하고 **선택내용 입력/수정** 버튼을 클릭한 후 **기부금 조정명세서** 를 클릭하여 같은 방법으로 수정한다.

- 입력이 완료되면 저장 후 다음이동 버튼을 클릭한다.

종합소득 산출세액 계산서

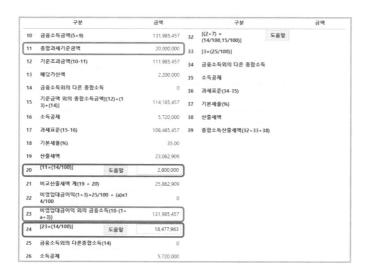

	구분	금액		구분	금액
1	비영업대금이익(25%)	0	6	배당가산(Gross-Up)대상 배당소득	20,000,000
a	비영업대금이익(14%)	0	7	원천징수되지 않은 배당소득	0
2	원천징수되지 않은 이자소득	0	8	위 6 · 7 외의 배당소득	0
3	원천징수되지 않은 비영업대금이익	0	9	배당소득 합계(6 + 7 + 8)	20,000,000
4	위 1 · a · 2 · 3 외의 이자소득	111,985,457			

- 금융소득이 있는 경우 종합소득산출세액계산 내역을 보여주는 화면이다. 이자, 배당소득명세서 등에서 입력한 내용을 자동으로 계산하여 보여준다.

	구분	금액		구분	금액
10	금융소득금액(5+9)	131,985,457	32	[(2+7) × (14/100,15/100)] 도움말	
11	종합과세기준금액	20,000,000	33	[3×(25/100)]	
12	기준초과금액(10-11)	111,985,457	34	금융소득외의 다른 종합소득	
13	배당가산액	2,200,000	35	소득공제	
14	금융소득외의 다른 종합소득	0	36	과세표준(34-35)	
15	기준금액 외의 종합소득금액[(12)+(13)+(14)]	114,185,457	37	기본세율(%)	
16	소득공제	5,720,000	38	산출세액	
17	과세표준(15-16)	108,465,457	39	종합소득산출세액(32+33+38)	
18	기본세율(%)	35.00			
19	산출세액	23,062,909			
20	[11×(14/100)] 도움말	2,800,000			
21	비교산출세액 계(19 + 20)	25,862,909			
22	비영업대금이익(1+3)×25/100 + (a)×14/100	0			
23	비영업대금이익 외의 금융소득{10-(1+a+3)}	131,985,457			
24	[23×(14/100)] 도움말	18,477,963			
25	금융소득외의 다른종합소득(14)	0			
26	소득공제	5,720,000			

삼쩜삼, 프리랜서의 절세와 세무신고

- 20번 항목란에는 11번 항목의 종합과세기준금액에 원천징수세율 100분의 14를 곱하여 계산된 값을 입력한다. 자세한 계산법은 **도움말** 버튼을 클릭하여 확인 가능하다

- 24번 항목란에는 23번 항목의 비영업대금 이익을 제외한 금융소득 금액에 원천징수세율 100분의 14를 곱하여 계산된 값을 입력한다. 자세한 계산법은 **도움말** 버튼을 클릭하여 확인 가능하다

- 입력된 내용을 확인하고 화면 아래에 **저장 후 다음이동** 버튼을 클릭 한다

세액감면(면제)신청서 내역 입력

- 세액감면 대상이 아닌 경우 **감면대상이 아닌 경우 세액감면(면제)신청서 를 입력하지 않아도 됩니다** 라고 팝업창이 뜨면 **확인** 을 누른다. 감면 세액을 입력하고자 하는 경우 **취소** 를 누르고 해당 감면세액을 입력 한다.

- 감면받을 내역이 있는 경우 각각의 항목별로 세액감면율, 대상세액, 감면세액을 입력하고 등록하기 를 클릭 후 저장 후 다음이동 을 클릭한다.

세액공제신청서 내역 입력

- 세액공제 대상이 아닌 경우 <mark>세액공제 대상이 아닌 경우 세액공제신청서</mark> <mark>를 입력하지 않아도 됩니다</mark> 라고 팝업창이 뜨면 <mark>확인</mark> 을 누른다.

- 세액공제를 입력하고자 하는 경우 <mark>취소</mark> 를 누르고 해당 공제세액을 입력한다.

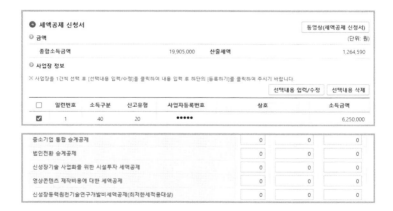

- 세액공제 항목의 내역이 있으면 각각의 항목별로 공제율, 대상세액, 공제세액을 입력한다.

- 전자신고에 대한 세액공제금액은 2만 원이며, 자동으로 계산되어 보여진다.

- 등록하기 버튼을 클릭 후 저장 후 다음이동 버튼을 클릭한다.

세액감면, 공제·준비금 명세서 내역 입력

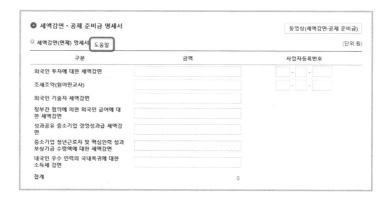

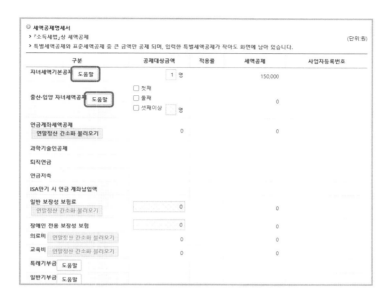

- 세액감면 및 공제 항목 중 근로소득자인 경우에만 공제 가능한 항목이 있으니 도움말 등을 참고하여 작성해야 한다.

- 세액감면명세서에 수정하거나 입력할 사항이 있는 경우 수정·입력한다.

- 세액감면, 세액공제 대상 요건은 항목별 도움말 버튼을 클릭하여 확인 가능하다

- 자녀세액공제는 소득공제 명세에서 입력한 부양가족을 토대로 자동 입력된다.

- 기부금세액공제는 기부금 및 조정명세서 화면에서 세액공제 대상
  으로 입력한 경우 그 내용을 토대로 자동 입력되어 있다.

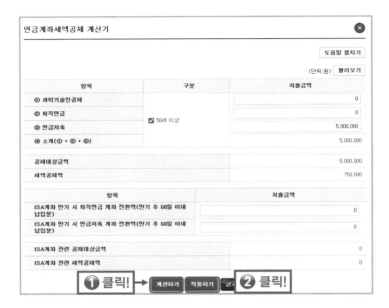

- 연금계좌세액공제는 **연말정산 간소화 불러오기** 버튼을 이용하여 지
  출금액을 불러오거나 입력하고 **계산하기** 버튼을 클릭 후, **적용하기**
  버튼을 클릭하여 입력한다.

삼쩜삼, 프리랜서의 절세와 세무신고

조세특례제한법상 세액공제 및 준비금 명세서 입력

- 조세특례제한법상 세액공제 및 준비금 명세서 중 해당 사항이 있는 경우 입력한 후 화면 하단의 저장 후 다음이동 버튼을 클릭한다.

- 중간예납 세액이 있을 시 자동으로 나타난다.

- 토지 등 매매차익 예정신고·납부세액 등은 확인하여 직접 입력한다.

- 원천징수세액 등은 각 소득명세서 작성화면에서 입력한 원천징수 세액 등이 자동 입력되어 있다. 수정해야 할 원천세액이 있는 경우 각 소득명세서 작성화면으로 이동하여 수정한다.

- 해당 사항을 입력 후에 **저장 후 다음이동** 버튼을 클릭한다

가산세명세서 입력

- 가산세명세서 적용 대상이 아닌 경우 다음 화면으로 이동할 수 있는 팝업창이 뜬다. 가산세 명세를 작성하지 않고 다음 화면으로 넘어가기 위해 **확인** 을 클릭하고 가산세명세서를 작성하고자 하는 경우 **취소** 를 클릭한다.

과소신고 가산세				감면 계산기
구분	계산기준	기준금액	가산세율	가산세액
부정과소신고	과소신고납부세액	0	40/100 (60/100)	0
부정과소신고	수입금액	0	14/10,000	0
일반과소신고	과소신고납부세액	0	10/100	0
부당감면·공제	공제세액	0	40/100	0

- 해당 내용이 없는 경우 화면 하단에 저장 후 다음이동 버튼을 클릭한다.

세액계산

구분		소득세		농어촌특별세
종합소득금액	19	19,905,000		
소득공제	20	4,274,400		
과세표준(19-20)	21	15,630,600	41	0
세율(%)	22	15.00	42	0.00
산출세액	23	1,264,590	43	0
세액감면	24	0		
세액공제	25	990,000		
종합과세(23-24-25)	26	274,590	44	0

※ 소득세 추가납부세액, 납부특례세액 또는 농어촌특별세를 입력하시는 경우 [펼치기]를 누르시기 바랍니다

세액계산 숨기기(접기) ▲

◎ 세액의 계산

- 최종 납부하거나 환급할 세액이 보여지며, 세액계산 내역을 보고자 하는 경우 세액계산 보기(펼치기)를 누른다. 기본적인 세액 계산은 기 입력된 명세서를 기준으로 자동 계산되어 보여진다.

- 화면을 아래로 이동하여 입력 내용이 맞는지 확인하고, 신고기한 내 납부할 세액 또는 환급세액을 확인한다. 환급세액이 발생한 경우 나의 환급계좌 항목에 은행 및 계좌번호를 입력한다.

- 수정할 사항이 없으면 이에 동의하며 신고서를 제출한다 에 체크 후 제출화면 이동 버튼을 클릭한다.

- 오류검사 결과, 신고 내용에 오류가 없는 경우 신고서 제출을 위한 **신고서 제출** 화면이 나타난다. 신고서를 제출하기 전 신고 내용을 최종적으로 확인하는 단계이며 이상이 없으면, **개인정보 제공동의** 여부를 선택한 후 화면 하단의 **신고서 제출하기** 버튼을 클릭한다.

- 종합소득세 신고와 별도로 지방소득세를 신고하여야 하며, **개인정보 제공** 에 동의하면 보다 편리하게 신고할 수 있다.

- 종합소득세 신고서 접수증이 화면에 보이면, 접수 결과 상태가 정상 으로 나타나며, 인쇄가 필요하면 **인쇄하기** 버튼을 클릭하면 된다.

- 하단에 **접수 상세내용 확인하기** 를 체크하거나 접수증 화면을 아래로 스크롤하면 접수증 상세내용을 확인할 수 있다.

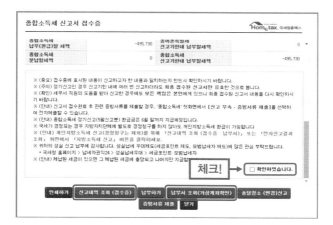

- 내용을 확인한 후에 아래 **확인하였습니다**에 체크한 후 **납부서 조회 (가 상계좌확인)** 버튼을 클릭하면 납부서 인쇄 및 전자납부 바로가기도 가 능하다.

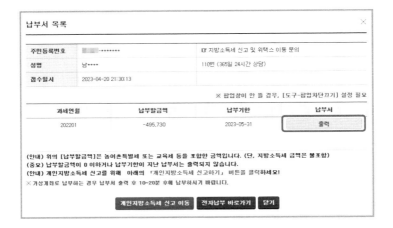

- 납부서를 조회하고 확인하고 싶으면 납부서 항목에서 **출력** 버튼을 클릭한다. 납부세액이 있는 경우 신고·납부기한까지 인터넷뱅킹의 국세자진납부 코너 등을 통하여 납부하거나, 홈택스 전자납부를 이 용하면 편리하게 납부할 수 있다.

　　　삼쩜삼, 프리랜서의 절세와 세무신고

- **신고내역 조회(접수증)** 로 이동하면 작성한 신고서, 납부서, 제출된 신고 서류 등을 확인할 수 있으며, **지방소득세 신고 이동** 버튼을 클릭하면 개인지방소득세 신고를 할 수 있다.

- 개인지방소득세는 지방자치단체에 별도로 신고하여야 하며 위택스, 스마트위택스(모바일)에서 원클릭으로 간편하게 신고할 수 있다.

28

삼쩜삼 종합소득세 신고 방법

: 기타소득이 있는 경우 (선택적 분리 과세)

- 계속·반복적 용역소득인 삼쩜삼 사업소득 외에, 일시·우발적인 인적 용역으로 8.8% 원천징수 하는 기타소득이 발생하는 경우도 있다. 사업소득과 기타소득의 구분은 용역의 계속·반복성으로 판단하는데 예를 들어 보험설계사가 일시적인 외부 강연으로 얻은 강연료 같은 사례를 들 수 있다.

잠깐 **사업소득과 기타소득의 구분**(소득세법 집행기준 21-0-10)

구분	사업소득	기타소득
개념	개인이 영리를 목적으로 자기의 계산과 책임하에 계속적·반복적으로 행하는 활동을 통해 얻는 소득	이자·배당·사업·근로·연금·퇴직·양도 소득 외에 소득세법 제21조에서 열거하는 소득
판단 기준	• 독립성 : 다른 사업자에게 종속·고용되지 아니하고 자기책임과 계산하에 사업을 경영하는 것 • 계속·반복성 • 영리 목적성	사업 활동으로 볼 수 있을 정도의 계속성·반복성 없이 일시적·우발적으로 발생하는 소득

- 이와 같이 삼쩜삼 사업소득과 팔쩜팔 기타소득이 발생한 경우 종합 소득세 신고 방법에 대해서는 2가지의 선택지가 있다. 먼저 종합소 득이란 이자, 배당, 사업, 근로, 연금, 기타소득을 합산한 소득이므로 합산신고를 하는 방법이 있다.

- 이때 기타소득금액을 확정하여야 하는데 일반적으로 일시적 인적 용역소득은 수입한 금액의 60%를 필요경비로 인정한다. 따라서 강 연료가 100만원이라면 필요경비로 60만원을 공제하여 기타소득금 액은 40만원으로 확정된다.

- 한편 기타소득 원천징수세율은 20%인데 (삼쩜삼과는 달리) 수입금액 이 아닌 소득금액(40만원)에 20%를 적용하게 되므로 8만원과 지방 소득세 8,000원을 원천징수 하는바, 이는 수입금액 대비 8.8%에 해 당하여 소위 팔쩜팔이라고 하기도 한다.

- 결과적으로 삼쩜삼 사업소득 외에 팔쩜팔 기타소득은 수입금액의 40%를 소득금액으로 잡고 원천징수 된 팔쩜팔을 기납부세액공제 하는 방식으로 세무신고를 하면 된다.

- 두 번째 선택지는 기타소득은 원천징수 한 것으로 종결하여 종합소득에 합산하지 않고 삼쩜삼만 신고하는 방식이다. 이러한 방식을 기타소득의 선택적 분리과세라고 부르는데 기타소득금액이 300만 원 이하일 경우에만 분리과세와 합산과세 중 선택할 수 있다.

- 종합소득 합산과세냐 기타소득의 선택적 분리과세냐를 선택하는 것은 그다지 어렵지 않다. 종합소득의 과세표준이 5,000만 원 이하일 경우는 소득세율이 15%이므로 기타소득을 합산해서 신고하는 것이 유리하고 5,000만 원을 초과하는 경우 분리과세를 선택하는 것이 유리하다. 왜냐하면 분리과세일 경우 기타소득의 원천징수세율은 20%이기 때문이다.

구분	신고 방법
일시·우발적 소득	기타소득으로 신고
계속·반복적 소득	사업소득으로 신고
기타소득금액이 300만 원 초과	타 소득과 무조건 합산신고
기타소득금액이 300만 원 이하	분리과세와 합산과세 중 선택
기타소득금액이 300만 원 이하 + 타 소득 과세표준이 5,000만 원 이하	타 소득과 합산신고가 유리
타소득금액이 300만 원 이하 + 타 소득 과세표준이 5,000만 원 초과	타 소득과 분리하여 신고하는 것이 유리

기타소득금액 300만 원 초과 여부

- 기타소득금액이 300만 원을 넘느냐에 따라 종합소득세 신고 방법이 달라지는데 앞서 제시한 바대로 일시적 인적용역의 필요경비율이 60%이므로 수입한 금액이 750만 원일 때 필요경비는 450만 원이 산출되어 기타소득금액이 300만 원으로 결정되는바, 기타소득으로 수입한 금액이 연간 750만 원이 넘느냐로 따지면 된다.

사업소득을 기타소득으로 원천징수 한 경우

- 한편 계속·반복적인 삼쩜삼 대상 사업소득임에도 불구하고 팔쩜팔 기타소득으로 원천징수 되는 경우도 있다. 이때에는 비록 상대방이 기타소득으로 8.8% 원천징수 하더라도 사업소득으로서 신고해야 하고 다른 3.3% 소득과 합산해서 신고해야 한다. 다만 원천징수 된 금액은 8.8%이므로 기납부세액공제는 8.8%로 계산하여 공제받으면 된다.

- 사업소득이냐 기타소득이냐의 판단은 사실관계에 기초한 것으로 매우 다양한 사례가 발생할 수 있는데 아래 사례를 참조하기 바란다.

유형	사업소득	기타소득
교수의 연구용역비	• 교수가 연구 주체가 되어 연구계약을 체결하고 직접 대가로 수령하는 연구비 • 교수가 연구용역비를 직접 관리하는 경우	• 교수 등이 근로제공과 관계 없이 대학으로부터 받는 연구비 • 대학의 자체 연구관리비 규정에 따라 대학에서 연구비를 관리하는 경우
창작소득	미술, 음악, 저작 등을 전문으로 하는 사람이 창작 활동을 하고 얻은 소득	신춘문예 등에서 받는 상금
강의	해당 분야의 전문가가 독립적인 지위에서 계속, 반복적으로 제공하는 용역에 대한 소득	고용관계 없이 일시적으로 용역 제공하고 받은 소득
경기대회에서 받는 상금	직업운동가가 받는 경우	직업운동가가 아닐 경우
운동선수의 광고	사업목적으로 광고 등에 출연하고 지급받는 대가. 이 경우 사업목적이 있는지 여부는 그 활동의 내용·기간·횟수·태양 및 계속성과 반복성 등 거래 전반에 대한 대가에 대한 사정 등을 종합적으로 고려하여 판단할 사항임(소득-1005.2010.9.27.)	일시적으로 기업체의 광고 등에 출연하고 지급받는 대가
운동선수의 계약금	구단으로부터 받는 계약금은 사업소득	해당 단체의 대표로서 경기대회에 참가하여 행사관계자로부터 지급받는 상금

29

삼쩜삼 종합소득세 신고 방법
: 종교인소득이 있는 경우 (홈택스)

본 QR 코드를 조회하시면 최신 업데이트된
홈택스 신고 설명 블로그로 진입합니다.

종교인소득

- 종교인소득이란 종교관련 종사자가 종교의식을 집행하는 등 종교
  관련 종사자로서의 활동과 관련하여 종교단체로부터 받은 소득을
  말한다. 종교관련 종사자란 통계청장이 고시하는 한국표준직업분
  류에 따른 종교관련 종사자로 목사, 신부, 승려, 교무, 그 외 성직자,
  수녀 및 수사, 전도사, 그 외 종교관련 종사원을 포함한다.

소득구분의 선택

- 종교인소득은 기타소득으로 신고하는 것이 원칙이나, 근로소득으
  로 원천징수 하거나 종합소득세 과세표준확정신고를 할 수 있다. 기
  타소득으로 신고 시 지급받은 금액에 따라 20%~80% 상당액을 필
  요경비로 인정하고 일반적인 종합소득세 정산 방식에 따라 정산하
  고, 근로소득으로 신고 시 일반적인 근로소득세 정산 방식에 따라 정
  산한다. 종교인소득에 대하여 법정 요건 충족 시 근로장려금 등 복지

혜택 지원도 가능하다.

종교단체의 원천징수 이행 여부에 따른 신고 방법

• 종교단체는 종교인소득에 대한 원천징수 이행 여부 자체를 선택할 수 있다. 종교단체가 원천징수를 선택하는 경우에는 종교관련 종사자에게 매월 소득 지급 시 소득세를 기타소득 또는 근로소득 원천징수 방식 중 선택하여 원천징수 하고, 다음 해 2월분 소득 지급 시 연말정산을 하여야 한다.

• 그러나 종교단체가 원천징수를 하지 않은 경우에는 종교관련 종사자가 다음 해 5월에 종교인소득에 대해 종합소득세 과세표준확정신고를 직접 하여야 한다.

홈택스 로그인

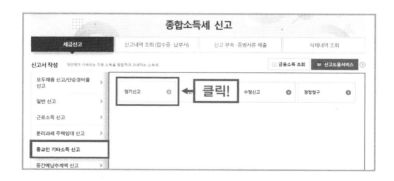

- 홈택스의 로그인을 통하여 접속한 후 종교인 기타소득 신고의 정기 신고를 클릭한다.

기본사항 작성

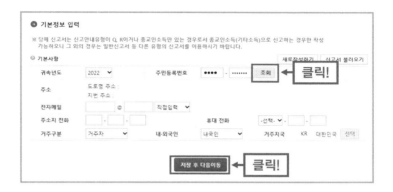

- 주민등록번호 항목에 조회 버튼을 클릭하면 납세자 기본정보가 조회되며 신고인 기본사항에 주소지 전화, 휴대전화 중 하나를 입력한다. 납세자 정보에서 수정 사항이 있으면 수정 입력한다. 입력이 완료되면 저장 후 다음이동 버튼을 클릭한다.

- 종교단체에서 제출한 종교인소득 명세가 있으면 화면에 표시된다. 종교인소득을 추가 입력하거나 제출된 명세의 수정이 필요할 경우 우측 상단의 **종교인소득명세 입력/수정하기** 버튼을 클릭하면 추가 입력 및 수정할 수 있는 팝업창이 나타난다.

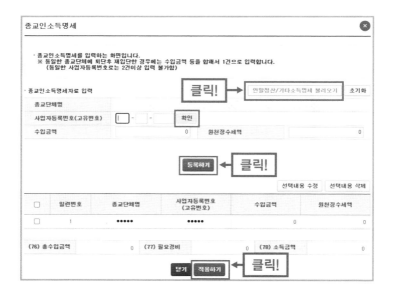

- **연말정산/기타소득명세 불러오기 버튼** 을 클릭하면 제출된 명세 내용을 확인할 수 있다. 추가할 종교인소득이 있으면 **종교인소득명세자료 입력** 란에 입력할 종교단체 사업자등록번호나 고유번호를 입력한 후 **확인** 버튼을 클릭하고 수입금액과 원천징수세액을 입력한 후 **등록하기** 버튼과 **적용하기** 버튼을 차례로 클릭한다.

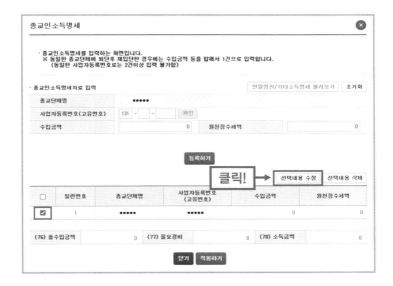

- 소득명세 자료의 수정이 필요할 경우 해당 자료 왼쪽의 박스를 체크한 후 **선택내용 수정** 버튼을 클릭하면 위쪽의 **종교인소득명세자료 입력** 란에 해당 자료의 소득명세가 표시된다.

- 내용 수정 후 등록하기 버튼을 클릭하면 수정된 내용이 하단에 기재 된다.

삼쩜삼, 프리랜서의 절세와 세무신고

- **적용하기** 버튼을 클릭하면 팝업창이 닫히고 입력한 내용이 종교인 소득 명세란에 표시된다.

인적공제대상자

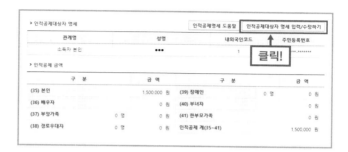

- 화면 아래쪽으로 이동하면 인적공제대상자를 입력하는 화면이 나온다. 추가로 등록할 인적공제대상자가 있는 경우 우측 상단의 **인적공제대상자 명세 입력/수정하기** 버튼을 클릭하면 인적공제 팝업창이 나타난다.

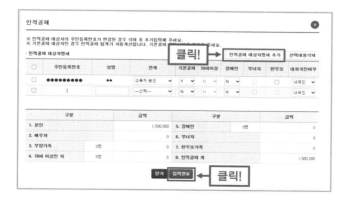

- 우측 상단의 인적공제대상자 명세 추가 버튼을 클릭하여 대상자 인적 사항을 입력 후 입력완료 버튼을 클릭하면 수록된다.

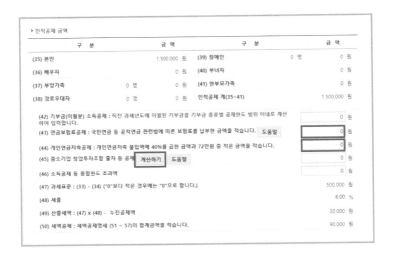

- 인적공제금액 화면 아래쪽으로 이동하면 소득공제를 입력하는 화면이 나온다.

- 국민연금 납입금액이 있는 경우 연금보험료공제 항목에, '00.12.31. 이전 가입한 개인연금저축 납입금액은 개인연금저축공제 항목에 각각 입력한다.

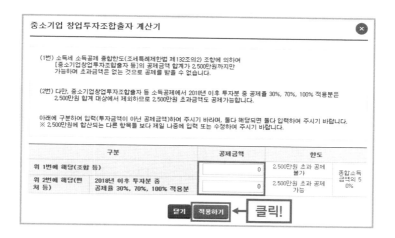

- 중소기업 창업투자조합 출자금액이 있는 경우 **계산하기** 버튼을 클릭하면 나타나는 팝업창에 해당 금액을 입력하고 **적용하기** 버튼을 클릭하면 입력된다.

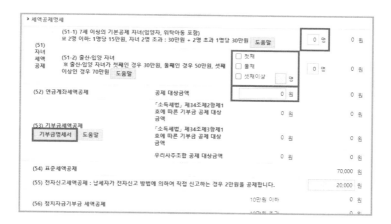

- 소득공제 화면 아래쪽으로 이동하면 세액공제를 입력하는 화면이

나온다. 기본공제 자녀 및 출산·입양자녀가 있을 경우 항목별 도움 말을 참조하여 해당 항목을 각각 입력한다.

• '01.1.1. 이후 가입한 연금저축납입금액이 있는 경우 연금계좌세액 공제 항목에 입력한다.

• 표준세액공제와 전자신고세액공제는 자동으로 입력된다.

• 기부금이 있는 경우 기부금세액공제 항목의 **기부금명세서** 버튼을 클릭한다.

기부금명세서

• 종교인소득 연말정산 시 지급명세서와 함께 제출한 기부금명세서 는 해당 연도 기부명세에 표시된다. 기부금을 추가로 입력하려면 **해**

당연도 기부명세 추가 버튼을 클릭한다.

- 해당연도 기부명세에 기부금 코드 및 기부내역을 입력할 수 있으며 입력된 내용은 하단의 기부금 조정명세에 반영된다. **등록하기** 버튼을 클릭하면 해당 내용이 수록된다.

- 해당연도 기부금세액공제 금액이 한도액을 초과할 경우 **등록하기** 버튼을 클릭 시 팝업창에 관련 메시지가 표시되며 수록되지 않는다. 한도초과액은 기부금 조정명세의 이월금액에 입력하면 세액공제액이 자동으로 수정되며 **등록하기** 버튼을 클릭하면 수록된다.

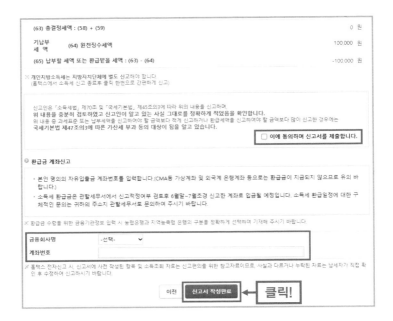

- 신고서 작성이 완료되고 세액공제 화면 아래쪽으로 이동하면 총결정세액 및 납부할 세액 화면이 나온다. 납부 및 환급받을 금액을 확인하고 안내 문구를 읽어본 후 이에 동의하며 신고서를 제출한다 에 체크한다.

- 환급받을 금액이 있으면 환급받을 은행명과 계좌번호를 입력하고 신고서 작성완료 버튼을 클릭한다.

- 신고서를 제출하기 전 신고 내용을 최종적으로 확인하는 단계이며 **상세내역 펼치기** 버튼을 클릭하면 신고 내용을 확인할 수 있다. 이상이 없으면 개인정보 지방자치단체 제공동의 여부를 선택 후 화면 하단의 **신고서 제출하기** 버튼을 클릭한다. 종합소득세 신고와 별도로 개인지방소득세 신고를 하여야 하며 개인정보 제공에 동의하면 보다 편리하게 신고할 수 있다.

- 종합소득세 신고서 접수증이 화면에 보이면, 접수 결과 상태가 정상으로 나타나며, 인쇄하려면 **인쇄하기** 버튼을 클릭하면 된다. 하단에 **접수 상세내용 확인하기** 를 체크하거나 접수증 화면을 아래로 스크롤하면 접수증 상세내용을 확인할 수 있다.

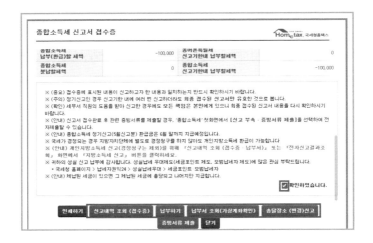

　　　　　　　　　삼쩜삼, 프리랜서의 절세와 세무신고

- 내용을 확인한 후에 아래 `확인하였습니다` 에 체크한 후 `납부서 조회 (가상계좌확인)` 버튼을 클릭하면 납부서 인쇄 및 전자납부 바로가기도 가능하다.

- 납부서를 조회하고 확인하고 싶으면 납부서 항목에서 `출력` 버튼을 클릭한다. 납부세액이 있는 경우 신고·납부기한까지 인터넷뱅킹의 국세자진납부 코너 등을 통하여 납부하거나, 홈택스 전자납부를 이용하면 편리하게 납부할 수 있다.

- `신고내역 조회(접수증)` 로 이동하면 작성한 신고서, 납부서, 제출된 신고 서류 등을 확인할 수 있으며, `지방소득세 신고 이동` 버튼을 클릭하면 개인지방소득세 신고를 할 수 있다.

30

프리랜서의 세금납부와
소득금액 증명원 발급 방법 (홈택스)

- 종합소득세와 지방세는 홈택스나 인터넷지로, 인터넷뱅킹, ARS(텔레뱅킹) 신청을 통하여 납부할 수 있다.

홈택스에서 납부

- 홈택스에서 납부하려면 다음과 같이 진입하여 납부하면 된다. 로그인(공동·금융인증서 필수) → 신고/납부 → 세금납부 → 국세납부 → 납부할 세액 조회납부 → 납부하기 → 결제수단 선택 (계좌이체·신용카드·간편결제, 이용 시간 07:00 ~ 23:30)

카드로택스(www.cardrotax.kr), 인터넷지로(www.giro.or.kr) 납부

- 카드로택스 또는 인터넷지로로 납부하려면 다음과 같이 진입하여 납부하면 된다. **로그인**(공동·금융인증서 필수) → **국세** → **조회납부 또는 자진납부** → **납부하기** → **결제수단 선택** (신용카드·계좌이체·간편결제, 이용 시간 00:30 ~ 23:30, 일부 은행의 계좌이체는 07:00 ~ 23:30 이용 가능)

은행·우체국·세무서 등에 방문납부

- 전자신고 후 납부서를 출력하거나 납부서 서식에 납부번호, 세무서 코드, 계좌번호, 인적사항, 납부세액 등을 직접 기재하여 우체국 또는 은행에 납부하거나 금융기관의 CD/ATM에 접속하여 납부할 수 있고, 전국의 세무관서에 설치된 신용카드 단말기로도 납부가 가능하다.

- 또한 상기 방법 이외에도 핸드폰에서 홈택스와 지로의 모바일 버전인 손택스나 모바일 지로를 통하여 납부할 수 있다. 단 신용카드로 납부 시 납부대행수수료(납부세액의 0.8%, 단 체크카드의 경우 0.5%)가 부가된다. 기타 납부화면 입력, 결제 시 오류 등 관련 사항은 금융결제원 누리집 및 상담센터(TEL. 1577-5500)로 문의하면 된다.

- 전세자금 대출이나 집을 구입하려면 은행에 소득금액 증명원이나 납세증명서를 제출해야 한다. 소득금액 증명원 등은 홈택스, 손택스, 정부 24시, 네이버 앱, 세무서나 주민센터에서 발급이 가능한데 소득금액증명원이나 납세증명서를 발급받는 방법에 대해서 알아보자.

홈택스 신청 방법

- 홈택스 신청 방법은 다음과 같다. 홈택스 `로그인` → `국세증명` 메뉴를 클릭한다.

- 소득금액 증명원 신청서를 작성하고 필요한 정보(성명, 전화번호 등)를 입력하고 제출을 클릭한다.

- 이후 인터넷 접수목록 조회에서 출력을 클릭한다.

네이버 앱 신청 방법

- 네이버 앱에 들어가 오른쪽 상단의 **프로필** 을 클릭하고 **전자증명서** 로 이동하여 필요한 **민원증명서** 를 클릭하면 네이버 앱 신청을 활용할 수 있다.

정부 24시 신청 방법

- 정부 24시 신청 방법은 다음과 같다.

① 정부24(www.gov.kr) 접속
② 공동·금융 인증서 로그인

③ 소득금액증명원 발급 신청

④ 전화번호 입력

⑤ 용도 선택

⑥ 수령 방법 및 제출처 입력

⑦ 발급내용 선택하기

⑧ 민원 신청하기

⑨ 문서출력

⑩ 인쇄

31

삼쩜삼, 퇴직금과 합산해서
신고해야 하나?

- 근로계약에 따라 고용한 근로자가 1년 이상 근속하고 퇴사하면 사업자는 근로자의 근무 연수 1년을 기준으로 월평균임금 상당액의 퇴직금을 반드시 지급해야 한다.

- 예를 들어, 퇴직하는 근로자의 월평균임금이 300만 원이고 근속연수가 만 3년이라면 월평균임금에 3년을 곱한 900만 원을 퇴직금으로 주어야 한다. 이처럼 평균임금 계산에는 정기 상여나 연차수당이 포함되지만, 부정기 상여와 부정기 수당은 제외된다.

- 이처럼 퇴직금이란 근로소득자가 다니던 회사에서 퇴직함으로써 받는 일시적 소득으로 그 대가는 근로기간을 고려하여 산정된다.

- 한편 퇴직소득은 회사가 퇴직소득세를 원천징수 하는 방식으로 분류과세된다. 계산 방식은 연분연승이라는 방식으로 다음과 같이 매우 복잡하므로 회사에서 전산으로 계산하는 방식으로 이해하면 된다.

종합소득세		금액	비고
	퇴직급여	300,000,000 원	
(-)	근속공제액	15,000,000 원	10년 근속 가정
(=)	환산대상 퇴직급여	285,000,000 원	
	연분소득금액	28,500,000 원	근속연수로 나눔
	환산퇴직급여	342,000,000 원	12를 곱함
(-)	환산공제액	166,400,000 원	
(=)	환산과세표준	175,600,000 원	
	1년 치 산출세액	3,899,000 원	기본세율 적용 후 12로 나눔
	총산출세액	38,990,000 원	근속연수를 곱함
	지방소득세	3,899,000 원	
	계	42,889,000 원	

근속연수	근속공제액
5년 이하	100만 원×근속연수
5~10년 이하	500만 원 + 200만 원×(근속연수 - 05년)
10~20년 이하	1.500만 원 + 250만 원×(근속연수 - 10년)
20년 초과	4,000만 원 + 300만 원×(근속연수 - 20년)

삼쩜삼, 프리랜서의 절세와 세무신고

환산급여	환산공제액
800만 원 이하	환산급여의 100%
800만 원 ~ 7,000만 원 이하	800만 원 + (800만 원 초과분의 60%)
7,000만 원 ~ 1억 원 이하	4,520만 원 + (7,000만 원 초과분의 55%)
1억 원 ~ 3억 원 이하	6,170만 원 + (1억 원 초과분의 45%)
3억 원 초과	1억 5,170만 원 + (3억 원 초과분의 35%)

과세표준	세율	누진공제
1,400만 원 이하	6%	–
5,000만 원 이하	15%	1,260,000원
8,800만 원 이하	24%	5,760,000원
1.5억 원 이하	35%	15,440,000원
3억 원 이하	38%	19,940,000원
5억 원 이하	40%	25,940,000원
10억 원 이하	42%	35,940,000원
10억 원 초과	45%	65,940,000원

- 그러나 퇴직소득은 종합소득과 합산되는 소득이 아니다. 위 사례에서 산출된 퇴직소득 원천징수세액으로 납세의무는 종결된다. 따라서 퇴직 이후 프리랜서로 전향하여 삼쩜삼 사업소득을 얻게 되는 경우 근로소득, 사업소득에 퇴직소득을 합산해서 신고할 필요가 없다.

- 다만 '퇴직소득을 일시에 얻을 것인가?' 아니면 '퇴직연금으로 돌려서 향후 연금 형태로 받을 것인가?'가 오히려 절세와 관련이 있다.

- 애초부터 확정기여형 퇴직연금에 가입한 경우라면 퇴직 시에도 퇴직소득은 발생하지 않는다. 확정기여형 퇴직연금(DC형이라 함)은 매년도 모든 사원의 퇴직금을 중간정산 해서 금융기관에 예치하는 제도로 사업자는 근로자가 퇴직할 때 퇴직금을 별도로 지급할 필요가 없다. 이미 금융기관에 퇴직금 전액을 예치했기 때문이다.

- 다만 근로자가 퇴직 후 DC형 퇴직금을 일시에 받게 되면 그때 퇴직소득으로 과세된다. 그러나 연금 형태로 지급받게 되면 연금 실제 수령연차에 따라 연금외수령 원천징수세율의 60%~70% 세율로 원천징수 하고 동 연금소득은 종합소득에 합산하지 않고 원천징수로 납세의무가 종결된다.

- 확정기여형과 대비되는 확정급여형 퇴직연금(DB형이라 함)은 회사가 매년도 퇴직금 재원의 60% 이상을 금융기관에 예치하는 제도이다. 근로자가 퇴직하게 되면 사업자는 퇴직금을 지급해야 하는데, 일부는 금융기관에서 지급하고 나머지는 사업자가 지급하게 되는 구조이다.

- 이때에도 개인형 퇴직연금(IPR)으로 돌려서 연금 형태로 받으면 퇴직소득은 발생하지 않고 일시에 받게 되면 그 때 퇴직소득으로 과세

된다. 그러나 연금 형태로 지급받게 되면 연금 실제 수령연차에 따라 연금외수령 원천징수세율의 60%~70% 세율로 원천징수 하고 동 연금소득은 종합소득에 합산하지 않고 원천징수로 납세의무가 종결된다.

32

종합소득세 신고 불이행에 따른
제재와 구제 방법

종합소득세 신고 · 납부기한

- 종합소득세는 매년 1월 1일부터 12월 31일까지를 한 과세기간으로 보아 일반적인 경우에는 다음 연도 5월 31일까지, 성실신고확인대상 사업자에 해당하게 되면 6월 30일까지 신고·납부해야 한다.

- 그러나 신고기한을 놓치면 되면 기한 후 신고를 할 수 있는데 이때 에는 무신고가산세와 납부지연가산세를 부담하여야 한다.

무신고가산세

구분		가산세율	
		일반 과소	부정 과소
신고 관련	무신고가산세	20 %	40 % 또는 60 %
	과소신고가산세	10 %	40 % 또는 60 %
납부 관련	납부지연가산세	1일 0.022 % (연 8.03 %)	

- 무신고가산세는 일반적인 경우에는 무신고 한 납부세액의 20%의 가산세가 부과되지만 부정행위로 무신고한 경우에는 40%, 국제거래에서 발생한 부정행위의 경우에는 60%의 가산세가 부과된다.

- 한편 제때 신고하였으나 납부할 세액을 신고하여야 할 세액보다 적게 신고하거나 환급받을 세액을 신고하여야 할 금액보다 많이 신고한 경우에는 과소신고·초과환급신고 가산세가 부과된다. 가산세율은 일반적인 경우 과소신고 한 납부세액의 10%로 한다.

납부지연가산세

- 신고 여부와는 별개로 납세의무자가 법정납부기한까지 국세 납부를 하지 아니하거나, 적게 납부하거나, 환급받아야 할 세액보다 많이 환급받은 경우에는 납부지연가산세를 부과한다. 납부지연가산세는 미납세액에 법정납부기한의 다음 날부터 실제 납부일까지의 기간(=미납기간)에 0.022%(연 8.03%)를 곱한 금액 상당액을 가산세로 부과한다.

- 한편 제때 납부하지 않아 세무서로부터 납세고지서를 받은 경우 동 납부기한까지 납부하지 아니한 경우에는 3%의 가산세를 추가로 부과한다. 예를 들어 프리랜서가 종합소득세를 법정납부기한까지 납부하지 아니한 경우에는 미납부세액에 미납기간, 0.022%를 곱한 금액을 고지하지만, 고지서상 납부기한을 넘기면 미납세액의 3%를 추

가로 더해 독촉한다.

기한 후 신고와 가산세 감면

- 그러나 무신고 한 경우라도 신고기한 경과 후 6개월 이내에 기한 후 신고를 하게 되면 무신고 가산세액의 일부를 다음과 같이 감면해 준다.

  - 법정신고기한이 지난 후 1개월 이내
    : 무신고 가산세액의 50% 감면
  - 법정신고기한이 지난 후 1개월 초과 3개월 이내
    : 무신고 가산세액의 30% 감면
  - 법정신고기한이 지난 후 3개월 초과 6개월 이내
    : 무신고 가산세액의 20% 감면

수정신고와 가산세 감면

- 한편 과세표준신고서를 법정신고기한까지 제출한 자가 법정신고기한이 지난 후 2년 이내에 수정신고 한 경우에는 과소신고·초과환급신고 가산세를 다음과 같이 감면해 준다.

  - 법정신고기한이 지난 후 1개월 이내
    : 해당 가산세액의 90% 감면

- 법정신고기한이 지난 후 1개월 초과 3개월 이내

   : 해당 가산세액의 75% 감면

- 법정신고기한이 지난 후 3개월 초과 6개월 이내

   : 해당 가산세액의 50% 감면

- 법정신고기한이 지난 후 6개월 초과 1년 이내

   : 해당 가산세액의 30% 감면

- 법정신고기한이 지난 후 1년 초과 1년 6개월 이내

   : 해당 가산세액의 20% 감면

- 법정신고기한이 지난 후 1년 6개월 초과 2년 이내

   : 해당 가산세액의 10% 감면

- 위와 같이 가산세 감면은 신고 관련 가산세에 국한하는 것이고, 납부 관련 가산세는 감면대상이 아니므로 최대한 빨리 정정신고를 하는 것이 유리하다.

33

종합소득세를 체납한다면
어떤 불이익이 있을까?

체납

- 일단 납세자가 내야 할 세금을 내지 않으면, 과세관청은 납부기한을 정하여 세금을 납부하라고 납세고지서를 보낸다. 납세고지서상의 납부기한까지 세금을 납부하지 않은 상태를 '체납'이라고 한다.

가산금 성격의 납부지연가산세 징수

- 체납이 발생하면 그 즉시 납세고지서에 고지된 세금의 3% 상당액의 가산세가 1회 더해진다. 이후에도 계속 체납하게 되면 연 8.03%의 납부지연가산세가 더해지는 구조이다.

납세증명서 발급 제한

- 세금을 체납하면 단순히 가산세가 더해지는 것에 끝나지 않는다. 체납자에게는 대출을 받거나 관급공사에 입찰할 때 제출해야 하는 납

세증명서가 발급되지 않는다. 다만, 부득이한 사정이 있어 세무서에서 징수를 유예받은 경우에는 해당 유예액 외에는 체납액이 없다 라는 식으로 납세증명서가 발급된다.

관허사업의 제한

- 사업 관련 세금이 체납되면 관허사업도 사실상 유지하기가 어렵다. 세무서에서 사업의 주무관서에 허가 등을 제한하도록 요구하거나 허가 취소를 요구할 수 있기 때문이다.

신용불량 등록, 출국 금지, 인터넷 공개

- 게다가 체납세액이 500만 원 이상이면 신용불량으로 등재될 수 있고, 체납세액이 5,000만 원 이상이면 해외도피가 의심스러운 경우 출국 금지를 당할 수도 있다. 그리고 체납세액이 2억 원 이상이면 고액 상습 체납자로 인터넷에 공개되어 망신을 당하게 된다. 다만, 체납된 국세가 억울한 세금이어서 행정쟁송으로 국가와 송사를 벌이는 중일 때는 예외이다.

강제 징수 절차

- 과세관청에서는 체납 이후 독촉장을 보내고, 독촉 이후에도 납부하지 않으면 체납자의 재산을 조회해 압류한다. 그리고 이를 캠

코(KAMCO), 즉 한국자산관리공사에 의뢰하여 공매한 뒤 과세관청을 비롯한 채권자들이 나누어 가지도록 한다.

미납국세의 열람

- 임차인이 전세를 얻을 때는 집주인이 체납자인지 또는 체납의 여지가 있는지 확인하는 것이 중요하다. 왜냐하면 집주인이 체납자라면 그 전셋집이 압류·공매되어 채권자들이 나누어 가질 때 후순위 채권으로 전세금을 떼일 염려가 있기 때문이다. 그래서 상가나 주택의 임대차계약을 하기 전에 임대인의 동의를 받아 임대인이 납부하지 않은 국세를 열람할 수 있는 제도가 운영되고 있다. 임차인은 임대인의 동의를 얻어 임차할 건물 소재지의 관할 세무서장에게 미납국세의 열람을 신청하면 된다.

- 2023.04.01. 이후에는 임대인의 동의 없이 열람 가능한 예외도 신설하였다. 열람 기간은 임대차계약 전부터 임대차개시일까지이며, 임차보증금이 1,000만 원을 초과하는 경우에는 임대인의 동의 없이도 열람 신청이 가능하다. 이 경우 열람 기관은 전국 세무서에서 가능하며 세무서장은 열람 내역을 임대인에게 통지하여야 한다.

고액 · 상습 체납자에 대한 감치 신청

- 고액·상습 체납자에 대한 제재의 실효성을 높이고자 과세관청(세관

- 이 경우 납세자는 본인 또는 세무대리인을 통해 당초 소득공제신고 시 공제 누락이 있었으니 이를 입증할 장애인증명서를 첨부해 종합소득세를 돌려달라고 관할세무서에 청구해야 한다. 이것이 확인되면 과오납 세금으로서 환급이 결정되는 것이다.

- 이렇게 잘못 낸 세금을 돌려달라고 하는 청구를 '경정청구'라고 한다. 현재는 과거 5년 전 과오납 세금까지 경정청구를 할 수 있다. 그런데 경정청구를 한다고 해서 무조건 받아주는 것은 아니다. 과세관청은 청구 내용을 심리하여 2개월 이내에 경정청구를 받아들일지 거부할지를 결정한다.

조세불복제도

- 만약 경정청구가 거부될 경우 거부처분일부터 90일 이내에 심사청구, 조세심판원 심판청구, 감사원 심사청구 가운데 하나를 선택해 과세관청의 행정 처분에 불복하는 청구를 할 수 있다. 심사청구나 심판청구는 이렇게 상급기관에 의뢰해 세금을 구제받는 제도이다. 경정청구를 거부한 하급기관에 이의신청을 할 수도 있지만, 이미 거부를 결정한 만큼 별 효과는 없다. 따라서 상급기관에 불복청구를 해서 과오납 여부를 다시 판단받게 된다.

- 이렇듯 경정청구는 당초 신고한 세금의 과오납을 다투는 것이기 때문에 경정청구 후에 불복청구에 들어가게 된다. 하지만 세무조사를

받아 추징된 억울한 세금이 있다면 경정청구 절차 없이 바로 이의신청, 심사청구 또는 심판청구를 하게 된다.

- 심사청구 또는 심판청구를 하면 해당 기관은 법률상으로 90일 이내에 불복을 받아줄지(인용 결정), 재조사하게 할지(재조사 결정), 불복을 거부할지(기각 결정), 아예 청구 요건이 맞지 않아 심리 자체를 하지 않을지(각하 결정) 결정해야 한다.

행정소송

- 만약 불복청구도 기각당하면 납세자는 기각 결정일부터 90일 이내에 행정소송에 들어갈 수 있다. 경정청구, 불복청구까지는 주로 세무사의 세무대리 영역이지만 행정소송에 들어가면 변호사가 소송대리를 해야 한다. 행정소송은 1심에서 종결되는 것이 아니라 국세청이 항소하면 2심 고등법원, 3심 대법원의 최종 결정이 있어야 끝난다.

- 한편 경정청구 또는 불복청구의 경우에는 세무사 수수료는 있지만 인지대와 같은 소송 실비는 없는 반면, 행정소송에 들어가면 심급이 넘어갈 때마다 변호사 수수료는 물론 인지대와 같은 소송 실비까지 부담해야 한다. 그러므로 납세자에게 최선의 상황은 경정청구를 잘 준비해 과세관청 선에서 끝내는 것이 유리하다.

삼□쩜□삼□, 프리랜서의 절세와 세무신고

삼쩜삼, 다른 유형으로 변화하기

PART 3

35

프리랜서에게
사업자등록이 필요한가?

인적용역으로 사업자등록을 한 경우

- 프리랜서에게 사업자등록이 필요한가? 대부분의 경우에는 특별히 사업자등록 없이 삼쩜삼 사업소득을 얻게 되므로 굳이 필요하지 않을 수 있다. 그러나 세무장부를 할 경우 홈택스에 각종의 세무자료가 보관될 필요성이 있고, 이러한 세무자료 관리의 효율상, 서비스/인적용역 사업자로 부가가치세 면세사업자 등록을 하는 경우가 있다.

- 이때 경우에 따라 인적용역 수입에 대해 면세계산서의 발급과 원천징수의 중복 문제가 제기되는데 이 경우에도 원천징수의무자는 삼쩜삼으로 원천징수 하여야 한다.

- 사업자등록을 한 개인 면세사업자로부터 원천징수 대상 사업소득의 인적용역을 제공받고 대가를 지급하는 사업자는 원천징수 의무가 있는 것이며, 그 대가를 지급하는 때 원천징수 영수증을 교부하여야 하는 것이고 이 경우 원천징수의무를 이행하지 아니한 경우에

삼쩜삼, 프리랜서의 절세와 세무신고

는 소득세법상 원천징수 관련 가산세가 적용되기 때문이다. (원천세
과-3096, 2008.12.30.)

- 면세계산서 발급과 관련해서도 인적용역의 범위에 해당하는 면세
되는 용역을 공급하는 경우 소득세법 규정에 의한 계산서를 교부
하여야 하는 것이나, 소득세법 규정에 의한 원천징수 대상 사업소
득의 수입금액을 지급하는 자가 면세되는 인적용역의 대가를 지급
할 때 용역을 공급받는 자로부터 원천징수 영수증을 교부받는 것에
대하여는 소득세법 규정에 의한 계산서를 교부한 것으로 보는 것이
므로 세무 실무상 사업자등록 없는 프리랜서와 다를 바는 없다. (서
면1팀-962, 2005.08.16.)

일반업종으로 사업자등록을 한 경우

- 그러나 프리랜서는 그 업무의 유형에 따라 부가가치세 면세대상 인
적용역이 아닌, 일반업종으로 사업자등록을 할 수도 있다. 예를 들어
프리랜서인 목수로 일할 수도 있지만, 일반업종인 건설업/내장목공
사업으로 사업자등록을 할 수도 있다.

- 이때부터는 건설업자인 목수는 부가가치세법상 과세사업자로 전환
되는 것이고, 삼쩜삼의 사업소득 유형과는 전혀 다른 길을 가게 된
다. 종합소득세 외에 부가가치세를 신고·납부해야 하고 삼쩜삼 원천
징수가 아닌 세금계산서를 발급하여야 한다.

- 이러한 일반업종은 중소기업 특별세액감면이나 창업중소기업 감면 과 같은 세제 혜택이 있을 수 있으므로 프리랜서의 유형에 따라 일 반업종으로 전환하는 것을 고려하는 것이 매우 중요하다.

사업자등록의 개념

- 프리랜서에서 벗어나 일반업종으로 사업을 시작하려면 사업자등록 부터 해야 한다. 사업자등록이란 자신이 하고자 하는 사업을 사업장 별로 관할세무서에 신고하고 등록번호를 부여받는 절차로, 사업자 는 등록 기한, 등록 장소, 구비 서류, 등록 유형 등 사업자등록 관련 사항에 관하여 알아두어야 한다.

- 특히 등록 장소가 어디냐에 따라서 중소기업 특별세액감면이나 창 업중소기업 세액감면을 받는데 유리한 부분이 있으므로 반드시 이 부분을 검토하고 사업자등록을 신청하여야 한다.

사업자등록 기한

- 사업자등록은 사업장별로 사업개시일부터 20일 이내에(사업개시 전 등록 가능) 사업장 관할세무서에 사업자등록을 해야 한다. 제때 하지 못하면 미등록가산세도 있고 매입세금계산서의 매입세액 공제를 받지 못할 수도 있다.

- 부가가치세 면세사업자인 프리랜서에서 벗어나 과세사업자로 전환된 경우, 종전에 신경 쓰지 않았던 매입세금계산서상 매입세액을 부가가치세에서 공제받는 것이 매우 중요하기 때문에 제때 사업자등록을 신청하는 것이 중요하다.

- 다만 예전에는 사업개시일부터 20일 이내에 하지 않아서 매입세금계산서를 사업자등록번호로 받지 않고 주민등록번호로 받으면 매입세액공제 자체를 부인했는데 요즘은 많이 완화되었다.

- 지금은 사업개시일이 아닌, 부가가치세 과세기간이 경과 후 20일 이내에 사업자등록을 신청한 경우로서 주민등록번호로 수수한 경우에는 등록신청일부터 해당 과세기간의 기산일까지 역산한 기간 내의 것은 매입세액공제하고 그 외의 경우는 공제하지 않는다. 즉, 당해 부가가치세 신고 시 매입세액공제를 다 받고 싶으면 늦어도 상반기 개업 시는 7월 20일까지, 하반기 개업 시는 1월 20일까지 사업자등록 신청을 해도 무방하다.

사업자등록 신청 시 구비 서류

- 사업자등록을 하려면 사업자등록신청서와 임대차계약서, 등록 또는 허가사업인 경우에는 등록증 또는 허가증이 필요하다. 따라서 세무서 민원실을 방문하기 전 반드시 전화를 걸어 추가로 준비할 서류가 무엇인지 물어보는 것이 좋다.

- 사업자등록 유형은 통상 부가가치세 납세의무 이행 여부를 기준으로 개인일반과세자, 법인일반과세자, 개인면세사업자, 법인면세사업자로 구분하지만 개인과세사업자 중 연간 매출액이 1억 400만 원 미만(2024년부터)일 것으로 예상되는 소비자상대업종의 경우에는 간이과세자라는 사업자등록을 할 수 있으니 간이과세자로 등록하는 것도 고려해야 한다.

36

사업자등록을 한 프리랜서는
홈택스를 활용하자!

- 프리랜서가 사업자등록을 하는 경우 인적용역 면세사업자로 사업자등록을 한다면 부가가치세를 낼 이유가 없다. 부가가치세 면세사업자이기 때문이다. 그리고 삼쩜삼 원천징수도 여전히 적용되므로 사실상 사업자등록을 내지 않는 경우와 달라지는 것은 없다. 그러나 사업자등록을 내면 세무자료를 홈택스로 관리할 수 있게 되어 유리하다.

- 한편 프리랜서를 벗어나 일반업종으로 사업자등록을 한다면 부가가치세를 내야 한다. 부가가치세 과세사업자이기 때문이다. 그리고 그때부터는 삼쩜삼 원천징수 제도를 벗어난다. 세금계산서를 발행하고 수수하여야 한다.

홈택스 가입

- 아무튼 사업자등록을 하게 되면 홈택스(https://www.hometax. go.kr/)에 가입하자. 아이디와 비밀번호로 접속하거나 개인 공인인증

서를 등록하면 홈택스를 활용할 수 있다. 이때 전자세금계산서를 발행하는 경우에는 반드시 전자세금계산서용 공인인증서가 필요하므로 처음부터 은행에서 사업용 계좌도 만들고 전자세금계산서용 공인인증서를 발급받아 홈택스를 활용하는 것이 좋다.

사업용 신용카드의 등록과 사업용 계좌 신고

- 홈택스에 들어가 가장 먼저 할 일은 사업상 사용할 신용카드를 사업용 신용카드로 등록(전자세금계산서·현금영수증·신용카드 메뉴 이용)하고 사업용으로 사용할 계좌를 신고하는 것이다. 그리고 사업용 경비 지출은 등록된 신용카드를 사용하고 현금지출이 발생하면 사업자등록번호로 지출증빙용 현금영수증을 발급받도록 한다.

전자세금계산서와 전자계산서의 활용

- 사업자 간 매출 또는 매입이 발생해 세금계산서나 계산서를 주고받을 때는 모두 전자세금계산서 또는 전자계산서로 관리한다. 이렇게 하면 부가가치세 신고자료는 거의 정리된다.

인건비와 용역비의 신고

- 인건비가 발생한다면 부가가치세 면세대상 프리랜서가 아닌 경우이고, 일반업종으로 사업자등록을 해야 한다. 주로 인건비 관리는 원

천징수 신고·납부로 하게 되며, 대부분 세무사 사무소에 의뢰해 처리한다. 원천징수란 소득을 지급하는 사업자가 소득을 지급받는 자로부터 해당 소득에 대한 세금 일부를 공제해 사업장 관할세무서에 매월(또는 반기) 단위로 신고·납부하는 제도를 말한다.

종합소득세 신고 관리

- 이제 세무신고를 위해 세무자료가 필요할 때는 홈택스에 접속해서 확인해 보자. 사업자의 전자(세금)계산서 매출과 매입 현황은 전자(세금)계산서에서 확인할 수 있고, 사업자의 사업용 신용카드 사용 내역과 현금영수증 사용 내역은 현금영수증에서 조회할 수 있다. 이 정도 자료가 홈택스를 통해 확인된다면 종합소득세 신고 관리가 매우 수월해질 것이다.

37

일반사업자로 전환한 후
부가가치세 신고와 전자세금계산서 발급

부가가치세

- 삼쩜삼 프리랜서가 일반업종으로 전환하면 종합소득세 외에 부가
  가치세를 신고·납부하여야 한다. 부가가치세란 사업자가 부가가치
  세가 과세되는 재화·용역을 공급할 때 공급가액의 10% 상당액을 매
  출세액으로 내고, 납부세액 계산 시 매입세금계산서·신용카드·현금
  영수증으로 확인되는 매입세액이 있으면 이를 매출세액에서 공제
  하여 계산한 세금이다.

- 따라서 부가가치세가 과세되는 재화·용역을 공급하는 사업자는 부
  가가치세 부담을 매입자에게 넘기기 위하여 거래할 때 매출액과 부
  가가치세(매출액의 10%)를 같이 청구해서 받는다. 즉 재화·용역을 공
  급한 사업자가 부가가치세를 신고·납부하지만, 실제 부담은 매입자
  가 진다. 이를 세금부담의 전가轉嫁라고 하며, 세금계산서에 부가가치
  세 부담의 전가가 나타난다.

- 세금계산서는 부가가치세 일반과세자가 사업자에게 재화·용역을 공급할 때 교부하는 매출증빙으로 공급가액과 부가가치세가 별도로 기재된다. 청구금액은 공급가액과 부가가치세액의 합계이므로, 매입자에게 부가가치세도 받게 된다. 이를 '거래징수'라고 한다.

- 또한 매입자가 부가가치세 과세사업자라면 매입세금계산서는 매입세액을 공제받을 수 있는 증빙 기능을 한다. 만일 일반과세자의 매입세액을 공제하면서 매출세액을 초과하면 그 초과분은 세무서가 환급해 준다.

세금계산서의 필요적 기재사항

- 세금계산서를 작성할 때는 공급자의 사업자등록번호와 성명 또는 명칭, 공급받는 자의 사업자등록번호(고유번호 또는 주민등록번호 기재 가능), 작성 연월일, 공급가액과 부가가치세액을 반드시 써야 하며 그밖의 사항은 임의적 기재 사항이다.

- 공급자는 공급자 보관용(적색)과 공급받는 자 보관용(청색)으로 같은 내용의 세금계산서 두 장을 작성한다. 그리고 사업자는 부가가치세를 신고할 때 매출처별 세금계산서합계표, 매입처별 세금계산서합계표를 제출하게 된다.

세금계산서(공급자보관용)

책 번 호		권		호	
일 련 번 호			-		

공급자	등 록 번 호	1 1 1 - 1 1 - 1 1 1 1 1				공급받는자	등 록 번 호	000-00-00001		
	상호(법인명)	홍길동전	성 명(대표자)	허균			상호(법인명)	챗지피티	성 명(대표자)	
	사업장 주소	서울시 OO구 OO로 100 501호					사업장 주소			
	업 태	건설업	종 목	목공사			업 태	도소매	종 목	

작성			공 급 가 액				세 액			비 고

연	월	일	빈칸 수	조	천	백	십	억	천	백	십	만	천	백	십	일	천	백	십	억	천	백	십	만	천	백	십	일
2024	02	10	5									3	0	0	0	0								3	0	0	0	0

월	일	품 목		규 격	수 량	단 가	공 급 가 액	세 액	비 고
02	10	기장료					300,000	30,000	

합 계 금 액	현 금	수 표	어 음	외 상 미 수 금	이 금액을 영수 함 청구
330,000					

210mm×148.5mm (인쇄용지(특급) 34g/㎡)

세금계산서(공급받는 자 보관용)

책 번 호		권		호	
일 련 번 호			-		

공급자	등 록 번 호	1 1 1 - 1 1 - 1 1 1 1 1				공급받는자	등 록 번 호	000-00-00001		
	상호(법인명)	홍길동전	성 명(대표자)	허균			상호(법인명)	챗지피티	성 명(대표자)	
	사업장 주소	서울시 OO구 OO로 100 501호					사업장 주소			
	업 태	건설업	종 목	목공사			업 태	도소매	종 목	

작성			공 급 가 액				세 액			비 고

연	월	일	빈칸 수	조	천	백	십	억	천	백	십	만	천	백	십	일	천	백	십	억	천	백	십	만	천	백	십	일
2024	02	10	5									3	0	0	0	0								3	0	0	0	0

월	일	품 목		규 격	수 량	단 가	공 급 가 액	세 액	비 고
02	10	기장료					300,000	30,000	

합 계 금 액	현 금	수 표	어 음	외 상 미 수 금	이 금액을 영수 함 청구
330,000					

210mm×148.5mm(인쇄용지(특급) 34g/㎡)

- 한편 세금계산서의 발급에 있어서 전년도 사업장별 매출액이 8,000만 원 이상인 개인사업자는 전자세금계산서 발급을 의무화하고 있다. 따라서 전자세금계산서 의무 발행 사업자가 전자 형태로 세금계산서를 발급하지 않으면 가산세가 부과된다.

- 주의할 것은 전자 형태로 발급된 세금계산서 또는 계산서를 국세청에 전송하지 않으면 가산세가 부과되니, 발급 즉시 국세청에 전송이 되는 홈택스를 통해 발급하는 것이 좋다. (전자세금계산서·현금영수증·신용카드 메뉴 이용)

- 한편 직전연도 공급가액(총수입금액)이 3억 원 미만인 개인사업자가 2022년 7월 17일부터 2024년 12월 31일까지 발급한 전자(세금)계산서에 대해서는 발급 건당 200원씩 연간 100만 원 한도로 전자(세금)계산서 발급에 대한 세액공제를 적용한다.

전자세금계산서의 활용

- 비록 의무적이기는 하지만 전자세금계산서·전자계산서의 실질적 혜택은 매출·매입자료 관리의 편리성과 정확성에 있다. 사업자가 홈택스에 로그인하면 자신의 사업장별로 수수한 전자세금계산서(매출·매입) 및 전자계산서(매출·매입)를 발급·조회할 수 있다. 과거 종이세금

계산서나 종이계산서로 관리할 경우에는 분실이나 누락의 위험이 있었지만, 이제는 홈택스에서 관리함으로써 편리하고 정확해졌다.

삼쩜삼, 프리랜서의 절세와 세무신고

38

일반업종으로 전환 시 어떤 세금을 낼까?

세금의 종류

- 세금은 과세권자에 따라 국세와 지방세로 나뉜다. '국세와 지방세의 조정 등에 관한 법률'에 따르면 국세는 소득세 등 총 16개, 지방세는 취득세 등 총 11개이다. 한편 국세 가운데 소득세는 종합소득세, 퇴직소득세, 양도소득세로 분류되고, 종합소득세는 다시 이자소득세, 배당소득세, 사업소득세, 근로소득세, 연금소득세, 기타소득세가 합쳐져 구성된다.

구분	세목
국세	① 소득세 ② 법인세 ③ 상속세 ④ 증여세 ⑤ 종합부동산세 ⑥ 부가가치세 ⑦ 개별소비세 ⑧ 교통에너지환경세 ⑨ 주세 ⑩ 인지세 ⑪ 증권거래세 ⑫ 교육세 ⑬ 농어촌특별세 ⑭ 재평가세 ⑮ 관세 ⑯ 임시수입부가세
지방세	① 취득세 ② 등록면허세 ③ 레저세 ④ 담배소비세 ⑤ 지방소비세 ⑥ 주민세 ⑦ 지방소득세 ⑧ 재산세 ⑨ 자동차세 ⑩ 지역자원시설세 ⑪ 지방교육세

- 이렇게 많은 세금 가운데 일반업종의 개인사업자가 알아야 할 세금은 부가가치세, 소득세, 지방소득세이다. 그리고 소득세 가운데서도 사업소득세, 근로소득세(원천징수), 퇴직소득세(원천징수)를 알면 충분하다.

부가가치세 신고 · 납부

- 일반업종의 개인사업자가 제일 먼저 신고할 것은 부가가치세로 개인사업자 중 일반과세자는 1년을 반기별로 나누어 상반기 매출·매입 실적을 7월 25일까지, 하반기 매출·매입 실적은 1월 25일까지 신고·납부해야 한다.

- 다만 간이과세자는 1년간 매출·매입 실적을 다음 해 1월 25일까지 신고·납부하는 것이 원칙인데 연간 매출액이 4,800만 원 이상인 간이과세자 중 예정부과기간(1월~6월)에 세금계산서를 발급한 간이과세자는 반기별로 예정신고를 하여야 한다.

개인사업자의 원천징수 신고 · 납부

- 일반업종의 개인사업자가 직원과 용역사업자를 사용할 경우에는 직원의 근로소득세와 용역사업자의 삼쩜삼 원천징수세액을 신고·납부해야 할 의무도 있기 때문에 급여·상여 또는 퇴직금 지급에 따른 직원의 근로소득세와 퇴직소득세 원천징수세액, 용역비 지급에 따

른 인적용역 사업자의 사업소득세 원천징수세액을 지급일의 다음 달 10일까지 신고·납부하여야 한다.

• 만일 월별 신고가 번거롭다면 반기별 납부신청을 하면 상반기 원천 징수세액은 7월 10일까지, 하반기 원천징수세액은 1월 10일까지 일 괄로 신고·납부가 가능하다.

개인사업자의 종합소득세 신고 · 납부

• 개인사업자의 1년간 사업소득에 대한 종합소득세 신고·납부기한은 다음 연도 5월 31일(성실신고확인대상 사업자는 6월 30일)까지이다. 삼 쩜삼과 마찬가지로 추계신고 할 수도 있고, 장부신고 할 수도 있다. 다만 추계신고 시 적용되는 경비율은 인적용역 사업자의 경비율이 아닌 일반업종별 경비율을 검토하면 된다.

개인지방소득세 신고 · 납부

• 소득세에 맞춰 추가로 신고·납부해야 하는 지방소득세(소득세 결정세 액의 10% 상당액)가 있는데 소득세 신고·납부기한에 함께 신고·납부 하면 된다.

39

개인사업에서 법인사업으로의 전환과
바뀌는 세금

법인사업과 개인사업의 선택

- 개인사업을 하다 보면 법인으로 전환할지 고민하는 경우가 생긴다. 특히 개인사업으로 사업을 시작하고 나서 종합소득세 부담이 높아지는 경우 법인세율이 종합소득세율보다 낮다는 이유로 법인으로 바꿔볼까 하는 사업자가 많다.

- 개인사업에서 법인사업으로 전환하면서 바뀌는 세금은 개인사업자의 종합소득세가 법인사업자의 법인세로 바뀌는 것이 대표적이다. 그런데 그 속을 들여다보면 법인사업으로 전환되면 대표자는 근로소득자로 바뀌는 것이니 세금의 틀 자체가 달라진다고 보아도 무방하다.

- 절세의 측면에서 뭐가 낫냐는 문제는 후술하기로 하고 법인의 설립과 세무신고에 대해 살펴보면 다음과 같다.

- 개인사업에서 법인으로 전환하는 경우 대부분 대표자 본인의 소규모 투자로 법인설립을 계획하기 때문에 개인사업이든 법인사업이든 인적 구성이나 물적 구성이 다를 바가 없을 것이다.

- 만일 법인을 설립한다면 주로 법무사에게 의뢰해 유한회사 또는 주식회사 형태로 설립하게 된다. 주식회사를 설립하려면 자본금이 필요한데 지금은 최저자본금의 제약 없이 법인설립이 가능하다. 또한 임원도 원칙적으로는 이사 3인, 감사 1인이지만 자본금이 10억 원 이하일 경우에는 이사 1인만으로도 법인설립이 가능하니 법인설립이 개인사업에 비해 어려운 것도 아니다.

- 유한회사냐 주식회사냐를 고민한다면 유한회사가 주식회사보다 외부 간섭에서 더 자유롭지만 흔하게 설립되는 경우는 아니라서 대부분 주식회사로 설립한다.

법인사업자의 부가가치세 신고

- 법인사업자는 1년을 분기별로 나누어 1분기 매출·매입 실적을 4월 25일, 2분기는 7월 25일, 3분기는 10월 25일, 4분기는 다음 해 1월 25일까지 부가가치세를 신고·납부해야 한다. 그러나 직전 과세기간 공급가액의 합계액이 1억 5,000만 원 미만인 소규모 법인사업

자는 부가가치세 예정신고 의무가 없다.

법인사업자의 원천징수 신고 · 납부

- 법인사업자가 직원과 용역사업자를 사용할 경우에는 직원의 근로소득세와 용역사업자의 삼쩜삼 원천징수세액을 신고·납부해야 할 의무도 있기 때문에 급여·상여 또는 퇴직금 지급에 따른 직원의 근로소득세와 퇴직소득세 원천징수세액, 용역비 지급에 따른 인적용역사업자의 사업소득세 원천징수세액을 지급일의 다음 달 10일까지 신고·납부하여야 한다.

- 만일 월별 신고가 번거롭다면 반기별 납부신청을 하면 상반기 원천징수세액은 7월 10일까지, 하반기 원천징수세액은 1월 10일까지 일괄로 신고·납부가 가능하다.

법인사업자의 법인세 신고 · 납부

- 법인사업자의 사업소득금액에 대한 법인세 신고·납부기한은 회계기간 종료 후 3개월 이내이다. 대부분 법인사업자의 회계기간은 매년 1월 1일부터 12월 31일까지로, 법인세 신고·납부기한은 통상 다음 연도 3월 31일까지이다.

- 법인세에 맞춰 추가로 신고·납부해야 하는 지방소득세(법인세 산출세액의 10% 상당액)가 있는데 법인세 신고기한 경과 후 한 달 뒤까지 신고·납부하면 된다.

40

법인사업이 개인사업보다
세금이 적다?

- 법인사업자의 법인세와 개인사업자의 종합소득세를 단순히 세율로
  만 비교하면 법인사업자가 유리하다. 하지만 단지 명목상 세율이 낮
  다고 해서 법인이 유리하다고 판단해서는 안 된다. 왜냐하면, 법인
  재산을 급여나 상여 또는 배당으로 개인이 인출할 때 다시 소득세가
  부과되어 이중적으로 과세되기 때문이다.

법인의 과세표준	법인세율	누진공제
2억 원 이하	9 %	-
200억 원 이하	19 %	2,000만 원
3,000억 원 이하	21 %	4.2억 원
3,000억 원 초과	24 %	94.2억 원

개인의 과세표준	세율	누진공제
1,400만 원 이하	6%	-
5,000만 원 이하	15%	1,260,000원
8,800만 원 이하	24%	5,760,000원
1.5억 원 이하	35%	15,440,000원
3억 원 이하	38%	19,940,000원
5억 원 이하	40%	25,940,000원
10억 원 이하	42%	35,940,000원
10억 원 초과	45%	65,940,000원

- 단순 논리로 법인사업으로 2억 원을 벌면 9%인 1,800만 원을 법인세로 내지만 개인은 5,600만 원 정도의 사업소득세를 부담하니 법인이 유리하다는 것이다. 그러나 이러한 단순 논리는 법인사업으로부터 그 대표자가 아무 이익도 취하지 않았을 때 성립하는 것이다.

- 만일 대표자가 2억 원을 급여로 가져가면 법인세는 오히려 0억 원(이익이 0원이므로)이고 근로소득세가 약 5,000만 원 가까이 나온다. 법인의 사업실적은 없어지고 소득세가 고작 몇 백만 원 낮게 나오니 이렇게 법인을 하려는 경우는 없다.

- 그러다 보니 법인사업의 경우 급여나 상여 또는 배당을 줄이고 대표

자가 임의로 법인의 자금을 인출하는 경우가 많다. 그런데 법인자금을 대표자가 임의로 인출하면 일단 가지급금(대여)으로 보고 변제하지 아니하면 법인이 대표자에게 상여금을 준 것으로 보아 세금을 부과한다.

- 게다가 대표이사가 거래상대방에게 결제할 금액을 결제하지 않고 회삿돈을 인출한다면 공금횡령으로 처벌받을 수도 있다. 반면, 개인사업자는 개인사업을 통해 획득한 모든 이익을 아무런 법적 제약 없이 자신이 취할 수 있고 사용할 수 있다.

법인사업의 올바른 선택

- 법인은 그 자체가 하나의 독립된 법률 주체이고, 대표이사나 주주와 동일체가 아니다. 따라서 법인의 재산은 개인의 재산과 구분해 관리해야 한다. 흔히 법인을 통해 돈을 벌면 대표이사나 1인 주주의 지위로 법인의 돈을 임의로 인출해 갈 수 있다고 생각하기 쉬운데, 그런 생각을 가진 사람은 법인사업을 하면 안 된다.

- 앞서 말한 대로 개인사업과 법인사업이 동일한 이익을 낼 경우 당장의 세금 부담 측면에서는 법인이 유리하다. 그러나 법인세를 내고 남은 이익을 대표이사나 주주가 함부로 가져갈 수 없고, 급여나 상여 또는 배당으로 가져가면 다시 종합소득세로 6~45%의 세금을 내야 한다. 그렇기 때문에 어찌 보면 법인사업으로 하는 것이 세금 측면에

서 조삼모사^{朝三暮四}일 수 있다. 처음에는 법인세율이 낮아서 좋아 보이지만, 나중에는 개인사업보다 더 많은 세금을 내야 하기 때문이다.

- 결국, 법인사업이냐 개인사업이냐는 세금을 기준으로 생각해서는 안 된다. 사업의 특징과 자금관리 등 여러 가지 요소를 살펴 의사결정을 해야 한다. 대개 규모가 큰 사업을 하면서 주주의 유한책임을 활용하는 경우 또는 법인에 상당한 부^富를 축적하고 개인적으로 인출할 이유가 없는 사람에게 법인이 유리하다.

41

법인사업자의
가지급금을 주의하자!

가지급금의 개념

• 법인에서 개인적으로 돈을 빌려 쓰고 갚지 않은 것은 이른바 '가지급금'이라 한다. 가지급금假支給金이란, 쉽게 말하면 회삿돈을 임직원, 주로 대주주나 대표이사가 인출해 가면서 별도의 사용처를 밝히지 않고 회사로부터 빌려 간 돈으로 처리해 달라고 할 때 쓰는 대여금의 일종이다.

가지급금에 대한 세무상 제재

• 만일 업무와 관련한 가지급금이라면 업무 종료 후 곧바로 해당 계정과목으로 처리되어 소멸되지만, 업무와 무관한 가지급금은 오랫동안 가지급금으로 남아 있는 것이 보통이며, 주로 기업자금을 유용流用하는 수단으로 이용되기 때문에 세법상 여러 규정에 의해 규제된다.

• 특히 세법상 규제대상이 되는 업무무관 가지급금은 주식회사나 유

한회사 등 법인 형태로 사업하는 경우로, 그 차입 상대방이 대주주 또는 임직원 등 특수관계에 있는 경우에 한한다. 반대로 해석하면, 개인사업자가 자신이 운영하는 사업장에서 인출하는 금전이나 법인사업자가 특수관계 없는 자에게 빌려주는 자금은 세법상 규제대상 가지급금이 아니다.

- 세무상 규제대상이 되는 경우에는 법인이 특수관계인에게 업무무관 가지급금을 대여했다면, 그 대여액에 대해 반드시 이자를 받을 것을 규정하고, 이자를 받지 않는 경우 특수관계인이 이자만큼의 소득을 얻은 것으로 간주하며, 게다가 대출금이 있는 법인이 업무무관 가지급금을 지급한 경우에는 해당 대출금의 이자비용을 세무상 경비에서 제외한다.

가지급금 인정이자에 대한 법인세 증가

- 가지급금이 있는 법인은 약정에 의한 이자 또는 당좌대출이자율과 가중평균차입이자율 중 선택한 이율에 따라 계산한 인정이자 수익(=대여금 이자)을 인식하여야 하기 때문에 법인세가 증가하게 된다. 가지급금이 많은 회사가 영업이익이 없음에도 불구하고 법인세를 내는 이유는 이러한 인정이자 수익을 영업외수익으로 인식하기 때문이다.

소득처분에 의한 소득세 증가

- 법인이 특수관계인에게 금전을 무상 또는 낮은 이율로 대부한 경우, 인정이자와 회사가 계상한 이자와의 차이를 익금산입 하고 귀속자에 따라 소득처분 해야 한다. 따라서 소득처분에 따른 소득세가 증가하는 부담이 있다. 원금과 이자를 제때 변제하지 아니하면 그 전체가 상여처분 되는 경우가 발생하기도 한다.

가지급금에 대응하는 지급이자 손금불산입

- 일반적인 부채에 대한 지급이자는 순자산 감소의 원인이 되는 손비 항목이나, 업무무관 자산 및 업무무관 가지급금이 있다면 그 금액에 상응하는 지급이자는 손금불산입 한다. 이는 법인이 대출을 받아 가지급금으로 사용하고서 대출이자를 비용 처리하는 행위를 규제하기 위함이다.

- 회사가 어려워서 부채를 끌어와도 지급이자를 경비처리 하지 못하고, 대여금 이자를 영업외수익으로 처리해 법인세를 내는 악순환이 계속되는 것이다.

대손충당금 설정 채권 제외, 대손금 채권 제외

- 특수관계인에게 업무와 관련 없이 지급한 가지급금 등에 대해서는

대손충당금을 설정할 수 없고, 채무자의 무재산 등으로 회수할 수 없는 경우에도 이를 손금에 산입할 수 없으며, 그 처분손실도 손금에 산입하지 않는다. 만일 최종 변제받지 못하면 상여처분에 이르러 소득세 폭탄을 맞게 되니 법인 전환 이후 가지급금이 발생하지 않도록 관리해야 한다.

기업진단 및 신용평가 시 자산성 부인

• 가지급금이 많은 회사는 사실상 껍데기만 있는 회사이기 때문에 기업진단 및 신용평가 등 기업자산 평가 시 특수관계인에 대한 가지급금 및 대여금은 부실자산으로 본다.

42

법인사업을 이용한
큰 틀의 절세

낮은 법인세? 가지급금?

- 법인사업을 선호하는 진짜 이유를 정리해 보면 5가지 정도이다. 먼저 앞서 살펴본 것처럼 개인사업보다 법인사업의 세부담이 낮다는 이유가 있다.

- 개인사업으로는 이익이 2억 원일 때 약 5,600만 원의 사업소득세를 내야 하지만, 법인사업으로 하면 법인세가 2,000만 원도 안 된다는 것이다. 그러나 이는 대표이사가 급여를 가져가지 않을 때의 상황이고 연봉으로 2억 원을 가져가면 법인의 이익은 0원이고 대표이사의 근로소득세는 약 4,900만 원이 나온다.

구분	개인사업 종합소득세	법인사업(급여) 법인세/근로소득세	법인사업(가지급) 법인세
대표자 급여 계산 전 이익	200,000,000원	200,000,000원	200,000,000원
대표자 급여*	200,000,000원	200,000,000원	0원
대표자 급여 계산 후 소득	200,000,000원	0원	200,000,000원
세율	38%	0%	9%
사업소득세 또는 법인세	56,000,000원	0원	18,000,000원
근로소득세	0원	49,000,000원	0원

* 개인사업은 대표자 급여를 손비처리 할 수 없고 법인사업은 손비처리 할 수 있다.

- 이에 법인에서 급여를 받지 않고 대여 형태로 인출해 가는 가지급이 발생하고 이 가지급금은 추후 법인사업의 세금 폭탄으로 작용한다.

- 적법한 절차로 법인의 이익을 가져오는 길은 대표자 급여가 아니면 이익배당이 있을 수 있는데 이때 배당소득세를 절세하기 위해 법인의 주주를 가족으로 구성하여 15.4%의 배당소득세 정도를 내는 배당 구간을 특정하여 균등배당 하는 것도 괜찮다.

- 그러나 장기적으로는 법인을 하나의 자산으로 보아 주주인 가족과 이익을 나눠 상속 및 증여 문제를 선제적으로 해결하는 것이 매우 바람직하다.

- 법인을 하나의 자산으로 보려면 개인이 보유한 자산이 상당히 필요하다. 법인으로부터 이익을 인출하지 않아도 될 정도의 상황이 되어야 한다는 의미이다. 개인 자산을 보유하는 하나의 방법으로 법인 전환 시 개인사업의 영업권을 평가하여 법인에게 매각하고 영업권 매각이익을 취하는 것이다.

- 다만 법인 전환 시 개인사업의 영업권 매각에 대해 매각금액의 40%를 개인사업자의 기타소득금액으로 보아 일시적인 세부담이 있다는 점은 고려해야 한다.

- 그리고 개인사업을 법인으로 전환하게 되는 적정시기는 개인사업의 영업권 대가가 가장 많이 산출되는 상황, 즉 과거 3년간의 수익이 최대가 될 때가 된다. 그러나 아쉬운 것은 이런 이론적 배경이 없이 개인사업의 세금이 커지면 바로 법인 전환을 하여 영업권도 거의 나오지 않고, 게다가 대표자 1인 주주로 법인 전환함으로써 가족법인 구성의 기회도 놓쳐버린다는 것이다.

기업의 영속성 보장과 가업상속공제

- 개인기업보다 법인기업이 집단경영체제라는 측면에서 영속성을 보장하기 쉬워 법인을 선호하기도 한다. 또한 개인기업과는 달리 주식

거래가 되기도 하는데 상장이나 M&A를 통해 기업이 거래될 수 있다는 점도 장점이다.

- 기업의 영속성 보장은 가업상속공제와도 관련이 있는데 우리나라는 법인기업에 한하여 가업상속공제를 허용하는 일본과는 달리 개인기업도 가업상속공제 대상이므로 법인사업이 개인사업보다 더 유리하다고 특정하기는 곤란하다.

가족으로 주주를 구성하고 정기배당을 통해 절세 가능

- 오히려 대표자 1인 주주를 고집하여 추후 가족들에게 상속 또는 증여 문제를 고민하느니 애초부터 가족으로 주주를 구성하여 법인의 이익을 지분만큼 공유하면 된다. 또한 자금이 필요한 경우에는 적절히 정기배당 함으로써 법인의 현금성 자산을 인출하는 것도 방법이다.

- 가업상속공제에 있어서도 법인의 현금성 자산은 가업상속공제 대상이 아니기 때문에 가업상속을 고민하는 것보다 가족법인을 구성하는 것이 절세적 측면에서 더 우월할 수 있다.

법인을 통한 합법적 경비지출

- 법인기업을 운영하는 경우 차량 유지, 보험, 접대, 복리후생 모두 개인적 지출이 아닌, 법인을 통한 지출로 처리함으로써 합법적 경비지

출을 통해 절세할 수도 있다.

• 그러나 교육비나 의료비와 같은 개인경비를 법인을 통해 지출하여 탈세하는 문제가 있는데 법인을 통한 영속성을 고려할 때 탈세나 공격적 조세회피는 가장 큰 문제가 된다. 특히 법인의 탈세 이력이 있는 경우 가업상속공제가 배제된다는 점에서 탈세는 반드시 피해야 한다.

삼 쩜 삼,

프리랜서의 절세와 세무신고

삼쩜삼,
유튜버
등과의
비교

PART 4

43

유튜버의 세금신고 (1)

유튜버의 사업자등록

- 유튜버는 인적설비와 물적설비의 유무, MCN 소속 여부에 따라서 사업자등록 의무와 세금신고 방법이 다르다.

- 직원을 채용하거나 사무실을 렌트하고 MCN에 소속되어 있는 경우라면 사업자등록을 하고 MCN에 세금계산서로 청구하여 매출을 인식해야 한다.

- 인적시설은 편집자 등 직원이 있는 경우를 말하며, 물적시설은 사무실, 전문 촬영 장비, 방송용 스튜디오 등이 있는 경우를 말한다.

> (잠깐) **MCN이란?**
>
> MCN이란 다중채널네트워크Multi Channel Network의 약자로 1인 미디어 창작자의 콘텐츠 유통·판매, 저작권 관리, 광고 유치, 자금 지원 등에 도움을 주고 콘텐츠로부터 나온 수익을 창작자와 나누어 갖는 미디어 사업자를 말한다. (ex. 샌드박스)

- 반면 직원이나 사무실 없이 MCN에서 3.3%를 원천징수 하고 지급받는 유튜버이거나 MCN에 소속되지 않으면서 직원이나 사무실 없는 유튜버라면 부가가치세 면세대상 인적용역 사업자로 분류된다. 필요에 따라 면세사업자로 등록할 수 있다.

업종코드	기준	구분	업태명	창업 중소기업 세액감면	세금신고 의무
921505	인적 또는 물적시설을 갖춘 경우	과세 사업자	정보통신업 (미디어 콘텐츠 창작)	적용 대상	종합소득세 부가가치세
940306	인적 또는 물적시설이 없는 경우	면세 사업자	협회 및 단체, 수리 및 기타 개인 서비스업 (1인 미디어 콘텐츠 창작자)	적용 대상 아님	종합소득세 사업장 현황 신고

업종코드에 따라 세금이 다르다!

- 어떤 형태로 사업을 할지 업종코드에 따라서 부가가치세 과세 여부, 창업중소기업 세액감면의 적용 여부가 다르므로 사업자등록 시 업종코드를 신중히 고려해야 한다.

코드 번호	세분류	세세분류	단순경비율		기준 경비율
			기본율	초과율	
921505	영화, 비디오물 및 방송프로그램 제작업	미디어콘텐츠창작업	76.2		17.7
	• 인적 또는 물적시설을 갖추고 인터넷기반으로 다양한 주제의 영상 콘텐츠 등을 창작하고 이를 영상 플랫폼에 업로드하여 시청자에게 유통함으로써 수익이 발생하는 산업활동을 말한다. *인적 또는 물적시설 없는 1인 미디어콘텐츠창작자는 940306 적용				
940306	기타자영업	1인미디어콘텐츠창작자	64.1	49.7	15.1
	• 인적 또는 물적시설 없이 인터넷기반으로 다양한 주제의 영상 콘텐츠 등을 창작하고 이를 영상 플랫폼에 업로드하여 시청자에게 유통함으로써 수익이 발생하는 산업활동을 말한다. -인적용역자의 콘텐츠 창작 등에 따른 수입 포함 • 예시 : 유튜버, BJ, 크리에이터 등 *인적 또는 물적시설을 갖춘 미디어콘텐츠창작업은 921505 적용				

창업중소기업 세액감면에 따른 소득세 등 감면

• 1인 미디어콘텐츠창작자(업종코드 940306)의 경우 감면 업종에 해당되지 않아 창업중소기업 세액감면을 받을 수 없으나 인적, 물적시설을 갖추어 미디어콘텐츠창작업(업종코드 921505)로 사업자등록을 한 경우 창업중소기업 세액감면을 받을 수 있는 업종에 해당되어 창업 당시 나이와 지역에 따라 소득세 또는 법인세의 50~100%를 감면받을 수 있다.

구분	창업 시 청년	창업 시 청년이 아닌 경우
수도권 과밀억제권역 내	50%	0%
수도권 과밀억제권역 외	100%	50%

- 청년이란 만 15세 이상 만 34세 미만으로 군필자는 군복무 기간만큼 34세에서 플러스된다. 다만 당초 1인 미디어콘텐츠창작자(940306)가 추후 미디어콘텐츠창작업(921505)으로 업종을 변경하더라도 창업 당시 감면 업종을 영위한 것이 아니기에 감면을 받을 수 없는 점에 특히 유의하여야 한다.

업종코드에 따른 기장의무

- 또한 기장의무에 있어서도 업종 분류 기준이 상이하여 921505인 경우에는 간편장부 기준이 1억 5,000만 원 미만이지만, 1인 미디어의 경우에는 7,500만 원인 점도 고려하여야 한다.

업종코드	기장의무에 따른 구분		추계신고 시 경비율	
	복식부기	간편장부	기준경비율	단순경비율
921505	1.5억 원 이상	1.5억 원 미만	3,600만 원 이상	3,600만 원 미만
940306	7,500만 원 이상	7,500만 원 미만	3,600만 원 이상	3,600만 원 미만

유튜버의 종합소득세 합산신고

- 한편 유튜버의 경우 스튜디오 대여료나 촬영 장비, 게스트 섭외비, 동영상 편집프로그램 구독비 등이 소득세 신고 시 필요경비로 인정되며 그밖의 비용 중에서도 컨텐츠 제작을 위해 지출한 비용이면 필

요경비로 인정받을 수 있다. 예를 들어 여행 유튜버의 경우 비행기 값, 호텔비, 관광명소 입장료 등을 경비로 처리할 수 있다.

- 다만 해외에서 사용한 신용카드 사용액은 홈택스에 사업용 카드를 등록해 놓더라도 홈택스에서 조회되지 않기 때문에 신용카드 홈페이지에서 별도로 조회해서 입력해야 한다. 또한 신용카드 사용이 안 돼서 현금을 사용할 시에는 관련 영수증을 챙겨야 한다.

- 만일 회사를 다니면서 유튜버를 하는 경우 연말정산과 별개로 종합소득세 확정신고기한에 근로소득과 유튜버 수입을 합산하여 종합소득세 신고를 해야 한다. 혹은 다른 프리랜서 소득이 있다면 해당 소득도 합산해서 신고해야 한다. 한편, 회사에서 투잡을 알지 않을까 걱정하는 분들도 있는데 유튜버 수입은 개인정보이므로 특별한 사정이 없는 한 회사에서는 알 수 없다.

44

유튜버의 세금신고 (2)

일반사업자와 간이과세자 중 어느 게 유리할까?

- 유튜버가 부가가치세 과세사업자가 되는 경우로서 사업자등록 시 간이과세자와 일반과세자 중 선택을 할 수 있는데 유튜버의 경우 구 글에서 받는 광고 수입이나 멤버십 수입은 영세율이므로 일반과세 자로 사업자등록을 해서 촬영 장비 등의 매입세액을 공제받는 것이 일반적으로 유리하다.

- 다만 유튜브 수입 이외 국내기업으로부터 직접 의뢰받는 광고 비중 이 큰 경우에는 간이과세가 유리할 수도 있다. 그러나 연간 매출액이 1억 400만원을 초과할 경우는 간이과세자에서 일반과세자로 전환 된다.

연간 매출	구분
1억 400만 원 이상	당연 일반과세자
1억 400만 원 미만	일반과세자와 간이과세자 중 선택 가능하지만 유튜버의 경우 일반적으로 일반과세자가 유리

- 일반과세자냐 간이과세자냐 유형에 따라 부가가치세 신고는 다음과 같이 달라질 수 있다.

구분	부가가치세 신고
일반과세자	• 카메라 등의 구입에 대한 매입부가가치세 공제 가능 • 반기(6개월)마다 부가가치세 신고해야 함
간이과세자	• 매입세액이 더 크더라도 환급 없음 • 매년 1회만 부가가치세 신고하면 됨 • 연간 매출액이 4,800만 원 미만일 경우 부가가치세 납부 의무 없음

유튜버와 영세율

- 부가가치세를 신고·납부할 때 구글 애드센스와 슈퍼챗을 통한 수입은 유튜브라는 국외사업자에게 제공한 용역에 대한 대가로 받은 수입이므로 영세율에 해당하여 부가가치세가 없고 이를 증명하기 위해 부가가치세 신고 시 외화입금증명서 등을 세무서에 제출해야 한다. 그러나 구글에서 받은 달러 수입 이외에 대해서는 영세율이 적용되지 않아 부가가치세를 납부하여야 한다.

구분	영세율 적용여부
구글 애드센스	O
슈퍼챗	O
직접 광고(국내기업)	X
행사, 강연, 교육 등	X
후원금 계좌이체	X

잠깐 **영세율이란?**

사업자는 일반적으로 공급가액의 10%를 부가가치세로 납부해야 하나 일정한 요건을 갖춘 국제거래에 대해서는 10%가 아니라 0%를 세율을 적용하여 부가가치세 부담을 없애는바, 이를 '0세율'이라고 한다.

유튜버와 사용료 소득

· 구글은 2021년 6월부터 한국 유튜버가 미국 시청자로부터 얻은 수입에 대하여 사용료 소득으로 보아 미국에서 원천징수 하고 있는데 이와 같이 미국에서 원천징수 된 세액이 있는 경우 소득세(법인세) 신고 시 외국납부세액공제를 신청해서 이중과세를 피해야 한다. 또한 외화 송금이 1만 달러 이상이면 해당 해외 송금내역이 국세청에 자동으로 통보되므로 유튜버 수입이 누락되지 않게 주의해야 한다.

- 그리고 미국 거주자가 한국의 유튜버 영상을 시청할 경우 해당 소득에 대해서는 한미조세조약에 따라 미국에서 원천징수 되는데 구글 애드센스 세금정보 납세자 식별번호TIN에 사업자등록번호를 기입한 등록사업자는 10%의 원천징수세율이 적용되고, 등록하지 않은 사업소득자는 30%의 원천징수세율이 적용되는바, 사업자등록 여부 결정 시 반드시 고려해야 한다.

잠깐 **외국납부세액공제 신청**

외국납부세액공제를 받으려는 사람은 다음의 서류를 국외원천소득이 산입된 과세기간의 과세표준확정신고 또는 연말정산을 할 때 관할세무 서장 또는 원천징수의무자에게 제출하여야 한다.
- 외국납부세액공제신청서 (별지 제11호 서식)
- 국가별 외국납부세액공제명세서 (별지 제11호 서식 부표1)
- 소득종류별 외국납부세액명세서 (별지 제11호 서식 부표2)

45

숙박공유업(에어비앤비)의 세금신고

- 삼쩜삼은 아니지만 숙박공유업을 통해 새로운 수익을 얻고자 하는 경우도 있다. 숙박공유업이란 일반인이 빈방이나 빈집 같은 여유 공간(숙박 공간)을 여행객들에게 유상으로 제공하는 것으로 온라인 중개 플랫폼에 등록하여 숙박 공간을 사용하고자 하는 임차인GUEST에게 공간을 공유·사용하게 함으로써 대가를 수령하는 산업활동을 말한다.

사업자등록

- 숙박공유업을 계속, 반복적으로 하고자 할 경우 사업자등록을 해야 한다. 사업자는 사업개시일부터 20일 이내에 사업장 관할세무서 또는 홈택스를 통해 사업자등록을 신청해야 하지만 신규로 사업을 개시하는 자는 사업개시일 이전에도 사업자등록을 신청할 수 있다.

- 그런데 숙박공유업은 사업개시일 전에 인테리어도 해야 하고 가구, 가전 등을 구입해야 하는 등 사업개시 전부터 지출금액이 크므로 가

능한 한 빨리 사업자등록을 신청하는 것이 유리하다.

- 또한 사업자등록 여부에 따라 에어비앤비 같은 플랫폼에서 지급받는 금액이 다르다. 사업자등록번호를 에어비앤비에 제출했을 경우는 에어비앤비가 3%의 수수료만 징수하지만 사업자등록번호가 없거나 사업자등록번호를 제출하지 않은 경우는 3%의 수수료에 부가가치세를 추가로 징수한다. 예를 들어 게스트가 100만 원을 결제할 시 사업자등록번호 제출 여부에 따라 다음과 같이 차감하는 금액이 다르다.

구분	사업자등록	사업자등록을 하지 않은 경우
호스트 수수료	3%인 3만 원	3만 원+부가세 10%=33,000원

사업자등록 전 준비 사항

- 세무서에 사업자등록을 하기 전에 관할 지방자치단체를 방문하여 관광사업등록증(농어촌의 경우 농어촌 민박업 신고필증)을 발급받아야 세무서에서 사업자등록증을 발급받을 수 있다. 사업자등록 이후 에어비앤비 또는 아고다 등의 온라인 중개 플랫폼에 등록해야 한다.

(심화) **도시지역에서 에어비앤비를 할 경우 등록 요건**

- 사업주체 : 개인(법인은 불가)
- 거주의무 : 자신이 거주하는 주택이어야 함. 전입신고 필수.
- 대상건축물 : 연면적 230제곱미터 미만의 단독주택 혹은 공동주택
  (근린생활시설이나 오피스텔, 원룸은 안됨)
- 관광사업 등록을 하지 않을 경우 : 1,000만원 이하의 벌금이나 1년
  이하의 징역

일반과세자와 간이과세자 중 어느 쪽이 유리할까?

- 숙박공유업을 영위함에 있어 일반과세자인지 간이과세자인지에 따라 부가가치세, 세금계산서 발급 의무 등에서 차이가 있으므로 어느 과세유형이 더 적합한지를 판단하여 사업자등록을 해야 한다.

- 사업 초기에 인테리어나 가구 등의 초기 투자금액이 큰 경우는 일반과세자로 사업자등록을 하여 매입 부가가치세를 환급받는 것이 유리하다. 다만 기존의 사업장을 인수하거나 초기 투자액이 거의 없고 소규모로 운영할 예정이라면 간이과세자가 유리하다.

구분	일반과세자	간이과세자
직전 과세기간 매출액	연간 1억 400만 원 이상	연간 1억 400만 원 미만
매출세액	공급가액×10%	공급가액×업종별 부가율×10%
세금계산서 발급	발급 가능	불가능. 단 직전연도 공급대가 합계액이 4,800만 원 이상인 경우 발급 가능
매입세액공제	전액 공제	공급대가×0.5%
부가가치세 환급 여부	환급 가능	환급 불가
기타	-	연매출이 4,800만 원 미만일 경우 부가가치세 납부의무 면제

- 간이과세자에게 적용되는 숙박공유업의 업종별 부가율은 25%이다.

업종코드와 업종별 추계경비율

- 사업자등록 시 업종코드는 온라인 중개 플랫폼을 통하여 게스트를 모집할지 여부에 따라 다음과 같이 다르며 업종별 추계경비율도 다소 상이하다.

업종코드	세분류	세세분류	적용범위
551007	일반 및 생활숙박시설 운영업	숙박공유업	온라인 중개플랫폼(에어비앤비 등)에 등록하여 게스트에게 공간을 공유·사용함으로써 대가를 수령하는 활동
551005		민박업	일반 주거용 주택을 이용하여 숙박서비스를 제공하는 활동(취사 활동 및 식사 제공 포함)

업종코드	단순경비율	단순경비율 (자가율)	기준경비율 (일반율)	기준경비율 (자가율)
551007	84.6	84.3	17.3	17.7
551005	82.9	82.6	19.7	20.1

수입금액의 인식과 현금영수증 발급

- 2023년부터 숙박공유업이 현금영수증 의무발행업종으로 지정되어 건당 10만원 이상의 수입금액에 대해 현금영수증을 발급해야 한다. 다만 숙박객의 정보가 부족하여 현금영수증 발급이 쉽지 않은 경우에는 국세청 앞으로(010-000-1234) 발행하면 된다.

- 만약 현금영수증을 발급하지 않은 경우 미발행 금액의 20%가 가산세로 부과된다. 예를 들어 100만원이 미발행금액이면 20만 원의 가산세가 부과된다.

- 한편 현금영수증 발행금액의 1.3%는 부가가치세 납부세액에서 공제가 된다. 예를 들어 100만 원을 현금영수증을 발급할 경우 13,000원을 납부해야 할 부가가치세에서 공제해 준다. 단 직전연도 공급가액 합계액이 10억 원을 초과하는 개인사업자는 해당 세액공제를 받을 수 없다.

인건비 신고

- 숙박공유업을 함에 있어 직원이나 용역을 고용·사용할 경우 세무서에 인건비 신고를 해야 한다. 정규직 직원을 고용할 경우 4대 보험을 사업장 가입으로 해야 하며 매월 급여에 대한 근로소득세와 4대 보험 직원부담금을 원천징수 하는 문제가 있다. 반면 용역으로 사용할 경우에는 3.3% 원천징수 하고 해당 원천징수세금을 매달 세무서에 신고하고 납부해야 한다.

- 만일 인건비로 경비처리 하면서 원천징수 등을 이행하지 않을 경우 인건비를 손비부인 당하거나 원천징수 관련 가산세를 부담하여야 하니 유의하여야 한다.

수입금액에 따른 기장의무		수입금액에 따른 경비율	
복식부기	간편장부	기준경비율	단순경비율
1.5억 원 이상	1.5억 원 미만	3,600만 원 이상	3,600만 원 미만

- 숙박공유업의 수입금액을 인식할 때, 숙박공유업이 아닌, 통신판매 중개를 하는 자를 통하여 장소를 대여하고 연 500만 원 이하의 사용료를 받는 경우는 사업소득이 아닌 기타소득으로 과세한다.

46
SNS마켓 사업자의 세금신고

- 삼쩜삼은 아니지만 SNS마켓 사업을 통해 새로운 수익을 얻고자 하는 경우도 있다. SNS마켓 사업이란 블로그·카페 등 각종 사회관계망서비스sns 채널을 이용하여 물품판매, 구매, 알선·중개 등을 통해 수익을 얻는 산업활동을 말한다.

사업자등록

- 계속·반복적으로 인스타나 블로그, 카페 등의 SNS에서 재화를 판매, 중개하고자 할 경우 사업을 시작한 날로부터 20일 이내에 세무서에 직접 방문하거나 국세청 홈택스 사이트를 이용하여 사업자등록을 해야 한다.

- SNS마켓 사업자는 통신판매업의 일종으로 업종코드는 525104이며 다른 통신판매업자와 다른 점은 적용 범위를 참조하길 바란다.

업종코드	세분류	세세분류	적용 범위	단순 경비율	기준 경비율
525104		SNS마켓	SNS를 이용하여 물품판매, 구매, 알선, 중개 등을 통해 수익을 얻는 산업활동	86.0	5.9
525101		전자상거래 소매업	일반 대중을 상대로 온라인 통(사회관계망서비스SNS 채널 제외)을 통하여 각종 상품을 소매하는 산업활동 예) TV 홈쇼핑, 전화판매, 카탈로그 형 판매 등	86.0	10.6
525102		기타통신판매업	온라인 통신망 이외의 기타 통신수단에 의하여 각종 상품을 소매하는 산업활동 예) TV 홈쇼핑, 전화판매, 카탈로그 형 판매 등	87.6	11.3
525103	통신판매업	전자상거래 소매중개업	온라인 상에서 재화나 용역을 판매할 수 있도록 중개업무를 담당하는 산업활동 예) 소셜커머스(할인 쿠폰 공동 구매형 전자상거래 중개), 전자상거래 소매중개(오픈마켓 사업자) 단 521501 코드에 속하는 오픈마켓 판매자는 제외	86.0	9.5
525105		해외직구대행업	온라인 몰을 통해 해외에서 구매 가능한 재화 등에 대하여 정보를 제공하고 온라인 몰 이용자의 청약을 받아, 해당 재화 등을 이용자의 명의로 대리하여 구매한 후 이용자에게 전달해줌으로써 수수료를 받아 수익을 얻는 산업활동	86.0	16.0

통신판매업 신고

- SNS마켓 판매자도 통신판매업자이기 때문에 영업을 시작하기 전에 사업장 주소 관할 시, 군, 구청 혹은 정부 24시(https://www.gov.kr)에 통신판매업 신고를 해야 한다. 사업자등록과 통신판매업 신고가 끝나면 자신이 운영하는 SNS마켓에 대표자 성명, 전화번호, 통신판매 신고번호 등을 표시해야 한다.

현금영수증 발급

- SNS마켓 사업자는 판매하는 재화 등이 현금영수증 의무발행업종 재화 등인 경우로 한정하여 '21. 1. 1. 이후부터 적용하고 있다. 현금영수증 의무발행업종 사업자가 건당 거래금액이 10만 원 이상인 재화 또는 용역을 공급하고, 대가를 현금으로 받은 경우 소비자의 요청이 없더라도 현금영수증을 발급해야 한다.

- 만약 의무발행업종 사업자가 10만 원 이상 현금결제 시 현금영수증을 발급하지 않은 경우 미발행 금액의 20%가 가산세로 부과된다. 예를 들어 100만 원이 미발행금액이면 20만 원의 가산세가 부과된다.

- 한편 현금영수증 발행금액의 1.3%는 부가가치세 납부세액에서 공제가 된다. 예를 들어 100만 원의 현금영수증을 발급할 경우 13,000원을 납부해야 할 부가가치세에서 공제해 준다. 단 직전연도

공급가액 합계액이 10억 원을 초과하는 개인사업자는 해당 세액공제를 받을 수 없다.

잠깐 **현금영수증 발급 방법**

- 홈택스(https://www.hometax.go.kr) → 조회/발급
  → 현금영수증 발급
  → 현금영수증 홈택스 발급 사업자 신청(승인 완료 후 발급 가능)
- 국세상담센터 Tel. 126 ①번(홈택스상담) → ①번(현금영수증)
  → ①번(한국어) → ④번(가맹점 현금영수증 발급 서비스)

수입금액에 따른 기장의무 등

기장의무		추계신고 시 경비율	
복식부기	간편장부	기준경비율	단순경비율
3억 원 이상	3억 원 미만	6,000만 원 이상	6,000만 원 미만

삼쩜삼, 기타 참고사항

PART 5

47

다른 사업으로 적자가 날 경우
장부신고로 세금을 줄이자!

- 홍길동 씨는 전자제품 리뷰 유튜버를 시작했지만 아직 구독자 수가 적어서 유튜버로 벌어들이는 수입보다 지출이 상당히 많은 상태이다. 적자라서 소득세를 낼 필요가 없으니 국세청에서 보낸 신고 안내문에 기재된 ARS로 전화를 걸어서 모두채움 서비스(단순경비율)로 신고할 생각이다. 소액의 환급이 발생할 것으로 보인다.

- 프리랜서 사업자로서 만일 당해 적자가 발생했다면 단순경비율에 의해 소액 환급을 신청할 것이 아니라, 장부에 의한 적자(손실) 신고를 통해 기납부한 세금도 환급받고 차후에 발생할 세금도 절세하는 방법을 도모해야 한다.

- 사업 초기에는 초기 자본이 거의 필요하지 않은 프리랜서조차도 적자를 보는 경우가 있다. 문제는 이처럼 적자인 경우는 당장 내야 할 세금이 없다 보니 세금신고를 안 하거나 단순경비율에 의한 ARS로

신고하는 경우가 많다.

- 그렇지만 미래의 세금을 생각한다면 적자가 나는 사업 초기부터 결손금 관리를 할 필요가 있다. 왜냐하면 프리랜서가 결손이 나는 경우 해당 결손금은 15년간 이월되어서 미래의 세금을 감소시켜 주기 때문이다.

이월결손금이란?

- 결손금이란 사업장별로 당해 필요경비가 수입금액을 초과하는 경우 그 초과액(적자)을 말하고 이월결손금이란 당해 사업연도 이전에 생긴 결손금으로 이월된 결손금을 말한다. 세법상 사업소득에서 발생하는 결손금은 15년 동안 이월되어 미래의 종합소득금액에서 차감된다. 예를 들어 2023년도에 결손이 100이라면 해당 결손금은 아래의 표와 같이 향후 발생하는 소득금액에서 차감되어 미래의 세금을 감소시켜 준다.

구분	2023년	2024년	2025년
수입금액	100	300	500
필요경비	200	280	350
소득금액 (결손금)	(100)	20	150
이월결손금	0	(20)	(80)
공제 후 소득금액	0	0	70

결손금과 이월결손금 공제 순서

- 당해연도 발생한 사업장별 결손금은 소득이 발생한 다른 사업소득 금액, 근로소득금액, 연금소득금액, 기타소득금액, 이자소득금액, 배당소득금액에서 공제하여 종합소득금액을 신고할 수 있다.

- 당해 공제받지 못하고 이월된 결손금은 15년간 이후 발생한 사업소득금액, 근로소득금액, 연금소득금액, 기타소득금액, 이자소득금액 및 배당소득금액에서 순서대로 공제한다.

- 다만 부동산임대(주택 임대소득 제외)에서 발생한 결손금은 사업소득 등 다른 소득금액에서 공제하지 못하고, 다른 부동산 임대소득에서만 공제 가능하며 남은 금액은 이월된다. 이후에도 다른 소득금액에서 공제하지 못하고 부동산 임대소득금액에서만 공제 가능하다.

이월결손금의 공제 배제

- 한편 당해연도에서 발생한 사업장별 결손금은 당해연도 다른 사업장의 추계소득금액에서 공제 가능하지만, 이월된 결손금은 당해연도 추계로 계산한 소득금액에서 공제할 수 없다.

- 그러나 애초부터 장부를 작성하지 않아 추계신고 하는 경우 결손금 자체가 없으므로 이월결손금도 존재하지 않는다. 따라서 앞의 사례

처럼 모두채움 서비스를 통해 단순경비율로 신고하거나 기준경비율로 신고한다면 사업에서 발생한 결손금은 인정받을 수조차 없다. 따라서 결손이 날 경우 미래의 세금을 위하여 최소한 간편장부에 의해서라도 신고해야 한다.

구분	이월결손금 공제 여부
단순경비율로 신고 시	이월결손금 없음
기준경비율로 신고 시	이월결손금 없음
간편장부로 신고 시	이월결손금 공제 가능
복식부기로 신고 시	이월결손금 공제 가능

이월결손금 발생 후 폐업 시

* 이월결손금이 있는 사업자가 해당 사업을 폐업하고 다른 사업을 영위하거나 또는 다른 소득을 가득하는 경우 종전에 발생한 이월결손금은 소득이 발생한 해당 연도에 공제받을 수 있다. 예를 들어 유튜버를 하다가 그만두고 쇼핑몰을 시작할 경우 유튜버에서 발생한 이월결손금은 쇼핑몰의 사업소득금액에서 공제할 수 있다.

48

삼쩜삼도
사업장 현황신고를 해야 하나?

부가가치세 면세사업자

- 개인·법인에 관계없이 부가가치세가 과세되는 재화나 용역을 거래하는 사업자를 부가가치세 과세사업자라 하고, 부가가치세가 면세되는 재화나 용역을 거래하는 사업자를 면세사업자라 한다.

- 다음 표에 열거된 재화 또는 용역의 공급은 부가가치세가 면세되며, 이러한 면세 재화·용역이 아닌 재화·용역의 공급은 부가가치세가 과세된다. 삼쩜삼은 저술가·작곡가 기타 일정한 자가 직업상 제공하는 인적용역으로 면세된다.

구분	면세 재화 또는 용역
기초생활 필수품	① 미가공 식료품(국내산, 외국산 불문) ② 국내생산 비식용 미가공 농·축·수·임산물 ③ 수돗물 ④ 연탄과 무연탄 ⑤ 여객운송용역 중 대중교통수단 ⑥ 여성용 생리처리 위생용품

구분	면세 재화 또는 용역
국민후생 및 문화 관련 재화·용역	① 의료보건용역과 혈액 ② 정부의 인허가·등록된 교육용역(무도학원·자동차학원 제외) ③ 도서(열람·대여 포함)·신문·잡지·방송·통신(단, 광고는 제외) ④ 공동주택 어린이집 임대용역 ⑤ 예술창작품(골동품 제외)·순수예술문화행사·아마추어 운동경기 ⑥ 도서관·과학관·박물관·미술관 및 동·식물원 입장 ⑦ 공익을 목적으로 하는 단체가 공급하는 일정한 재화·용역 ⑧ 주택과 이에 부수되는 토지의 임대용역
생산요소	① 토지 ② 금융·보험용역 ③ 저술가·작곡가 기타 일정한 자가 직업상 제공하는 인적용역
기타	① 우표(수집용 제외)·인지·증지·복권 및 공중전화 ② 200원 이하의 제조담배와 특수담배 ③ 국가 등이 공급하는 재화·용역(일부 민간경쟁사업부문 제외) ④ 국가 등에 무상공급하는 재화·용역

사업장 현황신고

* 부가가치세 과세사업자가 매 반기 또는 분기별로 부가가치세 신고를 하는 반면, 부가가치세 면세사업자는 매 1역년의 사업실적을 다음 해 2월 10일까지 신고해야 되는데, 부가가치세를 납부하는 신고가 아니므로 이를 사업장 현황신고(개인면세사업자) 또는 면세수입신고(법인면세사업자)라고 부른다.

- 주택임대업, 주택매매업, 병의원, 과외강사, 연예인 등 부가가치세를 면세받는 개인사업자는 매년 면세수입금액 등 사업장 현황을 다음 해 2월 10일까지 신고해야 한다. 단, 신규사업자, 보험모집인, 방문판매원, 음료품 배달원은 제외된다.

- 따라서 신규사업자, 보험모집인, 방문판매원, 음료품 배달원을 제외한 부가가치세 면세대상 프리랜서는 사업장 현황신고를 할 의무가 있다. 다만 부가가치세 과세사업자로 사업자등록을 한 경우에는 부가가치세 신고를 하기 때문에 사업장 현황신고 의무가 없다.

사업장 현황 미신고 시 가산세

- 사업장 현황신고 의무가 있는 사업자가 사업장 현황신고를 하지 않는 경우 직전 과세기간 사업소득 수입금액 4,800만 원 이상인 사업자로서 계산서합계표, 매입세금계산서합계표 등을 제출하지 않거나 사실과 다른 경우에는 가산세를 내야 한다. 그러나 프리랜서는 원칙적으로 면세사업장 현황신고 의무가 있으나 발행한 계산서가 없거나 수취한 (세금)계산서가 없는 경우 실질적으로 납부할 가산세가 없으므로 사업장 현황신고를 하지 않아도 사실상 불이익이 없다.

(잠깐) **사업장 현황신고 방법**

- 홈택스 로그인 → 신고/납부 → 일반신고 → 사업장 현황신고 를 클릭
- 손택스 로그인 → 신고/납부 → 사업장 현황신고 를 클릭
- 무실적자의 간편 모바일신고 로그인 → 사업장 현황신고 클릭(무실적) → 무실적 신고 터치 → 신고서 제출

49

삼쩜삼,
건강보험 납부하기

- 건강보험료는 이른바 4대 보험 중 하나이며, 모든 국민이 가입대상
  자이고 피부양자가 아니라면 반드시 부담하여야 하는 '준조세'적인
  성격을 가진다. 이러한 건강보험료는 소득 현황, 재산 현황 등 부담
  능력에 따라 차등 부과된다.

건강보험료 가입대상자의 분류와 보험료

- 건강보험료를 부담하는 가입대상자의 경우 크게 직장가입자와 지
  역가입자로 나눈다. 직장가입자의 경우 월 총급여의 7.09%를 곱해
  사업자와 근로자가 절반씩 부담하며, 건강보험료의 12.95%를 장기
  요양보험료로 부담한다.

- 반면, 지역가입자의 경우 소득, 재산, 차량의 규모에 따라 부과요소
  별 점수를 산정하고 그 점수에 부과점수당 금액을 곱하여 세대 단위
  로 부과된다. 지역가입자 역시 직장가입자와 동일하게 건강보험료
  의 12.95%를 장기요양보험료로 부담한다.

- 한편 직장가입자의 부양가족으로 등록되어 있는 사람을 피부양자라 한다. 피부양자 자격요건을 충족하고 피부양자로 등록된 자는 별도로 건강보험료가 부과되지 않는다. 그러나 자격요건을 충족하지 않는 경우 피부양자 자격이 박탈되어 지역가입자가 되고, 소득과 재산에 따라 건강보험료가 부과된다.

- 지역가입자의 건강보험료는 재산까지 모두 반영하여 산정되므로, 피부양자를 부양가족으로 두던 직장가입자의 건강보험료보다 피부양자 자격 박탈로 새로이 부과되는 지역가입자 건강보험료가 더 큰 경우가 허다하다. 현재 직장가입자의 피부양자 지위가 박탈되는 경우는 다음과 같다.

① 연간 소득 2,000만 원 초과자

② 재산세 과세표준 합계액이 5억 4,000만 원 초과인 자로서 연소득이 1,000만 원 초과하는 자

③ 재산세 과세표준 9억 원 초과자

④ 사업소득이 있는 자. 단 사업자등록이 없는 등 일정한 경우로서 사업소득이 500만 원 이하인 자는 사업소득이 없는 것으로 간주

지역가입자의 건강보험료 부과 체계

- 지역가입자의 건강보험료는 가입자의 소득, 재산을 참작하여 정한 부과요소별 점수를 합산한 보험료 부과점수에 부과점수당 금액(208.4원)을 곱하여 보험료를 산정하며, 경감률 등을 적용하여 부과한다.

- 연소득이 336만 원 이하인 세대의 월 건강보험료는 최저보험료 19,780원으로 하고 연소득 336만원 초과인 세대의 월 건강보험료는 부과요소별 점수×부과점수당 금액(208.4원)으로 한다.

프리랜서(보험판매인, 방문판매원 등)

- 사업자등록을 하지는 않으나 사업소득으로 과세되는 자는 단순경비율 혹은 기준경비율에 의한 경비 또는 실제경비를 수입금액에서 차감한 금액이 500만원을 초과하는 경우 지역가입자 대상이며, 타 직장가입자의 피부양자가 될 수 없다.

사업자등록을 한 소규모 사업자

- 사업자등록을 하고 1원이라도 소득금액이 있는 사람은 지역가입자 대상(직원이 없는 경우에 한한다)이며, 타 직장 가입자의 피부양자가 될 수 없다.

삼쩜삼, 프리랜서의 절세와 세무신고

정직원을 1인 이상 둔 사업자

- 사업장이 건강보험 직장가입이 되어 정직원 1인 이상을 둔 사업자는 직장가입자에 준하여 사업소득금액에 요율을 곱하여 건강보험료를 납부하여야 한다.

부동산임대사업자

- 사업자등록을 하고 1원이라도 소득금액이 있는 사람은 지역가입자 대상(직원이 없는 경우에 한한다)이며, 타 직장가입자의 피부양자가 될 수 없다.

- 주택임대사업자 사업자등록을 하고 1원이라도 소득금액이 있는 사람은 지역가입자 대상(직원이 없는 경우에 한한다)이며, 타 직장가입자의 피부양자가 될 수 없다. 단, 임대수입 연간 2,000만 원 이하의 분리과세 대상 주택임대사업자 중 소득금액이 0원인 사람은 피부양자가 될 수 있다.

- 감면대상 등록임대업자인 자의 임대수입이 1,000만원 이하인 경우 소득금액이 0원이 되며(1,000만 원-1,000만 원×60%-400만 원=0원), 감면대상이 아닌 경우 임대수입이 400만 원 이하인 경우 소득금액이 0원이 된다.

50

삼쩜삼,
세무조사 사유와 대처 방법

- 세무조사란 조세의 과세표준과 세액을 결정 또는 경정하기 위해 질
  문하거나 해당 장부나 서류 또는 그 밖의 물건을 검사조사하거나 그
  제출을 명하는 활동을 말한다. 일단 세무서에서 무엇을 달라고 하고
  확인을 요청하면 그게 바로 세무조사이다.

세무조사 선정 사유

- 대기업의 경우 4~5년 간격으로 정기 세무조사를 받는다. 따라서 세
  무 담당자가 세무조사에 익숙하고 정기 세무조사 전에 여러 방식으
  로 자기검증을 하기 때문에 뻔히 드러나는 탈세는 거의 없다.

- 그런데 이와는 달리 개인사업자를 포함한 중소기업은 4~5년 간
  격으로 정기 세무조사를 받는 일이 거의 없다. 통계적으로 연간 약
  5,000여 중소기업이 세무조사를 받는다고 한다. 다만 이렇게 세무

조사를 받을 일이 거의 없는 중소기업이 세무조사 대상이 되는 것은 주로 다음 항목에 해당할 때이다.

① 탈루 혐의가 있는 업종 전반에 대한 세무조사
② 탈세 제보가 들어온 경우
③ 의심 금융거래가 통보된 경우
④ 기타 각종 소명 의뢰를 무시하거나 불성실하게 대처한 경우

• 특히 탈세 제보는 구체적 사실관계를 제보하는 경우가 많고 제보에 따라 실지 세무조사에 착수하여야 하기 때문에 무슨 일을 하든지 투명하고 정직하게 하는 것이 바람직하다.

세무조사의 주된 이슈

• 세무조사의 주된 점검 사항은 주로 매출누락과 가공경비, 이와 관련된 거짓 세금계산서 등이다. 중소기업은 세무조사 확률이 낮은 것을 악용해 종종 실물거래를 하고도 매출을 누락하거나 가공경비를 넣어서 세금을 탈루하는 일이 있기 때문이다.

• 프리랜서의 경우에도 갑의 지위에 있다면 삼쩜삼 원천징수의 누락으로 매출누락을 도모하기도 하고, 허위경비와 가사경비를 비용처리 하여 탈세를 도모하기도 한다. 그러나 매출의 경우 해당 거래의 결제가 통장으로 오갈 때 흔적을 남기게 되고, 허위경비 등은 적격증

빙으로 입증되지 못한다.

- 그러다 보니 친인척의 통장을 쓰기도 하고 인위적인 통장거래를 만들기도 한다. 그러나 금융기관은 이러한 통장거래가 의심거래 내역으로 분류되면 금융정보분석원(FIU)에 통보하고, 세금 탈루와 관련되었을 경우에는 국세청으로 자료가 넘어가 세무조사 자료로 활용된다.

조세회피처 이용

- 어떤 경우에는 조세회피처 국가에 페이퍼컴퍼니paper company를 만들어 자신의 회사와 거래를 한 것처럼 꾸민 뒤, 국내에서는 해외결제금액 상당액을 세무상 경비 처리해 탈세하고 해외결제금액은 빼돌려 개인이 착복하는 이른바 '역외탈세' 방식으로 비자금을 조성하는 경우도 있다.

- 하지만 빅데이터big data 시대에 탈세를 숨기기는 어렵다. 국가 간 공조로 해외금융계좌 정보가 교류되고 있어서 역외탈세와 연루되면 기업은 물론이고 개인까지 탈탈 털리는 시대가 되었다.

- 그 밖에도 업무와 관련없는 가족들을 동원하여 부당거래를 통해 경비처리를 하거나, 임직원들이 급여, 상여, 퇴직금을 부풀려서 가져가기도 하고 대표자 일가가 여비교통비, 교육훈련비 명목으로 업무와 무관한 경비를 처리하기도 한다.

- 삼쩜삼 사업소득자 중 고액 소득자의 경우 이러한 방법이 전형적인 탈세 수단으로 인식되고 있으므로 반면교사 삼아 주의하기를 바란다.

세무조사 시 대응 방법

- 범죄에 가까운 탈세를 기획하여 저질러진 일에 대해 세무조사를 받게 되면 추징 세금이 문제가 아니라 특정경제범죄 가중처벌 등에 관한 법률 등에 따라 형사 제재받는 것이 더 큰 문제일 수 있다. 따라서 세무조사의 강도에 따라 형사 제재를 면할 방식의 세무조사 대응이 필요할지 살펴야 한다.

- 그러나 가사 관련 경비 등 범죄로 보기 어려운 탈루의 경우라면 업무 관련성의 입증, 성실한 소명, 추징 세금의 성실한 납부 등으로 대응하는 것이 조속히 세무조사를 종결하는 데 더 도움이 되는 것이 현실이다.

- 세무조사와 관련해서는 간편장부대상자인 개인과 수입금액이 3억 원 이하인 법인의 경우에는 정기세무조사를 하지 않도록 규정하고 있다. 다만, 객관적인 증거자료에 의하여 과소신고 한 것이 명백한 경우에는 그러하지 아니하다.

- 한편 고소득자의 탈세에 대해 국세청을 비롯한 지방국세청의 기획조사에 해당하면 주소지가 어디거나 관계없이 일괄적 세무조사 대상에 선정되어 조사를 받게 된다. 다만 거래확인 조사 같은 일은 상대적으로 고소득자로 분류될 수 있는 지역에 주소지가 있다면 현실적으로 더 깊숙이 장부, 증빙을 들여다볼 여지가 있다.

- 그러나 세무조사의 확률을 따지기 전에 삼쩜삼으로서 절세 방안을 찾아 성실한 신고를 하고, 일반업종으로의 전환이나 법인 전환과 같은 구조조정을 통해 큰 틀의 절세 방안을 찾아가는 것이 세무조사를 피하는 제일 좋은 방법이다.

2022년 종합소득세 신고인원 현황

(인원)

2022년 합계	외부조정신고자	자기조정신고자	성실신고확인신고자
10,275,113 명	1,543,095 명	321,963 명	263,700 명

(인원)

간편장부신고자	기준경비율신고자	단순경비율신고자	비사업자신고자
2,255,995 명	524,185 명	3,657,146 명	1,709,029 명

개인 소득의 구분

소득 구분	소득 내용
① 이자소득	예금이나 적금과 같은 저축상품에 가입하여 얻는 이자
② 배당소득	주식 등의 형태로 기업에 투자하여 이익을 분배받는 배당
③ 사업소득	영리 사업을 통하여 계속·반복적으로 얻는 소득(임대소득 포함)
④ 근로소득	근로계약을 통한 근로 제공의 대가
⑤ 연금소득	국민연금이나 개인연금 등을 불입하여 추후 받는 연금
⑥ 기타소득	일시·우발적인 소득 활동을 통하여 얻는 기타의 소득
⑦ 퇴직소득	근로자가 퇴직하면서 받는 일시금 성격의 퇴직금
⑧ 양도소득	부동산과 주식에 투자하여 얻은 시세차익
⑨ 금융투자소득	주식 또는 금융상품에 투자하여 얻은 자본이득(2025년부터 시행)

개인 소득별 원천징수세율

원천징수 대상소득	원천징수세율 (지방소득세 포함)
① 이자·배당소득	지급액의 15.4%(사채이자는 27.5%)
② 인적용역 사업소득	지급액의 3.3%
③ 근로소득	월지급액에 간이세액표 적용 후 연말정산
④ 기타소득	기타소득금액의 22%
⑤ 연금소득	공적연금은 월지급액에 간이세액표 적용 사적연금은 저율 원천징수 (선택적) 분리과세
⑥ 퇴직소득	퇴직소득세 결정세액(지방소득세 포함)

세목별 신고·납부기한

세목	신고·납부기한
개인부가가치세	일반과세자는 반기 종료 후 25일 이내(7월 25일, 1월 25일) 간이과세자는 1역년 종료 후 25일 이내(1월 25일)
법인부가가치세	분기 종료 후 25일 이내 (4월 25일, 7월 25일, 10월 25일, 1월 25일)
종합소득세	다음 연도 5월 31일(성실신고사업자는 6월 30일)
법인세	회계기간 종료 후 3월 이내(통상 다음 연도 3월 31일)
원천징수세액	지급일이 속하는 달의 다음 달 10일(반기별 납부 가능)
지방소득세	국세의 신고·납부기한 내(법인지방소득세는 1개월 추가)

삼쩜삼, 프리랜서의 절세와 세무신고

삼쩜삼,

프리랜서의 절세와 세무신고

삼쩜삼, 프리랜서의 절세와 세무신고

종합소득세 신고·납부 바이블

© 장보원·조인정, 2024. Printed in Seoul, Korea

초판 1쇄 찍은날	2024년 4월 2일
초판 1쇄 펴낸날	2024년 4월 12일
지은이	장보원·조인정
펴낸이	한성봉
편집	최창문·이종석·오시경·권지연·이동현·김선형·전유경
콘텐츠제작	안상준
디자인	최세정
마케팅	박신용·오주형·박민지·이예지
경영지원	국지연·송인경
펴낸곳	도서출판 동아시아
등록	1998년 3월 5일 제1998-000243호
주소	서울 중구 필동로 8 길 73 [예장동 1-42] 동아시아빌딩
페이스북	www.facebook.com/dongasiabooks
전자우편	dongasiabook@naver.com
블로그	blog.naver.com/dongasiabook
인스타그램	www.instargram.com/dongasiabook
전화	02) 757-9724, 5
팩스	02) 757-9726

ISBN	978-89-6262-262-1 03320

※ 잘못된 책은 구입하신 서점에서 바꿔드립니다.

만든 사람들

총괄 진행	김선형
책임 편집	전인수
디자인	페이퍼컷 장상호